Knaur
MensSana

Von Wilhelm Schmid-Bode ist bei Knaur außerdem erschienen:
Vier Stresstypen und vier Wege zur Gelassenheit

Über den Autor:
Dr. Wilhelm Schmid-Bode ist Facharzt für Psychotherapie und psychosomatische Medizin. Seine Fachgebiete sind Stressforschung, Psycho-
neuroimmunologie und Entspannungstechniken. Dr. Schmid-Bode lebt
und praktiziert in München und hat bereits mehrere Bücher veröffentlicht.

Wilhelm Schmid-Bode

Maß und Zeit

Entdecken Sie die neue Kraft
der klösterlichen Werte und Rituale

Knaur
MensSana

Besuchen Sie uns im Internet: www.droemer-knaur.de
Alle Titel aus dem Bereich MensSana finden Sie im Internet unter
www.knaur-mens-sana.de

Vollständige Taschenbuchausgabe März 2010
Knaur Taschenbuch.
Ein Unternehmen der Droemerschen Verlagsanstalt
Th. Knaur Nachf. GmbH & Co. KG, München
Copyright © 2008 Campus Verlag GmbH, Frankfurt am Main
Umschlaggestaltung: ZERO Werbeagentur, München
Umschlagabbildung: Corbis / Ashley Cooper
Satz: Adobe InDesign im Verlag
Druck und Bindung: GGP Media GmbH, Pößneck
Printed in Germany
ISBN 978-3-426-87446-2

2   4   5   3   1

Inhalt

7

*K*ultur ist eine Ordensregel.
Oder setzt doch eine Ordensregel voraus.«
Ludwig Wittgenstein

Ein paar Worte vorneweg.
Oder: Was Sie über den Autor vielleicht gar nicht wissen wollten

Eigentlich haben mich mit siebzehn vor allem die Mädchen interessiert. Was meinen Vater beruhigte, nachdem er aus meinen langen Haaren eine Zeitlang auf andersgelagerte Interessen geschlossen hatte. Meine Mutter beruhigte, dass ich in der katholischen Jugend aktiv war und Jungscharführer wurde. Mit fünfzehn schon hatte ich auf Kursen im Schloss Fürstenried bei München und in einem katholischen Tagungszentrum am Schliersee etwas kennengelernt, das sich Exerzitien nannte. Es wurde nicht gefastet, aber ich verbrachte Tage in einer Stille, die für mich, der ich sonst rund um die Uhr unterwegs war und in der Freizeit Schlagzeug in einer Band spielte, ungewohnt war. Stille Gebete, Bibellesungen, Meditation. Und ich stellte verwundert fest, dass es mir guttat. Dass ich irgendwie zu mir kam und mich besser konzentrieren konnte.

Deshalb habe ich mich aus recht pragmatischen Gründen später, als das Vorabitur in Latein anstand, der damals üblicherweise um ein Jahr vorgezogene Teil der Abiturprüfungen, wieder darauf besonnen. Ich wollte, musste ein gutes Zeugnis bekommen, um Medizin studieren zu können. Aber das Lernen ging nicht wirklich gut, wenn die Hormone Boogie-Woogie tanzten. Ich musste raus aus dieser Dauererregung, wie sie damals für Siebzehnjährige normal war, heute vermutlich für Dreizehnjährige. Doch was ich dann tat, löste in meiner Familie eine kleine Aufregung aus: Ich erklärte, mich in den Osterferien für drei Tage in meinem Zimmer einschließen zu wollen, ohne Essen, ohne Besucher, ohne die übliche Musikberieselung. Jede Störung hatte ich mir verbeten. Für den Notfall war ich nur über ein batteriebetriebenes Haustelefon zu sprechen, das ich außen an meiner Zimmertür installiert hatte. Während meine Mutter vor allem besorgt war, ich könne verhungern, befürchtete mein Vater wohl eher, ich werde sonderlich. Mein Zimmer hatte ich weitgehend ausgeräumt: In der Mitte hatte ich eine Wolldecke ausgebreitet, ringsum meine Bücher aufgebaut, unter anderem ein Buch über Yoga und Sartres *Die Wörter*. Auch eine lateinische Wortkunde war dabei. Auf diesem Geviert verbrachte ich den ganzen Tag. Nur zum Schlafen ging ich ins Bett. Sobald ich morgens wach wurde, stand ich auf, wusch mich kalt am Waschbecken, machte meine Yogaübungen und führte über alles, was ich den Tag über tat, Protokoll. Wenn Gedanken kamen, die sich zwischen die Lektüre drängten, schrieb ich sie in ein leeres Heft. Ich hatte mir nichts als einen Liter Milch am Tag erbeten, den meine Mutter mir vor die Tür stellte. Die Banane, die sie dazumogelte, aß ich allerdings auf, um ihre Besorgnis nicht eskalieren zu lassen.

Meine Aktion sprach sich in der Verwandtschaft offenbar rasch herum, denn es war nicht zu überhören, dass im Treppenhaus vor dem verschlossenen Zimmer getuschelt wurde. Es bewegte sie wohl der Gedanke, ob der Willi jetzt verrückt geworden sei. Bisher war ihm doch gar nichts anzumerken gewesen.

Es kam nicht nur vom Verzicht auf abendlichen Biergenuss, dass ich mich prickelnd wach fühlte. Die gesteigerte Präsenz hatte auch damit zu tun, dass ich mir über jede Aktivität in meinem Tagebuch Rechenschaft ablegte. Vor allem spürte ich, wie die Zeit sich dehnte, und merkte nun erst, wie viele Ablenkungen mich üblicherweise beim Lesen und Lernen unterbrachen. Die Gedanken klärten sich, ohne von Mahlzeiten, Telefonaten, Radiosendungen, Stippvisiten, Planungen für den Abend oder Tagträumen in ihrem Gang aufgehalten zu werden.

Als ich nach diesen drei Tagen wieder in den Alltag zurückkehrte, war ich zufrieden, ja hochgestimmt. Es beflügelte mich ein Gefühl von Stärke: Ich hatte mir etwas bewiesen, hatte mich konsequent an meinen Vorsatz gehalten und dazu niemanden gebraucht, der mich überwachte.

Als ich das Ganze einige Zeit später wiederholte, wunderte sich kaum noch einer darüber. Offenbar schaffte es der Willi, als bayrischer Gaudibursch hinter hübschen Touristinnen her zu sein, seinen Ferienjob am See zu verrichten, segeln zu gehen, mit Freunden auf Partys zu versumpfen und sich dann wieder einzuschließen und tagelang ohne all das auszukommen. Dass die Abiturnoten so gut wurden, wie sie sein mussten, rechtfertigte vor den anderen im Nachhinein meine »Exerzitien«, die in den 60er Jahren noch ungewöhnlicher waren als in den esoterikfreundlichen Achtzigern. Für mich zählte aber vor allem die Erfahrung, dass solch ein Modell funktioniert. Es brauchte weder besondere Räumlichkeiten noch besondere Umstände, um sich vorübergehend völlig zu entfernen vom Rhythmus des gewohnten Lebens.

Erst später ging mir auf, dass ich im Grunde klösterliche Werte umgesetzt hatte, vom Gelübde bis zur Askese, von der Wachsamkeit bis zur Stille. Kloster zu Hause.

Dass ausgerechnet ich bald auf Distanz zur Kirche ging, hätte damals keiner erwartet. Vielleicht hatte es aber mit ebendieser Erfahrung zu tun: Es war kein priesterlicher Beistand nötig und auch keine konfessionelle Bindung, um das zu erleben, was den Aufenthalt im Kloster manchen Menschen erstrebenswert erscheinen lässt, die ihrer Rastlosigkeit entkommen und zu sich finden wollen.

Diesem Wunsch begegne ich als Facharzt für Psychiatrie, für Psychosomatische Medizin und Psychotherapie in den letzten Jahren vermehrt bei Patienten unterschiedlicher Herkunft, Ausbildung und Altersklasse. Nur den wenigsten wird ein Sabbatical, also ein bezahlter halb- oder ganzjähriger Rückzug aus dem Berufsalltag angeboten, aber gerade bei Spitzenkräften wird davon eine Steigerung von Kreativität und Motivation erwartet, die sich für den Arbeitgeber rechnet. Die meisten jedoch können sich aus beruflichen Gründen, oft auch aus familiären und natürlich aus finanziellen Gründen, einen längeren Ausstieg nicht leisten. Und das Angebot einiger Klöster, dort wenigstens für ein paar Tage oder Wochen in Klausur zu gehen, ist wie ein Crashkurs oder eine Blitzdiät: Es ist davon keine Nachhaltigkeit zu erwarten, ganz abgesehen davon, dass sich viele der katholischen Kirche nicht genug verbunden fühlen.

»Stellen Sie Ihre Ernährung um«, raten die Gesundheitsfachleute, »anstatt sich mit fragwürdigen Methoden ein paar Kilos herunterzuhungern.« Auch das ist ein Gedanke, der mich auf die Idee brachte, über ein Modell nachzudenken, das Menschen helfen kann, ohne jeden Aufwand Ruhe, Gelassenheit, Ausgeglichenheit in ihr Dasein zu bringen.

Als ich in einem überfüllten Münchner Kino saß und erlebt habe, wie das Großstadtpublikum über drei Stunden atemlos einen Film verfolgte, in dem fast gar nichts geschah, wurde mir klar, was wir vermissen. Es war der Film *Die große Stille* von Philip Gröning, der den Klosteralltag in der Grande Chartreuse, dem Kartäuserkloster nördlich von Grenoble vorführt. Einem Kloster in absoluter Abgeschiedenheit, einem Orden, der sich dem Schweigen verpflichtet hat.

Freunde und Bekannte, mit denen ich darüber geredet habe, waren sich allesamt einig, dass sie in einer privaten oder beruflichen Sinnkrise nicht in ein Kloster gehen würden, schon gar nicht in eines wie dieses mit höchst rigiden Vorschriften.

Was sie aber ausnahmslos beeindruckte, war, wie dort zwei Elemente, die unsere Existenz strukturieren, ganz selbstverständlich stimmig werden: Maß und Zeit.

Je mehr wir darüber sprachen, desto deutlicher wurde uns, dass auf den fehlerhaften Umgang damit nahezu alle Schwierigkeiten zurückzuführen sind, mit denen wir uns herumschlagen. Maßlosigkeit im Essen, im Trinken, beim Rauchen, beim Anhäufen von Besitz, bei Urlaubsreisen; Vermessenheit in den eigenen Ansprüchen, in den Erwartungen, was die Lebensdauer, unseren Komfort, unsere Karriere, das Glück angeht, das uns vermeintlich zusteht.

Dass der falsche Umgang mit Zeit die Ursache vieler Stressbeschwerden bis hin zu psychosomatischen Erkrankungen ist, braucht keinem erklärt zu werden. Die Verschränkung der Probleme mit Maß und Zeit erzeugt den Workaholic und das Burnout-Syndrom. Es ist zwar seit Jahren schon von Entschleunigung die Rede, doch das bleibt meistens eine schöne Theorie. Wer Seminare für Zeitmanagement absolviert, lernt nur, seine Zeit noch effizienter zu nutzen, nicht, sich mehr Zeit zu lassen. Er bleibt gefangen im Steigerungswahn.

Aber ausgerechnet jetzt, wo zahlreiche Klöster ihre Pforten schließen, werden Ideale, die in den Klöstern entwickelt und gelebt wurden, wiederentdeckt. Ihre Aussagen klingen zunächst altmodisch und untauglich für die Gegenwart. Manche der Begriffe haben auch in der Umgangssprache eine ganz andere, dem Ursprung fremd gewordene Bedeutung angenommen und klingen für die Ohren vieler erschreckend lebenslustfeindlich. Doch bei genauer Betrachtung offenbaren sie ihren einfachen, durchaus pragmatischen Sinn und ihre aktuelle Gültigkeit. Denn sie enthalten Gebrauchsanweisungen für den richtigen Umgang mit Maß und Zeit.

Dieses Buch will nicht Ideen anbieten, die von der Lebenstüchtigkeit entfernen, es soll hier keine Anleitung zum Abheben geliefert werden. Ziel ist, aus den alten klösterlichen Werten einen zeitgemäßen, weltlichen Modus zu extrahieren. »Jeder spirituelle Weg, der nicht in den Alltag führt«, hat der Benediktinerpater und Zen-Meister Willigis Jäger gesagt, »ist ein Irrweg.«

Die Aktualität der klösterlichen Werte
Woher sie kommen, wohin sie führen

Hätte ich in jungen Jahren einer Frau, die ich erobern wollte, vom Reiz eines Klosters erzählt, wären meine Nächte einsam geblieben. Kloster hörte sich nach räumlicher und geistiger Beengtheit an, nach Unfreiheit. Klosterferien wurden zwar schon in den 80er Jahren angeboten, waren aber eher etwas für esoterische Kreise. Dann aber fingen weltoffene Geistliche wie der Jesuitenpater Rupert Lay an, zu »guten Hirten« der deutschen Wirtschaft aufzusteigen. Manager lernten bei ihnen – oft nach dem ersten Herzinfarkt –, die Gedanken an Börse und Büro abzuschalten und in der Stille zur Ruhe und zu sich selbst zu kommen.

Doch das praktizierten sie meist auf einer Insel, an einem weltfernen Strand oder in jener *splendid isolation* in der Toskana oder in der Provence, an der andere gut verdienen. Und es ging dabei auch nicht darum, neue Inhalte für sich zu entdecken, sondern darum, den psychosomatischen Folgen von Stress und dem Burnout-Syndrom vorzubeugen und Leistungsabfall zu vermeiden. Klug wie sie waren, vermieden jene guten Hirten ein Vokabular, das ans Kloster gemahnt hätte, denn da wären ihnen ihre sehr weltlichen Klienten davongelaufen. Beim Stichwort Kloster denken die meisten Menschen zuallererst an Mauern, an das Abgesperrte, Verschlossene, was das lateinische *claustrum*, von dem sich der Begriff ableitet, auch meint. Das musste in einer Zeit, die die Globalisierung zur allein selig machenden Religion erklärte und grenzenlose Kommunikation zur Pflicht, abschreckend klingen. Und dennoch ist die neuentdeckte Anziehungskraft des Klosters nicht zu leugnen.

Warum hat nun in den letzten Jahren das Wort »Kloster« für viele das Abschreckende, Lebensfeindliche verloren? Warum hat es eine geradezu magische Attraktivität entfaltet? Warum finden Bücher und Filme über das Klosterleben ein rapide wachsendes Publikum? Warum suchen die Menschen ausgerechnet Zuflucht in dieser Gegenwelt?

Die Befürchtung, dass sich Klosterbegeisterte in eine Romantik verirren, die mit den Inhalten und Anliegen klösterlicher Werte nicht das Geringste zu tun hat, liegt nahe. Und dass wir in einer karrierebetonten, besitzorientierten Gesellschaft früher oder später eine Sinnkrise erfahren, ist nicht weiter erstaunlich. Die meisten von uns wollen dieser Welt entkommen, jedoch ohne sie zu verlassen. Die Flucht in eine Sucht liegt gefährlich nahe, ob es Magersucht oder Fresssucht ist, ob es sich um sozial noch unauffällige Designerdrogen handelt, die mittlerweile in Karrierekreisen bis in die Chefetagen üblich geworden sind, um einen kaschierten Alkoholismus oder um destruktive, illegale Drogen. Es könnte also durchaus sein, dass es derzeit Klosterjunkies gibt, die sich an einer Illusion berauschen, dass sie sich rasch mal dieser Möglichkeit bedienen, weil sie manches andere an Fluchtmitteln im satten Angebot der Zeitgeistlichen schon erfolglos ausprobiert haben. Ob klösterliche Werte jemandem wirklich helfen können, aus einer schwierigen oder sogar ausweglos erscheinenden Situation herauszufinden, muss jeder kritisch denkende Mensch zuerst einmal in Frage stellen. Sieht es doch so aus, als sei das Kloster auf Zeit zwar geeignet, gestressten, aber letztlich gefestigten Menschen eine Verschnaufpause zu verschaffen, in der sie zu sich kommen, nicht aber eine langfristige Umstrukturierung der Lebensweise zu erreichen, es sich mithin also um eine Seelendiät mit Rückfallgefahr handelt. Doch ein extremes Beispiel hat mir vorgeführt, welche Kraft in den klösterlichen Werten steckt und dass sie imstande sind, sogar Heroinsüchtigen in ein Dasein ohne Abhängigkeiten zurückzuverhelfen. Ausgerechnet denen klösterliche Prinzipien und Inhalte vermitteln zu wollen, scheint schwer vorstellbar. Dass es geht und wie, erfuhr ich, als ich durch Zufall auf einer Italienreise von »Mondo X« hörte, dem Projekt des Franziskanerpaters Eligio zur Rehabilitation von Drogenabhängigen.

Pater Eligio, ein welterfahrener Mann aus Bisenrate bei Mailand, als Telefonseelsorger zur Kultfigur geworden, hatte durch gute Beziehungen zur Geschäfts- und Fußballwelt Mittel für seine Idee lockergemacht, Drogenabhängige in völliger Abgeschiedenheit von ihrer Sucht zu befreien.

Als er Ende der 80er Jahre im Südosten der Toskana bei Cetona einen aufgelassenen mittelalterlichen Konvent entdeckte, der erste, den Franz von Assisi außerhalb seiner engeren Heimat in Umbrien gegründet hatte, wusste Pater Eligio sofort, dass dies der ideale Ort hierfür sein würde. Sechs Frauen und achtundzwanzig Männer im Alter von 22 bis 33 Jahren zogen in der Klosterruine ein und unterwarfen sich strengen Regeln. Nein, sie mussten keineswegs einem Orden beitreten, ihre Konfession war so gleichgültig wie ihre Herkunft oder ihre Ausbildung. Doch sie mussten auf vieles verzichten, wenn sie Mitglied der *Frateria di Padre Eligio* werden wollten. Kein Fernsehen, keine Zeitungen, kein Radio, keine Musik aus der Konserve. Nur zweimal im Jahr durften Eltern oder Geschwister auf Besuch kommen, nach drei Jahren ist der erste Urlaub zu Hause erlaubt. Alles, was hier gegessen und getrunken wurde, musste selbst gemacht, selbst erarbeitet werden. Jeder konnte alles lernen. Gemeinsam wurde eine Zisterne instand gesetzt, Olivenöl gepresst, der Kirchenboden aus Travertin verlegt, die Felder bewirtschaftet, Gemüse geerntet, Marmelade gekocht, Wände restauriert, ein Fresko freigelegt. Ziel war von Anfang an, aus dem Konvent ein exklusives Gästehaus zu machen, so dass das Unternehmen sich selber trägt. Das Ziel wurde bald erreicht. Die fünf Doppelzimmer und drei Suiten, karg, aber schön eingerichtet, waren trotz der keineswegs kargen Preise sofort ausgebucht. Das Restaurant wurde innerhalb weniger Jahre zum Geheimtipp.

Mondo X funktioniert nach wie vor nach denselben Regeln. Der gutbestückte Weinkeller steht nur den Gästen zur Verfügung, denn auch der Verzicht auf Alkohol gehört zu den Aufnahmevoraussetzungen. Jedes Mitglied dieser »Bruderschaft« in Cetona hat die Möglichkeit, wann immer es will das Experiment abzubrechen, kann aber dann nicht mehr zurückkehren.

In Mondo X ist der Tag streng gegliedert: in Arbeitszeit auf dem Feld, in den Werkstätten, im Garten, im Restaurant oder in der Küche, und in Erholungszeit. Die Mahlzeiten sind einfach und finden immer exakt zur selben Uhrzeit statt. Es gibt zwar keinerlei konfessionelle Vorgaben, in den Andachtszeiten steht jedem frei, was er unter Beten verstehen will. Es steht auch jedem frei, zu entscheiden, an welchen Freizeitbeschäftigungen er teilnimmt, ob er gregorianische Choräle oder Klavierspielen lernen will, die Kunst, Blumen zu stecken oder Mosaike zu legen.

Der sensationelle Erfolg von Mondo X beschäftigte mich. Die Rückfallquoten derer, die das Kloster nach einigen Jahren verlassen, sind minimal. Pater Eligio hat verstanden, was den Suchtkranken fehlt: eine Gebrauchsanweisung für die Freiheit. Durch die Erfahrungen in Mondo X verfügen sie über ein Instrumentarium, mit dem sie ihren Alltag bewerkstelligen können. Sie wissen, dass Stille, Ordnung, Disziplin und Einfachheit keine Einengung bedeuten, keine Verarmung, sondern eine Bereicherung. Und sie wissen, dass die in Mondo X gelebten Rituale und Regeln sinnstiftend sind.

Nicht nur Drogenabhängige, die meisten von uns sind einer Ideologie verfallen, die uns unbegrenzte Möglichkeiten als Basis von Lebensqualität verkauft, eine Vorstellung, die durch das Internet noch verstärkt wurde. Doch wie auch dieses bald schon zeigte, wie viele Risiken und Gefahren bis hin zur Sucht diese Entgrenzung mit sich bringt, kann auch das Überangebot an Unterhaltung und Kommunikationstechniken im alltäglichen Leben bedrängend werden. Ist es ein Gewinn, bereits beim Frühstück fernzusehen? Ist es erstrebenswert, rund um die Uhr überall erreichbar zu sein? Bereichert es uns, Urlaubsfotos wildfremder Menschen im Netz ansehen zu können? Gleicht die Effizienz der E-Mail den Ärger und den Zeitverlust aus, den wir durch das Löschen von Spam-Mails hinnehmen müssen?

Darüber nachzudenken versagen wir uns aber, vielleicht aus Angst vor dem, was wir dann erkennen müssten. Nach der breitschultrigen Opulenz der 80er Jahre setzte das Design von der Mode bis zum Mobiliar auf Purismus und verkündete als Leitsatz, weniger sei mehr. Doch die Reduktion der äußeren Form war nur neuer Kaufanreiz. In praller werdenden Tüten wurde nun Minimalismus nach Hause getragen.

Die innere Reduktion hingegen erscheint uns mühsam und unsinnig, bevor wir sie ausprobiert haben. Wozu sollten wir selbstquälerisch auf etwas verzichten, das wir uns leisten können? Natürlich: Das *claustrum* des Klosters beschränkt die Freiheiten in vielerlei Hinsicht. Aber da setzt dieses Buch an. Es will einfach vermitteln, dass Einschränkung auch bereichern kann.

Das hört sich paradox an, ich weiß. Und wer mich abends am schöngedeckten Tisch tafeln sieht, misstraut mir vermutlich. Doch es geht darum, diese Einschränkung lebensnah zu definieren und einmal die Probe zu riskieren, wie sich ein Dasein ohne all das anfühlt, was wir gewohnt sind.

Vom Sinn der klösterlichen Werte

Sie haben dieses Buch in die Hand genommen, weil Sie etwas loswerden wollen: Unrast, Zweifel, das Gefühl, Ihr Leben habe kein rechtes Ziel, die Angst vor dem Tod, trübe Stimmungen, Stress. Nicht anders als Mönche und Nonnen suchen Sie nach irgendeiner Art von Erlösung. Doch *erlöst* werden kann nur, wer sich vorher *löst, herauslöst.* Das ist keine leichte Übung, auch für Menschen im Kloster nicht. Und die dort in Regeln festgelegten Werte sind, richtig verstanden und zeitgemäß gedeutet, dabei eine Art Trainingshilfe. Klösterliche Werte sind Wegweiser. Nur einleuchtend also, dass es in allen Religionen dieselben sind: Demut und Bedürfnislosigkeit, Arbeit und Askese, das rechte Maß, Schweigen und Kontemplation. Dass sie sich über Jahrtausende gehalten haben, beweist, dass sie den Brüdern und Schwestern nutzen, ob sie in einem Zen-Kloster in Japan leben oder in einem katholischen Kloster in Bayern. Wobei halfen und helfen sie? Bei einer Suche, die uns mit der von Mönchen und Nonnen verbindet: der nach Sinn. Zulauf bekamen Orden wie Religionsgemeinschaften deswegen immer dann, wenn sie es vermochten, ihre Werte als eine Alternative zu den unbefriedigenden irdischen Reizen und Werten zu vermitteln. Dieses Buch möchte nur zeigen, wie modern, wie anwendbar diese Leitbegriffe sind, auch wenn sie uns zuerst altmodisch und verstaubt anmuten.

Wer an sich selber verspüren will, wie weniger mehr bedeuten kann, wie Verzicht zum Gewinn wird, muss das Experiment wagen und seine alltäglichen Angewohnheiten zumindest für eine Zeit aufgeben. Ob das wie bei Mondo X aus begreiflichen Gründen drei Jahre und mehr dauert oder nur ein paar Wochen, wie es die zahlreichen Modelle von Kloster auf Zeit vorführen, ob es mit einem Ortswechsel verbunden ist oder, wie ich es als Schüler praktiziert habe, zu Hause gemacht wird: Es beginnt mit der praktischen Übung, die uns erleben lässt, dass vermeintlich Einengendes erweitern kann. Für das Experiment brauchen Sie kein Geld und keinen Zeitgeistlichen. Es braucht nicht einmal eine klösterliche Tradition. Es braucht keine Bindung an einen festen Ort, an ein veritables Kloster. Und es braucht keine konfessionelle Festlegung, denn die klösterlichen Werte finden sich in allen Religionen dieser Welt. Wenn hier von Kloster die Rede ist, denken Sie also nicht an ein geschlossenes, abgeschiedenes Terrain und denken Sie nicht nur an Mönche in weißer, schwarzer oder brauner Kutte, wahlweise an Nonnen in ähnlichem Kostüm. Sie werden auch tanzenden Derwischen in weißen Wollröcken begegnen oder Buddhisten in Orange und Gelb. Denn es geht in diesem Buch nicht allein um die christlichen klösterlichen Werte, sondern um das, was sie mit denen anderer Religionen und Kulturen verbindet. Das Gemeinsame findet sich nicht an der Oberfläche, es findet sich in der Tiefe, in grundlegenden Idealen wie Demut und Askese und in der mystischen Tradition. So wie Mondo X seinen Einwohnern, will dieses Buch Ihnen das Werkzeug liefern, mit dem Sie Ihr Kloster überall errichten können. Das Einzige, was Sie mitbringen müssen, ist die Bereitschaft zur Selbstdiagnose, das heißt zum Eingeständnis, dass Ihr, dass unser Alltag bestimmt wird von der Idee der Steigerung. Wir wollen beruflich weiterkommen, wir wollen noch mehr von der Welt sehen, wir wollen mehr Glücksmomente erleben, mehr Geld verdienen, mehr Freunde gewinnen. Der Komparativ ist zum Prinzip unseres Daseins geworden, und der Werbeslogan eines großen Konzerns verkündet das programmatisch: »Gut ist uns nicht gut genug«. Dennoch ist der Kern aller Unzufriedenheiten das Leiden am Zuviel. Zu viele Verpflichtungen, zu viel Arbeit, zu viel Druck, zu viel Besitz, zu viel Lärm, zu viele Angebote, ob es sich um modische oder geistige Trends handelt. Wir haben in fast allem das Maß verloren und ständig das Gefühl, die Zeit renne uns davon. Maßlosigkeit ist die Ursache jeder Sucht und schuld an jedem Problem, das sich mit dem Zuviel herumschlägt. Mit zu viel Besitz, Stress, Reizen, Geräuschen. Deshalb empfinden wir zunehmend eine Sehnsucht nach dem Einfachen.

Warum wir sie empfinden, hat der Dichter Günter Herburger in dem Gedicht *Vergnügen* in beispielhafter Kürze formuliert:

> *So einfach könnte es sein,*
> *wie ein Reim,*
> *wie ein müheloser Kuss,*
> *Voraussetzung ist,*
> *dass man Arbeit und Werte*
> *neu verteilen muss.*

Uns ist bewusst, dass wir uns nur neu orientieren können, wenn wir reduzieren. Und dass wir nur zum Wesentlichen gelangen, wenn wir Ängste und Bedürfnisse ablegen. Wir sind uns darüber im Klaren, dass Zufriedenheit und Wohlgefühl im Dasein einfach sind, nur der Weg dorthin ist es nicht unbedingt. Zeitgeistliche versperren ihn uns, auch Institutionen oder sektiererische Angebote. Dass ein Leben, in dem es Glauben gibt, sogar noch beim Sterben einfacher ist, haben die Forschungen mit Menschen, die Nahtod-Erlebnisse hatten, bewiesen. Wer an irgendetwas glaubte, hatte dabei keine Angstgefühle, vielmehr das Gefühl von Weitung und Schwerelosigkeit. Wer an nichts glaubte, durchlitt Gefühle der Enge, der Bedrängnis, der Bedrohung. Wahrscheinlich sind Sie jemand, der wie ich an Gott glaubt, an eine göttliche Macht, an ein höheres Wesen, was auch immer wir uns darunter vorstellen. Wie jeder Mönch, jede Nonne suchen wir eine persönliche Gotteserfahrung. Doch uns kann es ja nicht wie Klosterbrüdern und -schwestern darum gehen, uns völlig von diesseitigen Interessen zu verabschieden. Wenn Sie einen Partner, eine Familie, Freunde, einen Beruf haben und in einer Welt leben, aus der Sie sich keineswegs zurückzuziehen gedenken, können für Sie nicht dieselben Ratschläge taugen wie für Klosterinsassen.

Wozu sich also mit Regeln befassen, mit Gesetzen, die im Kloster notwendig sein mögen, aber im Alltag kaum zu verwirklichen scheinen? Was sollen wir anfangen mit Vorschriften, die sich ungemütlich, einengend und bedrängend anhören? Sie werden mich also zu Recht fragen, worin der Sinn klösterlicher Werte denn liegt, der es rechtfertigt, sich auf sie einzulassen.

Ihre Kraft beruht darauf, dass sich in ihnen Erfahrungen, Erkenntnisse, Erlebnisse aus Jahrtausenden verdichten. Und dass sie auf ganz archaische menschliche Bedürfnisse antworten, vor allem auf eines: etwas zu finden, was uns hilft, nicht zu zerbrechen beim Gedanken an unsere Endlichkeit. Dieses Verlangen nach dem Nichtendlichen verbindet über sämtliche Unterschiede hinweg die Weltreligionen.

Gemeinsam war und ist Sinnsuchern, ob sie in ein Kloster gehen oder wie wir im Alltag nach einer neuen Ausrichtung forschen, das Bedürfnis, sich mit etwas Höherem, etwas Größerem zu verbinden. Es ist die Sehnsucht nach einer geistigen Geborgenheit. Wer sich in solcher Weise aufgehoben fühlt, verliert die größte und zentrale Angst, die Angst vor dem Tod.

Ich komme zu dem Schluss, dass ich nichts weiß, aber gleichzeitig ist unser Leben ein solches Mysterium, dass das System des ›Konventionellen‹ sicher zu eng ist.«
Vincent van Gogh

Das Streben nach dem höchsten Ziel, dem Einswerden mit dem Göttlichen, der *unio mystica*, ist das Gemeinsame der mystischen Traditionen, die sich in allen Weltreligionen finden. Sie entstehen bevorzugt in Zeiten politischer und wirtschaftlicher Umwälzungen beim Niedergang einer Kultur. Zukunftsangst, Existenzangst und ein Gefühl der Sinnleere erzeugen dann das Verlangen nach nichtendlichen Werten. So war es am Übergang vom 7. zum 6. Jahrhundert vor unserer Zeitrechnung nicht nur in Griechenland, wovon noch ausführlicher die Rede sein wird, sondern auch in Indien. Auch hier entwickelte sich eine Stadtkultur, auch hier wandten sich die Menschen vom althergebrachten Opferkult ab und suchten nach einer mystischen Vereinigung der Einzelseele, *atman,* mit der Weltseele, *brahman,* einem unpersönlich gedachten, göttlichen Prinzip.

Mystisch, wenn auch anders als in Griechenland, ist hier auch die Vorstellung von dem Kreislauf der Wiedergeburten, *samsara* genannt, und der Vergeltung der Taten im folgenden Leben. Befreiung aus der ständigen Wiederholung des Leids war durch strenge Askese möglich, die von Wandermönchen praktiziert und gepredigt wurde. Einer von ihnen war Buddha. Er glaubte zwar an keinen Gott, auch nicht an eine ewige Seele, vielmehr an das *nirwana* als einen Zustand der Ruhe und des Glücks, den wir bereits im Diesseits erleben können. Doch wie die christlichen Gnostiker und die Neuplatoniker war er überzeugt, dass die Menschen sich zu ihrer Erlösung aus der Verhaftung mit dem Irdischen lösen müssen. Auch nach Buddhas Einsicht führt der Weg zur Erlösung über das Mönchtum. Wie später die christlichen Mönche hatten bereits die buddhistischen auf Besitz, sexuelle Befriedigung und Machtstreben zu verzichten; wie im Christentum wurden bereits in der Frühzeit des Buddhismus Lebensgemeinschaften in Klöstern eingerichtet. Und so wie in christlichen Klöstern das Gebet zu Gott im Mittelpunkt des Daseins stand, war es dort die Versenkung in sich selbst, die Meditation, die aus alten Yoga-Praktiken hervorgegangen war.

Wer sich in die Mysterien einweihen lässt, soll nicht etwas lernen, sondern etwas erleben und sich in eine Stimmung versetzen lassen, die ihn empfänglich macht.«
Aristoteles

Wer liest, was christliche oder muslimische, jüdische oder hindu-istische Mystiker geschrieben haben und schreiben, erkennt die große innere Verwandtschaft. Sie alle gehen davon aus, dass es für das Geheimnis einer persönlichen Gotteserfahrung kein einfaches Rezept gibt, und sie wollen nicht Gott verstehen, sondern ihn erleben.

Das liegt auch den meisten von uns nahe. Wie sehr wir nach dem Erleben hungern, verraten schon unsere hilflosen Versuche, es durch freizeitindustrielle Vergnügen zu kaufen, sei es in Erlebnis-reisen oder in der Erlebnisgastronomie. Auch wenn das nur schale Ersatzbefriedigungen sein können, ist an dem Bedürfnis nichts Schlechtes, verweist es doch auf etwas tief in uns Verwurzeltes. Was wir lernen, verändert unseren Verstand, aber nur was wir er-leben verändert unsere Seele.

Von den Mysterienkulten: Die Vorgeschichte der Klöster

Um zu verstehen, wie vielfältig die Quellen sind, aus denen die klösterlichen Gemeinschaften der Weltreligionen schöpften, lohnt es sich, zunächst einmal die Mysterienkulte des antiken Grie-chenland zu betrachten.

Mysteria bezeichnete damals geheime Weihehandlungen; wer in diese Rituale eingeweiht war und an ihnen teilnehmen konnte, war ein Myste *(mystes)*. Und bereits in diesen Wörtern liegt der Gedanke an Rückzug, auch an den Rückzug in sich selbst, denn sie leiten sich her vom griechischen *myein*, zu deutsch: verschlie-ßen. Die Augen verschließen, um nach innen zu schauen, den Mund zu schließen, um im Schweigen zu versinken. Und die Mysterien sind Handlungen, die Sinn stiften, die das Gefühl von Aufgehobensein, von Heimat und Herkunftsgewissheit schenken, wenn wir uns entwurzelt fühlen.

Auch die Begeisterung für die griechischen Geheimkulte und ihre bedeutungsvollen Zeremonien entflammte daher in einer Phase des Umbruchs und der Verunsicherung: Die frühesten uns bekannten Mysterienkulte entstanden, als an der Wende vom 7. zum 6. Jahrhundert vor unserer Zeitrechnung die homerische Feudalgesellschaft von einer Stadtkultur abgelöst wurde und die in den Städten lehrenden Philosophen begannen, die Götter des Olymp in Frage zu stellen. Aber der Abschied von den gewohnten Lebens- und Denkformen bedeutete für viele Menschen eine Erschütterung ihres gesamten Wertesystems. Sie fühlten sich ihres Haltes beraubt und suchten nun auf einem individuellen Weg nach Glaubensinhalten, die mehr Tiefe und eine transzendente Dimension besaßen. Erhalten blieb in diesen Kulten das, was die Philosophen aus ihrer Gedankenwelt verbannt hatten: Rituale und Zeremonien, die nach festgelegten Regeln zelebriert wurden.

Zugleich waren die Götter der Mysterienkulte in einem wesentlichen Aspekt den Menschen näher und eben nicht fern, erhaben, unerreichbar, unvergleichbar. Sie waren einem Schicksal unterworfen, sie kannten den Tod, den Untergang. Das Göttliche an ihnen war, dass sie wieder neu erstanden – und das wollten auch die Teilnehmer an den Mysterienkulten. In den Mysterien durchlebte der Eingeweihte mit dem jeweiligen Gott seines Kultes diesen Weg und konnte so Hoffnung schöpfen, durch die enge Verbindung mit ihm nach dem Tod hinübergeleitet zu werden in ein Jenseits anderer, tieferer Freuden, anstatt im Hades nur noch ein Schattendasein zu führen. Der Mysterienkult war eine probate und weise Methode, sich mit dem anzufreunden, was Menschen bedrohlich und feindlich vorkommt, damals wie heute. Und er erklärte manches damals Unerklärbare. Warum, fragten sich die Menschen, erlischt die Natur und erblüht dann wieder neu?

Die eleusinischen Mysterien lieferten eine Antwort. Sie hatten Demeter wieder inthronisiert, eine der vormals allmächtigen Muttergottheiten, die in der patriarchalischen olympischen Götterwelt als zuständig für Ackerbau und Getreide nur noch eine Nebenrolle gespielt hatte. Im Kult von Eleusis wurde die Erdenmutter nun zur Symbolfigur für den zyklischen Verlauf der Natur, in der aus Gestorbenem neues Leben erwächst. Auch ihre Tochter Persephone bekam eine zentrale Bedeutung: Sie war von Hades in die Unterwelt entführt worden, ihre verzweifelte Mutter ließ daraufhin die Felder verdorren und ertrotzte der Tochter so das Recht, zwei Drittel des Jahres wieder in der Oberwelt zu verbringen. In diesem jährlich wiederkehrenden Aufstieg der Persephone aus dem Totenreich ins Leben sahen die Eingeweihten von Eleusis ein Gleichnis für das lebenspendende weibliche Prinzip, das sich jedes Jahr von neuem wiederholt: manifestiert in der Vegetation des Frühlings nach der Winterzeit.

Was in *Das Prinzip Hoffnung*, dem viel zitierten, aber wenig gelesenen Buch Ernst Blochs als titelgebendes Leitwort erfasst wird, ist Antrieb aller spirituellen Sucher. Zu allen Zeiten, bis heute, versuchen Mysterien zu lösen, was der Verstand nicht lösen kann. Sie verleihen dem Leiden einen Sinn, und vor allem dem Tod. Archaisch – und tröstlich! – ist der Gedanke, dass jener Gang nach ganz unten die Voraussetzung für ein erneutes Gedeihen ist; er findet sich auch in der ägyptischen Legende vom wiedererweckten Osiris und später bei den Christen in dem Abstieg von Jesus hinab in den Limbus, ins Totenreich, nach dem erst seine Wiederauferstehung möglich wird.

Mysterien haben darüber hinaus jedoch das Ziel, sich von den Fesseln der Gewohnheiten zu befreien und Gott näherzukommen.

Das nahm zuweilen etwas seltsame Formen an; drastisches Beispiel sind die Dionysos-Mysterien, die sich seit dem 5. Jahrhundert vor unserer Zeitrechnung in Griechenland und Unteritalien verbreiteten, im Mittelpunkt der Gott für Sinnenlust und Rausch. Die Mänaden oder Bakchen, die mythischen Frauen in seinem Gefolge, benahmen sich in der Ekstase nicht wie göttliche Hofdamen; sie rissen Tiere und verschlangen deren Fleisch roh, um sich atavistisch-magisch deren Leben einzuverleiben. In den nächtlichen Mysterien des Dionysoskults gab es keine solche Gewalt mehr, eher einen Hauch Woodstock (wenngleich dort Alkohol als Spießerdroge galt); die Teilnehmer versetzten sich mit Musik, Wein, Tanz und Sex in einen ekstatischen Zustand. Sie glaubten, dadurch in eine Gemeinschaft mit dem Gott einzutreten und durch die Nähe zu ihm an seiner Unsterblichkeit teilzuhaben. Dass bei diesen Ritualen Efeu verzehrt wurde, ein Symbol des Dionysos, war Ausdruck für die enge Verbindung zu diesem Gott: er wurde im wahren Wortsinn verinnerlicht. Aus dem atavistischen Akt der fleischfressenden Mänaden war im Mysterienkult ein sinnbildhafter geworden und aus dem Gott des Rausches eine Symbolfigur der Hoffnung. Die christliche Tradition griff das ebenfalls auf; sie erklärte den Efeu, der sich fest an Mauern und Bäume klammert, zum Sinnbild für den treuen Glauben an Christus und vollzog das Einverleiben des Gottes in der Eucharistie.

Noch spiritueller wurde die Vereinigung mit einer Gottheit in derselben Zeit in den Mysterien der Orphiker, benannt nach dem mythischen Sänger Orpheus, der ebenfalls in die Unterwelt hinabgestiegen war, um seine Frau von dort zurückzuholen. Auch bei diesem Mysterienkult bestand das Ziel darin, sich zu entgrenzen und eine Gemeinschaft mit der Gottheit zu erleben. Doch die Orphiker verzichteten auf alles Rauschhafte, Sinnliche, Ekstatische; die Entgrenzung sollte im Gegenteil durch Läuterung erreicht werden. In der Askese wollten sie den Geist aus dem Gefängnis des Körpers befreien, aus den Fesseln der Leidenschaften und Triebe lösen.

Gemeinsam ist all diesen Ideen eines, nämlich der Dualismus von Leib und Seele – wir können auch sagen: der von Materie und Geist; er geht auf Platon zurück und erlebte immer neue Formulierungen. Als im 3. Jahrhundert nach Christus das Römische Reich immer stärker von außen bedroht wurde und die Menschen von Endzeitängsten gequält wurden, war der Philosoph Plotin auf einmal gefragt. Seine neuplatonische Lehre beendete ihr Elend zwar nicht, doch sie konnte ihnen erklären, weshalb so viel Leid in der Welt war, weshalb es Hungersnöte, Kriege, Armut und Grausamkeit gab, trotz des allmächtigen Gottes. Und das tröstete sie, denn sie konnten weiter an das höchste Eine glauben und mussten nicht irrewerden an ihm. Plotin machte ihnen verständlich, dass der Kosmos zwar aus der göttlichen reinen Geistigkeit hervorgegangen sei, sich dabei aber weiter und weiter von seinem Ursprung entfernt habe. Die Schöpfung ist nach seiner Theorie also bereits ein Abfallen vom Göttlichen, und beim Fall hinab in die Welt, so Plotin, vergisst die Seele, woher sie eigentlich stammt. Kommt sie unten an, weiß sie nicht mehr, dass sie zu diesem Ewigen, Einen, Göttlichen gehört. Sie gleicht sich dem Irdischen an, lässt sich in der Materie nieder, kreist um das eigene Ego, wird eigennützig, machtlüstern und raffgierig, damit sie richtig gut ins Diesseits passt. Und weil auf der Erde, auf dieser untersten Stufe, die Gesetze des Materialismus gelten, haben die raffinierten und skrupellosen Menschen tatsächlich Erfolg und triumphieren über die Nachgiebigen und Friedlichen. Doch in der menschlichen Einzelseele glimmt noch immer der göttliche Funke wie eine Erinnerung an ihre Herkunft. Deshalb sah Plotin eine Möglichkeit, dass die Seele wieder aufsteigt zu ihrem Ursprung, indem sie sich innerlich von der Materie, von allem Weltlichen löst: der Funke als Hoffnungsfunke.

Dieser Gedanke von einem transzendenten Erlösungsweg machte eine erstaunliche Karriere; er ging in viele Kulte und Religionen der ersten nachchristlichen Jahrhunderte ein: in den persischen Manichäismus, in die griechisch-römischen Mysterienkulte, in die christliche Gnosis. Weil die Seele nicht hier, in der Welt der Finsternis entstanden ist, sondern aus dem Licht stammt, kann sie sich darauf besinnen und den Heimweg antreten, wenn sie sich aus den irdischen Verstrickungen befreit. Mit den Worten der Gnostiker: »Ich bin in dieser Welt, aber nicht von dieser Welt.« Um das zu leben, braucht es freilich weder Regeln noch Klöster, das kann jeder alleine. Und doch war die Entwicklung sinnvoll und notwendig.

Von der Einsamkeit zur Gemeinsamkeit:
Die Entwicklung des christlichen Klosters

Auch wenn die christliche Kirche später die gnostischen Lehren ablehnte und verbot, vertrat der einflussreiche Kirchenvater Augustinus einen christlichen Neuplatonismus und befand sich dabei in bester Gesellschaft, nämlich in der von Christus selbst. Der hatte zwar gemahnt, sich nicht an diese Welt zu verlieren, weil nur so das wahre, ewige Leben zu gewinnen sei. Er hatte von seinen Jüngern, die mit ihm umherzogen, um seine Ideen zu verbreiten, verlangt, dass sie ihren Beruf, ihren Besitz, ihre Familie aufgaben und alle Brücken hinter sich abbrachen; von der wachsenden Schar seiner getauften Anhänger jedoch erwartete er keineswegs eine solch radikale Entscheidung. Sich völlig von der Gemeinschaft zurückzuziehen war für ihn keineswegs unabdingbar für Gläubige, die zu Gott finden wollten.

Dennoch begannen im 3. Jahrhundert Christen diesen kompromisslosen Weg zu wählen: ein asketisches Dasein abseits der menschlichen Gesellschaft, in der Einsamkeit unwirtlicher Gegenden. Sie wurden als Anachoreten bezeichnet, als Menschen also, die außerhalb des Chores, abseits der Menge lebten, als Eremiten, weil sie die einsame Wüste (griechisch *erēmos)* suchten oder als Mönche (von *monachos,* der Alleinlebende). Im 4. Jahrhundert aber schlossen sich bereits einige von ihnen zu Lebensgemeinschaften zusammen. Das Klosterleben begann mit Pachomius, der damals in Ägypten das erste Kloster gründete, nachdem er nach eigenem Urteil zwölf Jahre in der Wüste vergeudet hatte. Sein Ziel war, das Ideal der christlichen Urgemeinde zu verwirklichen. Die Brüder wohnten, arbeiteten und beteten gemeinsam, waren gleich asketisch in Kleidung und Ernährung. Um die Ordnung in dieser Gemeinschaft aufrechtzuerhalten, legte Pachomius schriftlich Regeln nieder, denen alle gehorchen mussten, ebenso wie der Autorität des Oberen, der sich als Vater verstand. Vom griechischen und kirchenlateinischen Wort *abbas* für Vater leitet sich die spätere Amtsbezeichnung Abt her. Seinen Mönchen verordnete Pachomius einen strikten, wenn auch nicht stressreichen Tagesplan mit fünf Gebetseinheiten.

Von da an galt für jede klösterliche Gemeinschaft ein solcher Katalog von Vorschriften. Kolumban der Jüngere, der im 6. Jahrhundert von Irland auf den Kontinent ins Frankenreich gezogen war und dort Klöster gründete, diktierte nicht nur Regeln, sondern auch noch ein detailliertes Bußregister. Aus derselben Zeit ist uns die sogenannte Magisterregel erhalten, die in der Gegend von Rom entstand. Aus diesem umfangreichen Kodex übernahm dann wenig später Benedikt von Nursia Teile in seine berühmte Mönchsregel, die er in dem von ihm gegründeten Kloster auf dem Monte Cassino niederschrieb. Benedikt zeigte allerdings eine Tendenz, alles zu steigern, erhöhte die Zahl der obligaten Gebetstermine von fünf auf acht und richtete ein automatisches Läutwerk ein. Das hallte über den ganzen Monte Cassino mit seinen zwölf Klöstern. Maß und Zeit sind bei ihm bereits die tragenden Elemente der Klosterordnung.

Im 7. Jahrhundert existierten die Regeln von Kolumban und Benedikt nebeneinander, auch als Mischregeln, bis sich im 8. Jahrhundert die Benediktregel in allen Klöstern des Fränkischen Reiches durchsetzte, was von Kaiser Karl dem Großen und seinem Sohn, Ludwig dem Frommen, entschieden gefördert wurde. Ih-

nen galt der pünktliche Benedikt als Schöpfer der ersten Sozial-
ordnung in Europa, die einer strengen Zeitdisziplin unterworfen
und damit geeignet war, Gemeinschaften in den Griff zu bekommen und ihnen zugleich zu vermitteln, es sei sinnvoll und heils-
bringend, sich den Regeln zu unterwerfen.

In ihrer Blütezeit im Mittelalter entwickelten sich die Klöster von
Laien- zu Klerikergemeinschaften, unterhielten Schulen und waren Zentren der Gelehrsamkeit bis zur Gründung der ersten Universitäten zu Beginn des 13. Jahrhunderts. Trotz aller Strebsam-
keit war der Geist des Mittelalters nicht stur, und weil die Benediktregel Spielraum für Auslegungen bot, wurde sie von Ort zu
Ort unterschiedlich gehandhabt, so dass eine Vielfalt von Traditionen blühte. Der Nachteil war, dass sich dadurch manche von den
ursprünglichen klösterlichen Idealen zügig entfernten.

Vom Verzicht zur Dekadenz – und wieder zurück: Die Gefährdung eines Ideals

Indem erfolgreiche Klöster zu Macht und Besitz gelangten, verfie-
len sie der Dekadenz und büßten ihre Glaubwürdigkeit ein. »Je
näher dem Kloster, desto ärmer der Bauer« hieß ein Sprichwort,
das sich damals verbreitete. Weil einsichtige Geistliche erkannten,
dass von oben reformiert werden musste, wenn sie eine Revolution von unten verhindern wollten, machten sie sich immer wieder
ans Werk, Ausnahmen, die bereits zur Regel geworden waren,
auszumisten. Besonders gründlich griff jene Klosterreform ein,
die an der ersten Jahrtausendwende von der Benediktinerabtei im
burgundischen Cluny ausging. Eine Alternative zu Reformen waren Neugründungen von Orden, die sich von vornherein rigoros
jede Abweichung verboten und die Schraube straff anzogen. Die
Kartäuser legten die Benediktregel besonders streng aus, strenger
wohl als Benedikt selbst; die Zisterzienser, deren Abt Bernhard

von Clairvaux Ende des 11., Anfang des 12. Jahrhunderts zum Lehrer christlicher Mystik wurde, erdachten sich ein Klostermodell, das eher einer Ansammlung von Einsiedlern glich. Den weltlichen Versuchungen von vornherein entgegenzuwirken war auch das Ziel der Bettelorden des 13. Jahrhunderts, der Franziskaner, Minoriten und Kapuziner, die das Ideal der Armut und der tätigen Nächstenliebe verwirklichen wollten.

Die Notwendigkeit selbst auferlegter Regeln war also offensichtlich. War in den Anfängen Freiwilligkeit noch Grundvoraussetzung jeder geistigen und geistlichen Gefolgschaft, wurden in den späteren Jahrhunderten viele unfreiwillig hinter die Mauern verbannt. Zunehmend wurden die Klöster genutzt, um aus materiellen, sozialen oder machtpolitischen Motiven Menschen loszuwerden. Das neunte Kind eines armen Bauern, das sonst nicht mehr durchzubringen war, landete nun neben dem Hochadligen, der als Konkurrent um die Erbfolge ausgeschaltet werden sollte. Bekam ein reicher Kaufmann viele Töchter, die sein Vermögen für ihre Mitgift aufgebraucht hätten, bot das Kloster eine willkommene Gelegenheit, die unerwünschten Kinder in Gottes und des Geldes Namen zu »entsorgen«. Die Ordensregeln halfen, eine derart heterogene Gemeinschaft in den Griff zu bekommen. Widerspruch und Aufmüpfigkeit, Selbstüberhebung und Trägheit der Mönche konnte kein Klostervorstand dulden, weil sie Fügsamkeit, Gemeinschaftsgeist und die lebensnotwendige Arbeitswilligkeit gefährdeten. Die wesentlichen Klosterregeln, auch in der buddhistischen und muslimischen Tradition, verfolgen solch einen pragmatischen Zweck, sie sichern den Frieden und den Zusammenhalt. Äbte und Äbtissinnen mussten von jeher über Menschenkenntnis verfügen, und das Regelwerk war ein Vehikel dafür. Doch darüber hinaus enthalten diese Regeln grundlegende Ideale und Werte. Dass sie notwendig sind, hat sich immer wieder gezeigt, denn jedes Ideal ist bedroht von falschen Freunden und

Deutungen, jeder gute Vorsatz von der menschlichen Schwäche. Davor waren auch die mystischen Verinnerlicher nicht gefeit.

Sufis, die Mystiker des Islam, setzen der islamischen Gesetzesreligion die Liebe entgegen. Liebe bedeutet für sie die Sehnsucht der Seele nach ihrem göttlichen Ursprung. Christus, der Wanderprediger, der Demut, Frieden, Bedürfnislosigkeit und Nächstenliebe lehrte, war für die Sufis ein Vorbild. Und wie die Urgemeinde der Christen bildeten die Sufis, die sich um einen geistigen Führer (arabisch *Shaikh,* persisch *Pir*) scharten, eine geistige Familie. Im 12. Jahrhundert breiteten sich Sufi-Bruderschaften aus und nahmen Novizen aus allen Bevölkerungsschichten auf. Sie lebten in ihren Klöstern entweder in kleinen Zellen oder zusammen in einem großen Raum, in dem sie auch arbeiteten und studierten. Ihnen schien es einfacher, den Pfad des mystischen Gottsuchers gemeinsam zu gehen, mit Askese und Meditation, aber auch mit Dichtung, Musik und, bei den Derwischen, sogar mit Tanz. Sie beherbergten Gäste und hatten viele Laienmitglieder, die jedes Jahr für einige Tage ins Kloster kamen, um an den Festlichkeiten und Exerzitien teilzunehmen. Diese Klöster wurden von zahlreichen Sultanen großzügig materiell unterstützt und sie bekamen auch reichlich Gaben aus der armen Bevölkerung. Aber das Zuviel, das uns im Wege steht, behinderte auch diese klösterlichen Sinnsucher. Sie verloren von jeher ihr geistiges Ziel aus den Augen, wenn sie materiellen Interessen anheimfielen. So wie manche *Shaiks* politische Macht und Reichtum erlangten und damit ihre Glaubwürdigkeit verloren, landeten auch christliche Klöster, die durch Besitz mächtig und selbstherrlich wurden, in der Dekadenz. Überall bescherte ihnen der Rückfall in die irdischen Begehrlichkeiten zu Recht Feinde. In Italien wurden solche Klöster gestürmt und zerstört, in der Türkei schaffte Atatürk aus ebendiesem Grund die Derwischorden ab, und selbst die von uns oft blindlings idealisierten buddhistischen Klöster gaben vielerorts durchaus Anlass zu Unmut in der Bevölkerung. »Jeden berühmten Berg halten die Buddha-Mönche besetzt«, beschwert sich ein chinesisches Sprichwort.

Die Geschichte der Klöster, speziell der christlichen bis zur Französischen Revolution und zur Säkularisation, lehrt, dass diese Regeln niemals imstande waren, Raffgier und Machthunger völlig zu unterbinden. Doch sie zeigt auch, dass mit dem Verlust dieser Werte der Niedergang eingeläutet wurde. Die Mönche im Klosterpalast von San Martino in Neapel wurden ebenso gehasst und geschasst wie satte Derwische inmitten hungernder Zeitgenossen.

Sicher ist es kein Zufall, dass der Buddhismus in den letzten Jahrzehnten einen derartigen Zulauf erlebt hat, scheint er uns westlichen Menschen doch mehr Gelassenheit zu versprechen und weniger Vorschriften zu machen als zum Beispiel der Katholizismus. Doch dieser Eindruck trügt: Auch in buddhistischen Klöstern wird die Zeit streng eingeteilt, wird Gehorsam in aller Unbedingtheit verlangt, gehört Demut zu den unverzichtbaren Lernzielen und das Maßhalten zu den Grundprinzipien.

Maßlosigkeit war überall der Anfang vom Ende. Das rechte Maß zu gewinnen steht jedoch nach wie vor am Anfang jedes Weges, der zu einem erfüllten Leben führt. Wer es gefunden hat, ist leicht zu erkennen: an einer grundlegenden Dankbarkeit. Und die Basis dieser Dankbarkeit ist Demut.

Sie ist die grundlegende jener klösterlichen Tugenden, die sich so altmodisch anhören wie das Wort Tugend selbst. Doch sie erweisen sich als hochmodern. Kapitel für Kapitel werde ich Ihnen diese Universalgenies vorstellen, mit deren Hilfe Sie Ihr Dasein ohne großen Aufwand grundlegend verändern können: die Demut und die Askese, das Maßhalten und die Bedürfnislosigkeit, die Stille und das Schweigen, die Wachsamkeit und die Arbeit, den Gehorsam und die Gemeinschaft, die Rituale und das Gebet. Ihr Geheimnis: Sie sind einfach, denn sie alle fußen auf den Prinzipien Maß und Zeit. Und sie sind umsetzbar im Alltag – mein Hauptanliegen.

»Das ganz gewöhnliche Alltagsleben«, so hat Ann Morrow Lindbergh geschrieben, »ist so heikel, so atemberaubend, so schwierig, verlangt einem so unglaubliche physische Kontrolle und Kräfte ab, wie der Tanz auf einem Drahtseil.«

Nicht für Ausnahmesituationen, für den ganz normalen Alltag möchte dieses Buch Sie daher gerne mit einem geistigen Rüstzeug versehen. Es will kein Buch der Sonntagspredigten sein, sondern der Montagsfreuden. Und so pragmatisch dieses Ziel ist, so pragmatisch endet auch jedes Kapitel mit Übungen, die für jeden möglich sind, in jedem Alter und zu jeder Zeit.

Die Demut

Gut, dass keiner ihrer deutschen Freunde sieht, was die junge Japanerin da veranstaltet. Es würde wohl jeden befremden, was sie macht, diese welterfahrene, erfolgreiche Frau, die gutes Geld verdient und stilsicher auftritt. Längst hat sie sich in vielem der deutschen Lebensart angepasst. Doch wer ihr bei dem Ritual zusieht, das sie vor einem Paar alter Sportschuhe aufführt, schüttelt den Kopf. Sie stellt die Schuhe, die für den Müllschlucker bestimmt sind, wie eine Kostbarkeit vor sich hin, legt die Handflächen aneinander, verbeugt sich und dankt den Schuhen, die ihr so treue Dienste geleistet haben. Dann erst landen sie in der Tonne.

In Japan wunderte sich kaum einer über ihr Verhalten, denn solche Achtsamkeit für einen alltäglichen Gegenstand gehört wesentlich zur überlieferten Kultur und bezeugt, dass das vermeintlich Selbstverständliche sich keineswegs von selbst versteht.

Was Demut bedeutet und wie sie aussehen kann

Sicher ist, dass es bei uns einen Begriff gibt, der diese Haltung erfasst: Demut. Die Demut hat hierzulande ein schlechtes Image. »Demut«, hat La Rochefoucauld gespottet, »ist oft nur geheuchelte Unterwürfigkeit, mit der man andere unterwerfen will, also ein Kunstgriff des Hochmuts, der sich nur erniedrigt, um sich zu erhöhen.« Und den meisten fällt bei diesem Wort nichts Positives ein; viele assoziieren mit Demut Schwäche, sogar Unterlegenheit, viele eine Geste, mit der sich ein Mensch mit wenig Macht und Geld an jemanden wendet, der davon sehr viel besitzt. Die Etymologie scheint das zu belegen: Demut leitet sich ab vom althochdeutschen *diomuoti*, dienstwillig, das in seiner ersten Silbe das germanische Wort für den Sklaven, den Knecht enthält. Was die Benediktregel zur Demut sagt, bestätigt diese Einschätzung. Sie fordert als demütige Haltung eine bedingungslose Unterwerfung von den Brüdern ein. Benedikt verlangte von seinen Mönchen nicht allein, dass sie jeden eigenen Willen aufgaben, er erwartete, dass sie sich selbst erniedrigen, so weit, bis sie sich selbst wertlos vorkommen. Die siebte von zwölf Stufen der Demutsleiter ist, sich nicht bloß mit Worten als den Letzten und Geringsten zu bezeichnen, sondern auch im tiefsten Herzensgrund hiervon überzeugt zu sein und in Demut mit dem Propheten zu sprechen: »Ich aber bin ein Wurm und kein Mensch, der Leute Spott und die Verachtung des Volkes.«

Die Brüder dorthin zu bringen, bescherte Benedikt vielleicht praktische Vorteile, denn wer sich als Wurm fühlt, windet sich bestenfalls, er rebelliert jedoch nicht. Das aber hat mit einer Demut, wie die Japanerin sie lebt, nichts zu tun. Ihr geht es vielmehr darum, der Selbstherrlichkeit entgegenzuwirken, und da begegnet sie, die sich mit klösterlichen Traditionen des Christentums nie befasst hat, gedanklich Bernhard von Clairvaux; er hat Demut definiert als *contemptio propriae excellentiae*, als Verachtung der eigenen Vortrefflichkeit.

In der kleinen Zeremonie der Japanerin drückt sich keineswegs eine Geringschätzung ihrer eigenen Person aus, sondern die Fähigkeit, ihre eigene Wichtigkeit zu relativieren – eine Fähigkeit, die gerade in der westlichen Welt wenig trainiert wird. Mir wurde das bewusst, als ich Mitte zwanzig bei einem japanischen Teemeister im Teehaus im Englischen Garten in München Unterricht in der Teezeremonie nahm.

Der zum Tee geladene Gast betritt den Raum durch eine winzige Tür auf eine demütige Weise, die ihm helfen soll, alle Gedanken abzustreifen, die um seinen Alltag und um sein Ego kreisen.

Draußen, vor der Schwelle kniet er sich hin, setzt sich auf seine Fersen und legt erst nur seinen Fächer auf die Bodenmatte im Inneren; die Hände auf der Türschwelle schaut er in den Raum und nimmt dessen Stimmung auf, streift dann seine Sandalen ab und rutscht auf den Knien, unter Zuhilfenahme der Hände, mit gesenktem Haupt durch die Tür. Drinnen geht er zuerst zur Bildnische, japanisch *tokonoma*, einem kleinen Alkoven, in dem sich eine Kalligrafie oder Tuschezeichnung, ein Blumengesteck und manchmal noch andere vom Gastgeber ausgewählte Gegenstände befinden, und betrachtet sie. Bei dieser Würdigung, *haiken*, kniet der Gast wieder, auf den Fersen sitzend, und verbeugt sich stumm. Das kommt wohl jedem befremdlich vor, der es gewohnt ist, vom Gastgeber laut und überschwenglich begrüßt zu werden, mit Bussi links und rechts, um sich dann in einen bequemen Sessel fallen zu lassen. Aber wer das Ritual in der Stille eines japanischen Teeraums erlebt hat, fühlt sich durch diese Übung der Demut in keiner Weise gedemütigt, sondern von der Feinheit und Dezenz des Zeremoniells eher erhoben. Ich erinnere mich genau an das, was ich beim ersten Mal empfand: eine eigentümliche stille Feierlichkeit und eine gesteigerte Aufmerksamkeit für die Schönheit der Umgebung.

Wie Demut die Geschäftsmoral beeinflusst

Weil wir westlichen Menschen das Individuum feiern und immer nach Selbstverwirklichung streben, scheint uns eine demütige Haltung der Lebenstüchtigkeit eher im Weg zu stehen. In Japan hingegen ist sie notwendige Voraussetzung dafür, sich in eine Gemeinschaft einzugliedern, sei es die familiäre oder eine berufliche. Demut gilt dort nicht als karrierehinderlich, sondern sogar als unverzichtbar für den beruflichen Erfolg, denn in Japan entstand unter den geographischen Bedingungen und den religiösen

Einflüssen von Konfuzianismus, Buddhismus und Shintoismus eine besondere Gruppenethik. Ob innerhalb der Familie, der Dorfgemeinschaft, der Firma: Was zählt, ist die Harmonie und der Erfolg der Gruppe, der Einzelne muss dabei zurückstecken können, bereit sein, sich anzupassen und mit anderen eng zusammenzuarbeiten.

Wie fern eine solche Einstellung westlichen Unternehmern stand und steht, belegt der kurze Dialog eines deutschen Industriekonzernchefs mit einem indischen Gast:

Der Deutsche: »*Ich ernähre zehntausend Menschen.*«
Der Inder: »*Zehntausend Menschen ernähren Sie.*«

Eine Sichtweise wie die des Inders scheint uns wie jede Art der Demut im modernen Geschäftsleben fehl am Platze, weil sie die Entscheidungs- und Durchsetzungsfähigkeit des Unternehmers schwächt. Wir denken Erfolg auf Personen bezogen, und wer Karriere machen will, hat als Einzelkämpfer Widerstände zu überwinden, Konkurrenten auszuhebeln, um schließlich an der Spitze zu stehen – alleine. Begriffe, die mit Selbst- beginnen, prägen das Leitbild unserer westlichen Unternehmenskultur: Selbständigkeit, Selbstbestimmung, Selbstbewusstsein, Selbstbehauptung. Der *Selfmademan* ist Inbegriff unserer Erfolgsvision, denn er ist überzeugt, alles nur sich selbst zu verdanken. Die Unternehmerpersönlichkeiten der Industrialisierung im 19. und frühen 20. Jahrhundert führten autoritär ihre hierarchisch aufgebauten Firmen, und der Teamgedanke war schon früh für Unternehmer gleichbedeutend mit Entscheidungsunfähigkeit. Georg von Siemens verkündete 1871 auf einer Verwaltungsratssitzung der Deutschen Bank: »Wenn vierundzwanzig Leute eine Bank leiten wollen, dann ist das, wie wenn ein Mädchen vierundzwanzig Freier hat. Es heiratet sie keiner, aber am Ende hat sie ein Kind.« Dass Hierarchie vor Kompetenz geht, die Oberen den Unteren nicht vertrauen, dass von unten kommende Kritik abgewiesen wird, dass Chefs gerne *über* ihre Mitarbeiter reden, aber nicht *mit* ihnen, sind Indizien mangelnder Demut und oft Ursache für unternehmerisches Scheitern.

Manche erkennen mittlerweile, dass auch im Geschäftsleben richtig verstandene Demut angebracht wäre, meint sie doch nicht nur, die Würde des anderen zu respektieren, sondern auch der Vermessenheit entgegenzuwirken, die dem Profit und dem Wachstum absolute Priorität einräumt – viele erkennen es jedoch erst zu spät.

Schicksale wie das von Jürgen Schrempp sollten uns nachdenklich machen, denn sie zeigen, wohin Vermessenheit führt. Er hat der ehemals gesunden Daimler-Benz AG durch Zukäufe und Beteiligungen gigantische Verluste beschert. Dass die Börse auf seinen Abschied mit einem sofortigen Kursanstieg reagierte, bewies zwar, dass der Manager Schrempp in den Augen der Aktionäre ausgedient hatte, doch Zweifel an seinem Führungsstil, der in den Chefetagen nach wie vor verbreitet ist, kamen nicht generell auf. Es fällt offenbar schwer, sich einzugestehen, dass Selbstherrlichkeit nicht mehr zeitgemäß ist, sondern in der Informationsgesellschaft des 21. Jahrhunderts stattdessen Teamfähigkeit auch bei Führungskräften gefragt sein sollte. Dazu gehört nicht nur die Bereitschaft, offen zu kommunizieren und zusammenzuarbeiten, sondern auch jene Haltung, um die wir uns lange nicht gekümmert hatten. Eine, die in der japanischen Kultur und in den Klöstern als grundlegend gilt.

Eine Form der Demut fehlt allerdings in zahlreichen japanischen Unternehmen, in den meisten der Volksrepublik China, leider auch in vielen US-amerikanischen und europäischen: jene, die sich in Verantwortlichkeit für die Zukunft, für die kommenden Generationen ausdrückt, und das bedeutet: für die Natur. Hinter allen Umweltzerstörungen steht nichts anderes als ein fatales Defizit an jener Demut. Dort regiert ihr Gegenteil: Hochmut, Überheblichkeit, Selbstüberhebung. Diese Eigenschaften sind urmenschlich, aber keineswegs ein lässliches Vergehen auf dem Jahrmarkt der Eitelkeiten, sondern ein Risiko für das Wohl der Mitmenschen, der Menschheit, des Planeten. Dass bereits im antiken Griechenland die Hybris, die Vermessenheit, als höchst gefährlich galt, ist belegt: Sie galt in der hellenischen Kultur als das schlimmste Vergehen gegen die Götter.

Es ließe sich nun mutmaßen, die Hybris sei deshalb als Kapitalverbrechen eingestuft worden, weil sie am Sockel der Götter rüttelte. Doch die antiken Sagen und Legenden führten vor, dass das Gebot der Demut und das Verbot des Hochmuts keineswegs nur dazu diente, die Position der Götter als unanfechtbar zu sichern.

Warum Hochmut gefährlich ist

Die Warnungen vor der Vermessenheit sollten die Menschen vor Mächten, denen sie nicht gewachsen waren, schützen, sollte die Unerfahrenen vor Aktionen bewahren, die nur der Erfahrene beherrschte. Phaeton, Sohn des Sonnengottes Helios, wurde provoziert, seine göttliche Herkunft zu beweisen, und forderte von seinem Vater deshalb die Erlaubnis ein, den Sonnenwagen führen zu dürfen. Widerstrebend willigte Helios ein. Doch Phaeton hatte die Himmelsrösser nicht im Griff, sie gingen durch, rissen nach oben aus, so dass sie die Sterne gefährdeten, und nach unten, so dass sie die Erde zu versengen drohten; Zeus musste eingreifen und ließ den Sonnenwagen abstürzen, wobei Phaeton den Tod fand. Hybris brachte auch Ikarus, den Sohn des Dädalus, zu Fall. Sein Vater, gefeiert als der genialste Techniker und Erfinder der Antike, hatte Flügel konstruiert, mit denen er und Ikarus aus der

Gefangenschaft im Labyrinth von Knossos fliehen wollten. Die Flügel, aus Federn und Wachs gebaut, trugen Dädalus in die Freiheit; Ikarus aber, der sich trotz der Warnung seines Vaters zu nah an die Sonne wagte, brachte damit das Wachs zum Schmelzen und kam bei seinem Absturz ums Leben.

Der Überflieger, bislang als Verkörperung der beneidenswert Erfolgreichen gefeiert, ist durch den Verlust der Bodenhaftung in Gefahr, überheblich zu werden. Damit erzeugt er bei anderen Misstrauen und Ablehnung, weshalb sie auf Distanz gehen. Ein hochmütiger Mensch kann andere nicht motivieren, weil er von oben, vom hohen Ross herab urteilt, also gar nicht imstande ist, die Verdienste »von denen da unten« zu erkennen. Wer über Demut verfügt, redet gerade nicht darüber, ist sich vielleicht seiner Demut nicht einmal bewusst, nimmt jedoch von vornherein eine andere Position ein: »Demut ist die Fähigkeit«, hat Albert Schweitzer gesagt, »zu den kleinsten Dingen des Lebens emporzusehen.« Nicht in anpasserischem oder feigem Verhalten äußert sich Demut, vielmehr in der Achtung dessen, was andere leisten, in Rücksichtnahme, Freundlichkeit und Dankbarkeit.

Als ich ein junger Arzt war, hatte sich das Gerede von den Halbgöttern in Weiß längst eingebürgert. Und leider bin ich auch einigen Kollegen begegnet, die sich halbgöttlich aufführten. Beruhigt hat mich aber, dass es auch andere gab und offenbar immer gegeben hat.

Als Frankreichs König Ludwig XIII. den berühmten Spezialisten Moreau aufsuchte, fragte er ihn, ob er denn überhaupt einen blassen Dunst habe, wie man mit dem König als Patienten umzugehen habe.

»Aber ja«, soll der Arzt gelächelt haben. »Ich behandle jeden meiner Patienten wie einen König.«

Wer hochmütig ist, würdigt Menschen und Dinge herab. Demut zeigt sich darin, anderen ihre Würde zu lassen und dankbar zu sein. Dankbarkeit allerdings ist nicht mehr selbstverständlich.

Weshalb Demut gesund und gastfreundlich macht

Auch in unserer Gesellschaft gab es Traditionen einer weltlichen Demut, die allmählich in Vergessenheit geraten sind. Das tägliche Tischgebet, zum Beispiel, ist so gut wie ausgestorben. Die einen haben es abgeschafft, weil sie ja schließlich auch aus der Kirche ausgetreten sind, die anderen, weil es eine Verschwendung jener Zeit bedeutet, die mit Fast Food oder *Convenience*-Produkten eingespart wird. Und zugegeben: vor dem Verzehr eines Hamburgers zu beten, erscheint unpassend. Zu viel Feierlichkeit für etwas Alltägliches?

Demut meint ja gerade, das Alltägliche nicht als selbstverständlich zu nehmen, sondern sich dankbar bewusst zu machen, für wie viele Millionen Menschen es sich nicht von selbst versteht, nur halbwegs satt zu werden.

Es hört sich hart an, aber die Not ist eine Schule der Demut, auch wenn manche diese Lehrstunden später vergessen. Wir, die wir bisher keinen Krieg erleben mussten, belächeln es vielleicht, wenn alte Menschen Alufolien abwaschen, glatt streichen und wiederverwenden, wenn sie kleinste Seifenreste noch verwerten, wenn sie altbackenes Brot nicht wegwerfen. Die gesamte Resteküche ist längst in Vergessenheit geraten, und sollten wir in die Situation geraten, uns daran erinnern zu müssen, kennt keiner mehr die Rezepte. Wird uns im Italienurlaub eine *panzanella* serviert, ein Brotsalat aus dem Laib von vorgestern, schmeckt uns das als ungewohnte Delikatesse, nicht als Lebenswahrheit. Die Traditionen der *cucina povera,* der »armen Küche«, was keineswegs eine Armeleuteküche meint, sondern die Kochkunst der einfachen

45

Zutaten, beruhen überall auf derselben Grundeinstellung von Dankbarkeit und Demut. Besonders spürbar ist das beim Verzehr von Fleisch: Wenn ein Tier sein Leben lassen musste für uns, dann wäre es verächtlich, sich nur das Feinste, das Filet oder Steak, herauszuschneiden. Die arme Küche, wie sie in Italien, Frankreich, Österreich und Spanien viel mehr geschätzt wird als in Deutschland, verwertet beim Rind so gut wie alle Innereien, nicht nur Leber und Nieren, auch Lunge, Pansen und Euter. Auf dem Gut von Marchese Ludovico Antinori in der Toskana, dessen Familie zu den bedeutendsten und vermögendsten in Italien gehört, werden auch prominenten Gästen die Lieblingsgerichte des Hausherrn, wie *panzanella* oder *ribollita,* eine einfache Gemüsesuppe, serviert.

Dankbarkeit im Konsum betrifft aber auch die Hardware. Und Einwegprodukte tragen täglich dazu bei, uns den pfleglichen Umgang mit den Dingen abzugewöhnen. Zwar haben Produktforscher wie der Schweizer Walter R. Stahel schon vor zwanzig Jahren gedrängt, langlebige Produkte zu entwickeln und das Reparierfähige wieder zum Normalfall zu machen, schon weil Langlebigkeit nachweislich Arbeitsplätze schafft, indem die zentrale Fabrikarbeit durch dezentrale Werkstattarbeit ersetzt wird. Doch nicht einmal diese marktwirtschaftlich zwingende Argumentation konnte die Industrie oder die Verbraucher überzeugen. Demut zeigt sich aber gerade in der Bereitschaft, etwas achtsam zu benutzen und wieder instand zu setzen, wenn es beschädigt wurde. Kein Zufall, dass es eine japanische Tradition ist, eine kostbare zerbrochene Teeschale so aufwendig, oft mit Gold, zu reparieren, dass sie nachher als lädierte ersichtlich wertvoller ist als jede intakte.

Zu einer demutsvollen Haltung gehörte schon in der Antike die Gastfreundschaft, die darin bestand, den heimatlosen Habenichts aufzunehmen, den hungernden Wanderer zu sättigen, und das nicht etwa mit gnädiger Herablassung. Den Stellenwert solcher Demut belegen Geschichten, wie die von Latona, die von Zeus geschwängert und von Hera deshalb verfolgt wurde. Als sie lykische Bauern darum anflehte, bei ihnen heimlich entbinden zu dürfen, wurde sie von ihnen nur verspottet. Zeus verwandelte daraufhin diese Bauern in Frösche. Umgekehrt belohnte er Philemon und Baucis, ein armes Bauernpaar, die ihm und Hermes, als vermeintlich heruntergekommenen Wanderern, das Beste auf den Tisch stellten, was sie hatten: Sie durften sich für ihre bedingungslose Gastfreundschaft wünschen, was sie wollten.

Lemberger Juden, die aus dem von den Nazis besetzten Polen mit nichts als ihren Kleidern am Leib geflohen waren und sich über Rumänien bis zum Meer durchschlagen mussten, erzählten mir, wie sie von fremden jüdischen Familien aufgenommen wurden, verköstigt und in der Nacht im Bett der Eheleute untergebracht, während diese auf dem Boden schliefen.

Nicht die Brosamen vom Tisch der Reichen, nicht Reste, sondern das Beste zu geben zeigt echte Demut, denn darin wird dem anderen Würde erwiesen. In den Klosterregeln des Benedikt von Nursia heißt es im Kapitel »Von der Aufnahme der Gäste«: »Mit besonderer Sorgfalt nehme man die Armen und Fremden auf; denn vornehmlich in ihrer Person wird Christus aufgenommen. Den Reichen erzwingt ja schon das Machtvolle ihrer Person die gebührende Ehre.« Demut ist empfehlenswert und lobenswert. Doch an was ist sie ersichtlich?

Woran Demut zu erkennen ist

Das Tückische an der Demut ist, und dieses Schicksal teilt sie mit der Bescheidenheit, dass nur derjenige sie besitzt, der sie nicht für sich reklamiert.

Ein *Zaddik* ist im Jiddischen ein frommer Mann, ein Gerechter, zuweilen sogar ein Mensch von übernatürlichen Fähigkeiten und vorbildhaftem Charakter, es kann aber auch einen Tunichtgut bezeichnen.

Ein berühmter alter Zaddik wurde vor versammelter Gemeinde von einem Rabbiner gepriesen, der sich von Minute zu Minute stärker entflammte. »Unser geliebter Zaddik ist von einer Weisheit, dass die ältesten Gelehrten zu seinen Füßen sitzen. Er besitzt so viel Güte, dass Arme und Reiche, Junge und Alte bei ihm Rat suchen. Er ist so verständnisvoll, dass jeder ihm seine Gedanken anvertraut. Er ist …«

Da zupfte der Zaddik ihn am Ärmel: »Bittschön, vergessen Sie meine Demut und Bescheidenheit nicht.«

Demut macht sich keine Gedanken darüber, wie sie »ankommt«, ob sie bemerkt wird, ob sie gewürdigt wird. Sie ist eine Haltung, die sich selbst genügt. Wer demütig ist, hat nicht das Gefühl sich etwas zu vergeben, sich unter Wert zu verkaufen. Er ist eher verblüfft, wenn jemand seine Einstellung für etwas Besonderes hält. Er selber tut es doch auch nicht.

Der echte *Zaddik*, für den Demut eine Selbstverständlichkeit ist, offenbart sich also ganz anders als der vermeintliche, von dem die Rede war.

Mosche, der Schuhmacher, bekommt einen Brief vom berühmtesten Zaddik der Stadt. »O Licht von Israel, Ozean der Gelehrsamkeit, Adler des Wissens! Komm zu mir und hole meine Schuhe, sie bedürfen der Reparatur. Reb Schmuel.«

Mosche lässt alles stehen und liegen und läuft zum Haus des Zaddik. »Ich bin so schnell es ging gekommen, verehrter Reb Schmuel. Aber ich bin nur ein Schuhmacher. Warum habt Ihr mich mit so erhabenen Worten bedacht?«

»Erhabene Worte?«, wunderte sich der Zaddik. »Wie meint Ihr das?«

»Nun ja: Licht von Israel, Ozean der Gelehrsamkeit, Adler des Wissens …«

Der Zaddik stutzte, strich sich seinen Bart und sagte: »Aber das ist genau das, was die Leute mir immer schreiben …«

Ein demütiger Mensch ist sich dessen bewusst, dass er auch dort irren kann, wo er nie damit gerechnet hat. Er stellt seine Überzeugungen, seine Sicht der Dinge immer wieder prüfend in Frage und ist sich ständig dessen bewusst, dass in jedem Urteil Vorurteile stecken. Der Selbstgerechte dagegen hält seine eigene Meinung für die Wahrheit, sucht sofort nach Argumenten zu ihrer Verteidigung und zweifelt nicht an ihr. Mit den Voreingenommenen ist es wie mit den Schickimickis: Keiner erklärt sich dazugehörig. Kaum einer von uns gäbe zu, Vorurteile zu haben. Und doch beweisen einfache Tests, dass den meisten von uns jene Toleranz, die zur Demut gehört, im alltäglichen Umgang fehlt.

Die Sozialpsychologen Andreas Klink und Ulrich Wagner baten eine junge Frau, in der Fußgängerzone nach dem Weg zum Hauptbahnhof zu fragen. Fast alle Passanten gaben ihr Auskunft, nur wenige waren zu unhöflich oder zu sehr in Eile und reagierten nicht auf ihre Bitte. Kurz danach stellte dieselbe junge Frau in derselben Fußgängerzone dieselbe Frage nochmals, aber dieses Mal ließen mehr als doppelt so viele Passanten sie einfach stehen. Warum? Die junge Frau trug nun ein orientalisches Kleid und ein Kopftuch.

Das Gehirn ist ein ökonomisches Organ und liefert, wenn wir einem Fremden begegnen, sofort stereotype Bewertungen, die unser Verhalten mitbestimmen. Sind wir müde, gestresst oder erschöpft, setzen sich diese Vorurteile, zum Beispiel negative Assoziationen zu Menschen aus anderen Kulturen, im Allgemeinen

durch, weil das offenbar eine kräftesparende Lösung ist, wohinge-
gen die Reflexion anstrengt. Morgenmuffel sind morgens besonders anfällig, das Vorurteil zum Urteil zu erheben, Frühbettgeher
am späten Abend.

Sich der Stereotypen zu bedienen spart nicht nur Energie. Steven
Spencer von der University of Waterloo in Kanada und Steven
Fein vom Williams College in Massachusetts wiesen nach, dass
wir unser Selbstwertgefühl steigern können, indem wir stereotype Vorurteile anwenden: Sie dienen dem Selbstschutz, allerdings vorwiegend bei Menschen, die ohnehin schon ein positives
Bild von sich haben.

Wozu sich also von Vorurteilen verabschieden, wenn sie üblich,
natürlich und praktisch sind? Wenn die Natur uns auf diese Weise
vor Verunsicherung schützen will, warum sollen wir dieses Angebot nicht annehmen?

Jenseits irgendeiner philosophischen Einsicht gibt es psychologi-
sche und psychosomatische Gründe genug, Toleranz zu üben. Die
Sozialpsychologen Donn Byrne von der University of Albany und
Robert A. Baron vom Rensselaer Polytechnic Institute stellten
fest, dass vorurteilsbelastete Menschen kein glückliches Leben
führen. Weil sie dauernd befürchten, von mutmaßlichen Feinden
angegriffen oder betrogen zu werden, ist ihr Dasein angefüllt mit
Angst und Konflikten. Menschen mit vielen Vorurteilen schaden
also damit ihrer Lebensqualität beträchtlich.

Es kostet letztlich keine große Überwindung, eher ist es eine See-
lengymnastik, die eigenen Überzeugungen nicht für unanfechtbar,
überlegen oder zumindest besser fundiert zu halten. Sie auf eine
Stufe mit denen anderer zu stellen, ist die Grundübung für Demut,
denn wer die Wahrheit nur in sich selbst findet, ist nicht mehr
imstande, die Wahrheiten seiner Mitmenschen zu respektieren.

So gesehen sind sehr viele Politiker nicht gerade Paradebeispiele
für Demut, wenn sie hauptberuflich damit beschäftigt sind, Kritik

zurückzuweisen und auf ihrer eigenen Meinung als der einzig richtigen zu beharren. Wer demütig ist, fragt mehr, als er antwortet, gibt öfter zu, unterwegs zu sein statt angekommen.

Der historische Buddha war der Prototyp des unermüdlich Suchenden. Und die Buddhisten prüfen ohne Hilfsmittel bis heute, wie wirklich eigentlich jene Wirklichkeit ist, die wir wahrnehmen. Nur in Gedanken durchleuchten sie das Wesen eines Dings.

Was, fragen die Buddhisten, macht einen Tisch aus?
Für den, der essen will, ist es ein funktionales Möbel.
Für ein krabbelndes Kind ein schweres Gebilde mit vier Beinen,
das zu den Erwachsenen gehört.
Für den Architekten Arbeitsfläche.
Für den Holzwurm Nahrung.
Für den armen Frierenden zur Not Brennmaterial.

Die Einsicht der Buddhisten, dass der Geist nicht tauglich ist, um sich selbst objektiv zu betrachten, kann ein positivistischer Denker lächerlich finden; der Buddhist findet es befreiend, weil er nicht darauf aus ist, eine definitive Wahrheit zu finden, sondern in seiner Demut viele Wahrheiten anerkennt und über jedes Objekt meditieren kann, bis er die Leere hinter seiner Erscheinung erkennt. Das führt keineswegs in die Trostlosigkeit, vielmehr dorthin, die universelle Verbundenheit des Kosmos zu erleben, in dem es nicht Wertvolles und weniger Wertvolles gibt.

Warum Demütige sogar Fehler lieben

Nachsicht ist etwas Schönes, das stellen wir jedes Mal fest, wenn sie uns vergönnt wird. Sie vergibt nicht nur, sie versteht und vergisst. Ohne Nachsicht kann keine Liebesbeziehung funktionieren, keine Familie, kein Team, so weit ist das klar. Wer demütig ist, geht jedoch einen Schritt weiter. Er lernt dort, wo andere Kritik für angebracht halten, er lernt von denen, die von außen betrachtet ihm unterlegen wirken. Das mutet übertrieben, widersinnig an. Trotzdem erweist sich in dieser Art des Demütigseins die eigentliche Souveränität.

Der Cellist Gregor Piatigorsky war jung und noch keineswegs berühmt, als er den Weltstar Pablo Casals kennenlernte und ihm vorspielen sollte. Dabei sollte Rudolf Serkin, der später so große, damals aber ebenfalls noch unbekannte Pianist, ihn begleiten. »Wir waren aufgeregt und pfuschten«, erinnert sich Piatigorsky, »und Casals rief immer wieder ›wundervoll!‹ und ›großartig!‹. Am Schluss umarmte er mich, und ich grübelte tagelang, warum er, der doch jeden Fehler gehört haben musste, so begeistert tat.« Einige Jahre später traf Piatigorsky Casals in Paris wieder, raffte sich auf und gestand ihm, dass er bis heute an der Aufrichtigkeit von Casals' Lob zweifle. Casals nahm sein Cello und spielte ein paar Takte aus jener Beethovensonate.

»Haben Sie diese Stelle nicht mit genau dem Fingersatz gespielt?«

Piatigorsky bejahte.

»Und das hier haben Sie mit so einem Aufstrich gespielt, stimmt es?«

Piatigorsky bejahte.

Und so ging es weiter.

»Sehen Sie«, sagte Casals, »das war wundervoll, das war großartig, ich bin Ihnen bis heute dankbar dafür.«

»Und die ... die Fehler?«, fragte Piatigorsky.

»Die zu zählen überlasse ich anderen«, sagte Casals.

Vielleicht ist dieser Umgang mit den Fehlern anderer das kritische Merkmal, in dem sich die nur Berühmten von den Großen unterscheiden.

Große Künstler, große Geister, Denker und auch Staatsleute haben sich von jeher durch eine niemals abnehmende Bereitschaft zu lernen ausgezeichnet. Die Neigung, sich ab einem bestimmten Alter mental zu verschließen und vom eigenen intellektuellen Fett zu leben, die Überzeugung, es besser zu wissen als die Jungen, als die anderen, ist ein Indiz mangelnder Demut und die beste Voraussetzung, zu versteifen, zu verhärten und zu vereinsamen. Worin sich die Demut eines weisen Menschen offenbart, ist somit leicht zu sagen: Er weiß, dass er von jedem lernen kann.

Praktische Übungen zur Demut

Wer berühmt, bewundert, besonders erfolgreich oder als Vorgesetzter mit einer Machtfülle ausgestattet ist, muss mit Hochmut als einem Berufsrisiko umgehen. Und wer dem gerne entkommen will, fragt sich hier natürlich, ob es Methoden gibt, sich selbst davor zu bewahren. Und die gibt es.

- Wir alle kennen Situationen, in denen wir die Ahnungslosigkeit eines anderen belächeln. Oder wo wir uns besser vorkommen als der, der sich gerade fies oder peinlich benimmt. Dann erinnern Sie sich doch an eine Situation, wo Sie sich genauso benommen und hinterher dafür geschämt haben. Es fällt Ihnen bestimmt etwas ein, denn unser Gehirn merkt sich solche Situationen besonders gut. Das limbische System sorgt nämlich dafür, dass bevorzugt das gespeichert wird, was mit starken Emotionen verbunden ist wie Angst oder auch Beschämung. Und dann probieren Sie doch einmal aus, wie gut es ankommt, wenn Sie von einem peinlichen Erlebnis erzählen, für das Sie sich fürchterlich genierten. Die wunderbaren Geschichten von den eigenen Erfolgen und Triumphen bewirken da eher das Gegenteil.

- Auch wenn Sie keiner Konfession angehören, auch wenn Sie an keinen Gott glauben, erkennen Sie etwas an, das größer als Sie selbst ist. Etwas, dem Sie sich unterordnen. Das kann die Natur sein, die Liebe, die ganze Schöpfung. Dass im Japanischen ein Berg wie der Fujiyama mit »Herr« angesprochen wird, zeigt auch hier eine Demut, die nichts mit Frömmelei zu tun hat.

- Stellen Sie Fragen, bevor Sie ein Urteil abgeben. Wer erkundet, *warum* der andere so rapide gealtert ist, wird nicht darüber lästern, sondern dieses Schicksal verstehen und dankbar sein dafür, dass ihm selbst so etwas erspart geblieben ist. Und es gibt kaum eine Methode, mehr Sympathien zu gewinnen, als mit fragendem Interesse zuzuhören.

- Bevor Sie über die mangelnde Ästhetik Ihrer Mitmenschen lästern, in ein hässliches Gesicht schauen und sich selbst schöner vorkommen, stellen Sie sich vor, wie ähnlich Sie einander in hundert Jahren sehen werden.

- Vermeiden Sie es, andere im Allergeringsten zu demütigen, denn wer demütigt, ist selbst von der Demut noch weit entfernt. Am Ende von Billy Wilders *The Apartment* sagt der bis aufs Letzte gedemütigte Held: »Ich habe beschlossen, ein Mensch zu sein. Wissen Sie, was das heißt? Ein Mensch?«

- Denken oder sagen Sie des Öfteren: »Das könnte mir einfach nie passieren«? Dann ist Vorsicht angesagt. Garantien für die eigene Charakterfestigkeit abzugeben ist riskant und der Demut entgegengesetzt. Moralpredigten halten meistens diejenigen, die es heimlich mit der Moral nicht so genau nehmen.

- Es ist ein guter Rat, jeden Tag so zu leben, als wäre es der letzte. Demut lernt man dadurch allein aber nicht. Wie das geht, verrät der Satz: Geh mit jedem Menschen so um, als wäre es *sein* letzter Tag.

Die Askese

Am 27. April 1945 dröhnen die Panzer der US-Armee durch den Markt Türkheim im Unterallgäu in Richtung des Oberen Bahnhofs. Dort hatte im Herbst des Vorjahres die Organisation Todt ein Außenlager des Konzentrationslagers Dachau errichtet. Kurz danach sprengen die amerikanischen Soldaten die Tore. Unter den bis auf die Knochen abgemagerten Menschen, die ihnen entgegenwanken, ist auch Viktor Emil Frankl, ein Wiener Neurologe, Psychiater und Analytiker, vier Wochen vorher vierzig geworden, der in Konzentrationslagern seinen Vater, seine Mutter, seine Ehefrau und seinen Bruder verloren hat. Türkheim ist das vierte Lager, das er überlebt hat. In Auschwitz, von wo er hierher verbracht worden ist, war ihm sein letzter Besitz abgenommen worden, neben dem Ehering auch sein Abzeichen als Bergführer und ein Buchmanuskript mit dem Titel »Trotzdem Ja zum Leben sagen«, und diese beiden Kostbarkeiten sind für ihn miteinander eng verbunden. Der Berg war für Viktor Emil Frankl von Jugend an ein Lehrmeister gewesen, der ihm beibrachte, wie Glück »geht«.

Schon in den frühen 30er Jahren hatte Frankl die Sinnfrage in den Mittelpunkt seines Schaffens gestellt und war berühmt geworden durch seine erfolgreiche Arbeit mit selbstmordgefährdeten Jugendlichen, denen er zeigte, wie sie es üben können, zur Lebensbejahung zu kommen. Nun war er selbst zu einem Beispiel für seine Lehre geworden, denn er hatte sie selbst in den tiefsten Erniedrigungen des Lagerdaseins nie vergessen. »Bergsteigen, die Erinnerung, wie sich der Fels anfühlt, das war mit einer der Beweggründe, die Schrecken des KZs zu überstehen«, sagte er.

Frankl war es beim Bergsteigen nur nebenbei um körperliche Ertüchtigung und Muskeltraining gegangen, sondern vor allem um die geistige Wirkung, um das mentale Training. Befragt, wie er zum Klettern gekommen sei, sagte er: »Durch die Angst davor.« Die Herausforderung anzunehmen und das in Gang zu setzen, was er »die Trotzmacht des Geistes gegenüber den Schwächen und Ängsten der Seele« nannte, war auch die Grundlage seiner Therapie. »Inseln der Askese« nannte er die Berge. Und Frankls Einstellung zum Sport stellt auch die Nähe der Askese zu ihrer ursprünglichen Bedeutung wieder her: *askesis* bedeutete im antiken Griechenland, für den Athleten wie für jeden Handwerker, die Geschicklichkeit durch ausdauerndes Üben und Trainieren zu verfeinern und dadurch zunehmend ökonomisch mit den Kräften hauszuhalten.

Als Frankl einmal am Seil eines anderen Bergführers, eines muskelbepackten Extremkletterers, auf der Rax bei Wien die Preiner Wand erstieg, betrachtete der den Psychiater mit einer Mischung aus Besorgnis und Bewunderung. »Sind Sie mir nicht böse, Herr Professor, wenn ich Ihnen so zuschaue«, sagte er schließlich. »Sie haben überhaupt keine Kraft mehr. Aber wissen Sie, wie Sie das wettmachen durch die raffinierte Klettertechnik, ich muss schon sagen, von Ihnen kann man klettern lernen.«

Askese wie Frankl sie verstand, hatte nichts mit einem weltabgewandten, entbehrungsreichen Dasein zu tun. Und auch nachdem er die Hölle der Konzentrationslager durchlitten hatte, überzeugte er jeden von der glücks- und sinnstiftenden Wirkung einer so verstandenen Askese durch seine Heiterkeit. Einen Asketen stellen sich die meisten als eine verhärmte, dürre, freudlos, oft sogar verbittert dreinblickende Gestalt vor. In meiner Praxis steht für jeden Patienten gut sichtbar die Figur eines anderen Asketen, von dem bereits die Rede war. Das Gesicht der Bronzegestalt ist rund, die Lippen sind füllig und sinnlich. Der Mann ist jung, hat aber bereits ein leichtes Doppelkinn und lächelt selig in sich hinein.

Geboren in Indien um das Jahr 560 vor unserer Zeitrechnung, erlebte er eine verwöhnte Kindheit und Jugend. In seinem Elternhaus gab es alles außer Sorgen. Sein Vater Suddhodana war ein Stammesfürst und führte mit seiner Frau Maya in seinem Fürstentum in Sakya, an der Grenze zu Nepal gelegen, ein luxuriöses Dasein. Der einzige Sohn verlor seine Mutter zwar früh, wurde aber von einer Tante aufgezogen und musste auf nichts verzichten. Jung schon heiratete er, wie damals üblich, eine Verwandte, seine Cousine Yasodhara, hatte mit ihr einen Sohn und führte offenbar ein glückliches Ehe- und Familienleben, abgeschottet allerdings von der harten Wirklichkeit. Der Legende zufolge wurde ihm kein Wunsch abgeschlagen bis auf den, dieses sorgenfreie Reservat zu verlassen. Angeblich war er bereits neunundzwanzig, als er zum ersten Mal aus dem Palast schlich, um endlich zu erkunden, was außerhalb der Mauern los war. Kaum war er auf der Straße, sah er einen halbverhungerten Bettler, dann begegnete ihm ein Schwerbehinderter, und schließlich wurde in einem Trauerzug ein Toter an ihm vorbeigetragen.

Der Gegensatz zwischen seiner weltfernen Idylle und der Realität, in der die anderen sich durchschlugen, muss ihn hart getroffen haben, denn kurz darauf verließ er überraschend mitten in der Nacht den Palast, die Familie, den Reichtum, die Sicherheit. Wenn das Leben so schrecklich sein konnte, ungerecht und grausam, wollte er einen Weg finden zur Befreiung von allem, was Leid verursachte. Sieben Jahre lang zog er im Land umher auf der Suche nach der rechten Erkenntnis, nach der Erleuchtung. Zwei Asketen, von denen er sich wesentliche Erkenntnisse erhoffte, konnten ihm nicht wirklich helfen; enttäuscht machte er sich alleine weiter auf den Weg. In radikaler Selbstkasteiung versuchte er, zur Wahrheit durchzudringen. Er hungerte, wanderte, dürstete, meditierte.

Doch das ersehnte Erlebnis blieb aus. Da beschloss er, wieder zu essen und zu trinken und empfing, unter einem Feigenbaum sitzend, die Erleuchtung, die sogenannten Vier Edlen Wahrheiten.

Kann dieser Mann nun als Asket bezeichnet werden, wo er es sich doch offenbar wieder gutgehen ließ?

Die Quintessenz der Vier Edlen Wahrheiten entspricht durchaus asketischen Zielen: Wer am Irdischen festhält und sinnliche Gelüste befriedigen will, sei nicht imstande, sich geistig zu befreien, besagen sie. Denn kaum sei eine Begierde gestillt, erwache die nächste und jedes lustvolle Erlebnis gehe irgendwann zu Ende und führe so wieder ins Leid, in den Schmerz über Trennung, Verlust, Frustration, ungestilltes Verlangen. Damit bleibe der Mensch ein Gefangener in seiner irdischen Existenz und kehre nach seinem Tod wieder in die leidvolle Welt zurück. In völligem Gleichmut, sagen die Edlen Wahrheiten, liege die einzige Chance, diesem Kreislauf der Wiedergeburten, dem *samsara,* zu entrinnen und im *nirwana* zu verwehen.

Worin die Nachteile radikaler Askese liegen

Buddha hatte die Methode der radikalen Askese verworfen, andere trieben sie bis ins Extrem, wie im Vorderen Orient, vor allem in Syrien, seit dem 4. nachchristlichen Jahrhundert die Styliten, die Säulensteher, auch Säulenheilige genannt. Sie verharrten jahrelang, jahrzehntelang auf einer winzigen Plattform oben auf einer Säule, schutzlos jeder Witterung ausgesetzt, über eine Leiter mit Nahrung versorgt. Doch das ist eben nicht das ursprüngliche Verständnis der Askese. Wenn die griechischen Athleten durch *askesis* ihre Geschicklichkeit steigerten, ihre Muskeln stärkten, ihre Konzentration verbesserten, verzichteten sie auf sexuelle Vergnügungen, weil sie glaubten, der Geschlechtsverkehr schwäche ihre Kräfte. Die religiösen Asketen dagegen entsagten der Sexualität, weil sie hofften, sich damit Erlösung zu verdienen. Aber auch dass sinnliche Freuden als Hindernis auf dem geistigen Weg zur Erkenntnis des Wahren und Reinen angesehen und deswegen abgelehnt wurden, war keineswegs eine Idee, die erst im Christentum aufkam, vielmehr eine Folge von Platons Lehre der Trennung von Leib und Seele. Aus einem Weltekel heraus hatten die Schriftsteller und Philosophen des niedergehenden Hellenismus, vor allem die Autoren des Neuplatonismus und der Stoa, begonnen, den Eros zu ächten. Christliche Asketen griffen diesen Gedanken auf, obwohl er eigentlich einer Kritik an Gottes Schöpfung gleichkommt, denn der hat schließlich den Menschen und seine Fortpflanzung so wie sie ist eingerichtet. Sie forderten sich aber noch wesentlich mehr ab. Durch sie erst wurde Askese ein Sammelbegriff für Fasten, Abstinenz, Schweigen, Keuschheit, Schlafentzug und Absonderung von der Gemeinschaft.

Nach dieser christlichen Definition war Buddha kein Asket mehr, nachdem er seine Kasteiung beendet hatte. Betrachtet man Askese aber als innere Einstellung eines Menschen, der freiwillig vom Gewohnten Abschied nimmt und bereit ist, täglich jene Gelassenheit zu üben, die zum Loslassen befähigt, dann blieb Buddha Asket, auch nachdem er das entbehrungsreiche Leben aufgegeben hatte. Warum er das tat, wird in einer Episode der Buddha-Legende berichtet. Eine Gruppe von Tänzern und Musikanten, heißt es darin, sei durch den Wald gezogen, in dem Buddha als Einsiedler lebte. Sie hätten in einem Lied über die Sitar, das indische Saiteninstrument, davon gesungen, dass die zu stark gespannte Saite springt und es des richtigen Maßes an Spannung bedarf, damit ein wohlklingender Ton erzeugt wird. Das brachte Buddha angeblich auf den richtigen Weg: Er sah ein, dass seine strenge Askese wie eine zu straff gespannte Saite war.

Für unseren Alltag heißt die Frage deshalb, wie viel Spannung angemessen ist. Möglichst locker zu sein, alles lockerzunehmen, gilt vielen als die bewährte Einstellung, und in der Alltagssprache haben sich Vokabeln eingenistet wie »relaxen« und »die Seele baumeln lassen«. Doch das Bild von der Saite ist auch in der anderen Richtung gültig, denn fehlt die Spannung, ist sie schlaff, erklingt die Saite nicht. Der Organismus lässt sich somit durchaus mit einem Instrument vergleichen. Wer keinerlei Hindernisse überwinden muss oder ihnen aus dem Weg geht, wer keine Disziplin kennt und nie gefordert wird, dessen Instrument ertönt nicht.

Das Leiden am sinnlosen Leben heißt eines der zentralen Bücher aus dem Spätwerk von Viktor Emil Frankl. Bis zuletzt setzte er sich damit auseinander, dass viele unserer Probleme im alltäglichen Dasein aus der Problemlosigkeit erwachsen, viele Sorgen aus der Sorglosigkeit, viele Nöte daraus, dass wir keine eigentliche Not kennen. Dadurch, so Frankl, haben wir verlernt, Unwirtliches, Anstrengendes zu ertragen, unsere Frustrationstoleranz wird stetig geringer. Der Komfort, den uns technische Neuerungen ermöglichen, erleichtert unsere Existenz vermeintlich, raubt ihr aber ein wesentliches Lebenselement: die Spannung im eigentlichen Sinn. Passive und zur Bequemlichkeit neigende Zeitgenossen nehmen als Ersatz künstliche Reize, den Thrill durch Fernsehen oder Computerspiele. Frankl empfiehlt stattdessen, uns bewusst die Anstrengungen zu verschaffen, uns freiwillig dem auszusetzen, was uns erspart wird. Er erkannte im Sport die weltliche Form der Askese, aber den Konkurrenzkampf in Tennisturnieren oder anderen Wettkämpfen lehnte er ab. »Der Alpinist«, sagte Frankl, »konkurriert nur mit einem, und das ist er selbst.«

Womit und wogegen der Asket kämpft

Es ist also kein Zufall, dass die Sinnfrage immer dann besonders bedrängend wird, wenn das alltägliche Leben zu wenig fordert. Der Philosoph Ludwig Wittgenstein war einer der vielen, die sich

1914 freiwillig an die Front meldeten. Ein Jahr zuvor war sein Vater gestorben und hatte ihn zu einem der reichsten Erben der Donaumonarchie gemacht. Uns erscheint es unverständlich, dass viele Künstler voller Begeisterung und aus freien Stücken in den Ersten Weltkrieg gezogen waren, auch wenn sie im Nachhinein entsetzt ihren Irrtum erkannten und ihre abgrundtiefe Desillusionierung zum Ausdruck brachten: Schriftsteller, Dramatiker und Dichter wie Richard Dehmel, Alfred Döblin, Ernst Toller oder Georg Trakl ebenso wie Bildende Künstler, von Max Ernst, Ernst Ludwig Kirchner und Oskar Kokoschka bis zu Otto Dix. Dix erlebte wie viele den Krieg anfangs als ein schicksalhaftes Naturereignis, als reinigendes »Stahlbad«, Filippo Tommaso Marinetti, der große futuristische Maler, redete sogar davon, dieser Krieg sei »die einzige Hygiene der Welt«, für die jeder mit Freude sein Leben opfern solle. Was sie suchten war aber nicht der Tod, sondern ein Daseinssinn. Durch die radikale Herausforderung, die Askese des Soldatenlebens, hofften sie, ihn zu finden.

Menschlicher Erfindungsgeist jedoch beraubt uns immer mehr der alltäglichen asketischen Übungen. Neue Technologien ersparen uns Arbeiten, die zwar mühsam waren, jedoch wie nebenbei zur Disziplinierung beigetragen haben.

Wie sehr diese Bequemlichkeit den Wunsch nach Askese wachsen lässt, zeigt das Erfolgsbuch eines Fernsehkomikers: Seit über einem Jahr rangiert Hape Kerkelings Erfahrungsbericht über sein Pilgern auf dem Jakobsweg *Ich bin dann mal weg* auf den Bestsellerlisten.

Was Prozessionen, Wallfahrten, Pilgerreisen der unterschiedlichsten Konfessionen verbindet, ist die innere Haltung: Der Pilger geht nicht, um an einem Ziel anzukommen, er geht, um zu gehen. Wer sich auf den Jakobsweg macht, verlässt das System des zweckorientierten Nützlichkeitsdenkens. Er vergisst jene unselige Maxime des Benjamin Franklin, »time is money«. Die Zeit soll

nicht mehr möglichst effizient ausgefüllt, sondern bewusst wahrgenommen werden.

Das Pilgern muss nicht in einer Strapaze wie der Begehung des
Jakobswegs bestehen. Ein Langläufer, der beim Laufen das Laufen
vergisst, übt ebenfalls *askesis,* und mancher, der bereit ist, beim
Jogging auf seinen Walkman und das Pulsmessgerät zu verzichten, erlebt dabei jenes Losgelöstsein, das den Geist frei und schwe-
relos macht. »Mit den Füßen beten« wird das Pilgern sinnfällig
umschrieben. Wie sehr das Hatschen – ein süddeutsches Wort für
»langsam gehen«, das seinen Namen vom Mekkapilger hat, der
sich danach Hadschi nennen darf – von Sinnsuchern als hilfreich
empfunden wird, belegen Zahlen: 150 Millionen Menschen waren 2006 weltweit unterwegs als Pilger, als *peregrini,* was im Lateinischen einfach »Fremde« bedeutet. Sich ungeschützt von Komfort, Reiseleitern und technischen Reisehilfsmitteln fremden Erfahrungen auszusetzen, macht demütig, geduldig und gelassen.
Doch offenbar ist der Wunsch, wie in allen Bereichen des Lebens
auch beim Pilgern eine bequeme Instant-Version angeboten zu
bekommen, bis in den Vatikan gedrungen: Das vatikanische Pil-
gerwerk Opera Romana Pellegrinaggi und die kleine italienische
Fluggesellschaft Mistral Air haben ein Abkommen geschlossen,
das im Namen des Heiligen Vaters Pilger in einer Boeing 737 direkt von Rom nach Lourdes transportiert. Weitere Pilgerflüge
sind bereits geplant. Es müsse, hat Kardinal Ruini erklärt, »eine
Antwort auf die wachsende Nachfrage nach Pilgerreisen geben«.
Diese Antwort jedenfalls hätte einen Mann wie Viktor E. Frankl
ähnlich begeistert wie eine Seilbahnfahrt zum Champagnerfrüh-
stück in der teuersten Hütte über Sankt Moritz.

Ein Jakobspilger verhält sich anachronistisch, er lebt gegen den
Strich. Und eben das kennzeichnet die innere Einstellung der Askese: Sie verlangt vor allem, nicht der Schwerkraft des Gewohnten, Bequemen, Gefälligen anheimzufallen.

Schon wenn er seinen Rucksack schnürt, übt ein Pilger Askese, denn er muss sich auf das Notwendigste beschränken. Das ist auch Sinn des Fastens. Es geht nicht darum, völlig auf Nahrungsaufnahme zu verzichten, sondern sich auf das zu beschränken, was der Körper tatsächlich braucht, und so das Bewusstsein für das tägliche Brot zu schärfen. Das richtige Maß allein gibt der Askese Sinn, und im Maßhalten zeigt sich mehr Disziplin als in völliger Enthaltsamkeit. Berühmte Extremisten wie Liz Taylor, die zwischen grazil und fettleibig hin- und herschlingern, führen der Öffentlichkeit vor, dass ihr Geheimrezept nicht funktioniert: Sie kasteien sich die Woche über, um an einem Tag dann richtig zuzuschlagen. Anscheinend ist diese Methode geeignet, Fresssucht zu unterdrücken, nicht aber, sie zu bewältigen. Der berüchtigte Jo-Jo-Effekt von Diätroutiniers weist in dieselbe Richtung. Die Frage, ob es aus physiologischer Sicht gesünder ist, ab und zu Hungertage einzulegen oder auf Dauer maßzuhalten, wird unterschiedlich beantwortet.

Was am Fasten gut und an der Übertreibung schädlich ist

Pünktlich zur Fastenzeit 2006 machte eine Nachricht die Runde, deren Kurzfassung lautet: Hungern ist gut fürs Gedächtnis. Forscher der Yale University School of Medicine in New Haven, Connecticut, hatten überprüft, wie das Hormon Ghrelin, das im hungrigen Magen produziert wird, auf die Merkfähigkeit wirkt. Allerdings war der Versuch mit Mäusen durchgeführt worden, aber das Ergebnis lässt sich durchaus dahingehend interpretieren, Fasten steigere die Lernfähigkeit. Wenn jedoch der Blutzuckerspiegel sinkt, dann nimmt die Konzentration spürbar ab, und ebenso setzt auf der anderen Seite zu viel Glucose im Blut, etwa nach einer üppigen Junk-Food-Mahlzeit, die geistige Leistungskraft genauso herab. Auch hier zeigt uns die Natur, dass Askese

63

dann vorteilhaft ist, wenn sie im richtigen Maß betrieben wird. Und diese Erkenntnis wurde in Klöstern von jeher umgesetzt.

Kein Kloster konnte daran interessiert sein, die Brüder oder Schwestern durch strenges Fasten zu schwächen, war doch ihre Arbeitskraft unverzichtbar, die geistige wie die körperliche. So wurde zwar vorübergehend, mancherorts auch generell, Fleisch aus dem Speiseplan gestrichen, jedoch durch Eier und Fisch ersetzt. »Dass ich mich elend abkastei' / bei Lachs und Hühnerei«, lässt Wilhelm Busch seinen listigen Pater Filuzius jammern. Ernährungsexperten wissen heute, dass ebendieses maßvolle Reduzieren richtig ist. Das Hirn braucht zum Beispiel Zink, das als Cofaktor für viele Enzyme eminent wichtig ist für Gedächtnis und Konzentration. Zink steckt in rotem Fleisch wie Rind, Schwein oder Lamm, aber auch in Fisch und Eiern, Milch und Käse, Vollkornbrot und Kartoffeln.

»Plenus venter non studet libenter« heißt die alte Weisheit – ein voller Bauch studiert nicht gern. Ein leerer aber ebenso wenig. Schulkinder, die morgens frühstücken, leisten mehr als diejenigen, die mit leerem Magen antanzen, das belegte eine Studie aus dem Jahr 2005 von Gail C. Rampersaud von der University of Florida in Gainesvilles und Howard Taras von der University of California in San Diego. Askese wird dann im Alltag lebbar, wenn wir auf radikale Maßnahmen verzichten. Das ist keineswegs die leichte Version für Willensschwache, es ist vielleicht die humanere. Rigorosen Asketen ist ihre Umwelt meistens unwichtig. Sie entfernen sich von den Mitmenschen, vom Mitleiden, vom Mitfühlen. Maßlose Askese eines Einzelnen, zum Beispiel, kann ein Problem für die Gemeinschaft werden.

Ein Rabbiner besucht ein Dorf, in dem ein berühmter Zaddik wohnt, und fragt: »Was für Dinge hat euer Zaddik eigentlich schon bewirkt?«

»Unser Zaddik hat jetzt seit drei Jahren gefastet.«

»Seit drei Jahren? Das ist unmöglich. Da wäre euer Zaddik doch längst tot.«

»Das stimmt, aber unser Zaddik weiß natürlich, dass es die Leute beschämen würde, wenn er ständig fasten würde. Er isst also nur, um andere nicht zu beschämen, und hält dabei völlig geheim, dass er fastet.«

Mag sein, dass manche extreme Asketen ihre eigene Schwäche erkennen und glauben, sich nur durch extreme Entsagung retten zu können. Sie vermeiden die Berührung mit dem Leben vielleicht, weil sie befürchten, sonst jeder Versuchung zu verfallen, ob sie kulinarischer oder erotischer Natur ist. Dieser Typus der Asketen ist es, den Friedrich Nietzsche meint, wenn er sagt: »Der Asket behandelt das Leben wie einen Irrweg, den man endlich rückwärtsgehen müsse.« Solche sich dem Diesseits verweigernde Askese ist so wenig anzuraten wie sämtliche Spielarten, die exerziert werden, um ins Guinness-Buch der Rekorde einzugehen. Auch dort finden sich Menschen, die einander darin überbieten, auf einem Bein zu verharren oder auf einem Baum.

Wer seine Lebensaufgabe darin sieht, sein Menschsein an anderen Menschen zu erweisen, wird Askese so betreiben, dass sie ihn nicht von dem Alltag und der Gemeinschaft entfernt. Der rigorose Asket jedoch macht, wie Nietzsche sagte, aus der Tugend eine Not. Und er macht seine Mitmenschen zu seinen Dienern, denn er kann sich der Lebenswirklichkeit nur auf Kosten anderer entziehen. Hilfreiche Geister ließen an Seilen Wasser und Brot hinab zu den Einsiedlern in unwegsamen Schluchten, zogen es hinauf zu den Styliten. Extremisten dieser Art, die sich in allen asketischen Traditionen finden, wurden von jeher bewundert wegen ihrer übermenschlichen Leistung. Es gab Yogis, die ihre Atmung und ihren Stoffwechsel so weit reduzieren konnten, dass sie sich für einige Tage eingraben ließen und überlebten. Doch verrät sich in dieser Übertreibung neben der Selbstüberwindung nicht auch Ruhmsucht und Stolz? Sind das nicht eher die Vorväter jener Asketen, die ins Guinness-Buch der Rekorde eingehen wollen?

In einem rein jüdischen Dorf, das für seinen Gemeinschaftssinn berühmt ist und sich einiges darauf zugute hält, wird Mosche, ein einstmals vermögender Mann, tot in seiner Wohnung aufgefunden, abgemagert bis auf die Knochen. Einer seiner vermögenden Nachbarn geht zum Rabbi und klagt: »Ist es nicht schrecklich, dass der Mosche in unserem Dorf an Hunger gestorben ist?«
»Hat er bei dir um Geld oder Nahrung gebettelt?«
»Nein.«
»Und bei den anderen?«
»Bei keinem.«
»Dann«, sagt der Rabbi, »ist er nicht am Hunger gestorben, sondern am Stolz.«

Auch Magersüchtige sind stolz, stolz darauf, Versuchungen zu widerstehen. Sie erleben ihre Nahrungsverweigerung durchaus positiv, als Triumph über sich selbst, den Frankl in der Askese des Bergsteigens erfuhr. Doch hier wird die Askese in der Übertreibung zum Selbstzweck. Anorektiker denken ständig an das Essen, das sie verweigern, erleben es also gerade nicht, durch Askese gedanklich frei zu werden.

Der Übertreibung entgegenzuwirken, hat Oscar Wilde gesagt, sei die Basis des guten Stils; es ist auch die Basis richtig verstandener Askese. Schon Meister Eckhart wetterte in seinen Predigten gegen Asketen, vor allem weibliche, die sich mit Bußgürteln und Geißelungen traktierten, ihren Leib als Quell sinnlicher Lust bestraften wie einen Sünder.

Dass das Sexualleben weder der Konzentration noch der Spiritualität abträglich sein muss, war auch den Christen durchaus bekannt. Der Zölibat war ursprünglich nur ein Gelübde, mit dem sich die katholischen Priester und Mönche verpflichteten, unverheiratet zu bleiben, keineswegs aber, sich jeglicher unkeuscher Gedanken oder der Masturbation zu enthalten. Im Neuen Testament ist nirgendwo die Rede von der Idee des Zölibats, nirgendwo wird Priestertum mit Ehelosigkeit in Verbindung gebracht; von keinem seiner Jünger hat Christus gefordert, dass er ohne Frau leben müsse. Petrus war verheiratet und lebte mit seiner Frau zusammen in Kapernaum, als Jesus ihn als Jünger auswählte, wohl wissend um dessen Ehestand. Nach der Kreuzigung Christi kehrte Petrus brav zu seiner Gattin zurück, und der Überlieferung zufolge nahm er sie mit, als er in Rom die Kirche errichtete, so dass der erste Papst ein Ehemann war.

Auch in der frühen Kirchengeschichte war es noch selbstverständlich, dass Bischöfe und Gemeindevorsteher Frauen und Kinder hatten; das erstmals im Jahr 306 erlassene Eheverbot wurde in der Folgezeit nicht wirklich beachtet. Als 1023 Papst Benedikt VIII. verlangte, alle Priester, die verheiratet waren oder sonst »unkeusch« lebten, müssten ihres Amtes enthoben werden, erklärte der Bischof von Lüttich, dann müsse er den gesamten Klerus entlassen. Dass nur Priester werden kann, wer sich zum Zölibat verpflichtet, wurde erst auf dem Konzil von 1139 endgültig festgeschrieben.

Wie Sexualität mit Askese vereinbar ist

Nachdem im Judentum die Ehe als Grundlage einer gesunden Existenz gilt und der Talmud erklärt, ohne eine Frau finde ein Mann kein Glück, keine Freude, keinen Frieden, ist auch der Rabbiner nicht nur berechtigt, sondern verpflichtet zu heiraten.

Sexuelle Abstinenz wurde nur Menschen mit spärlichen Geistesgaben nahegelegt. »Ein Mensch, der wenig Fähigkeit zum Denken hat, sollte nicht mehr als einmal pro Woche mit seiner Frau schlafen«, heißt es im Talmud, »um seine geringen Kräfte zum Zweck der Meditation aufzusparen. Aber der Scholar [der Rabbiner] soll jede Nacht mit seiner Frau kohabitieren, um sein Gehirn für seine Studien reinzuhalten.«

Die Frau als Hindernis auf dem Weg zum Heil zu betrachten und daher strenge sexuelle Askese zu üben, geht zurück auf die Zeit, als die großen Muttergöttinnen, die vom Vorderen Orient bis zur matriarchalischen Induskultur verehrt wurden, von einer männlich bestimmten Mythologie abgelöst wurden. So war in der indischen Urbevölkerung das Asketentum schon verbreitet als eine Möglichkeit, sich im Diesseits geistig zu befreien und von der Verhaftung an irdische Gelüste zu lösen, als im 2. Jahrtausend vor unserer Zeitrechnung vom Norden her die indoeuropäischen Arier einwanderten. Sie brachten ihren diesseitsorientierten brahmanischen Opferkult mit, in dem die Askese an die Priester delegiert wurde. Und deren Opferzeremonien hatten weniger mit transzendenten als mit recht irdischen Interessen zu tun: sie hatten mit jedem Opfer eine Gegenleistung von oben einzuhandeln, eine gute Ernte, Glück auf der Jagd, einen erfolgreichen Feldzug oder den Regen zur rechten Zeit. Als die beiden gegensätzlichen Traditionen nach und nach zueinanderfanden, verschmolzen sie zu einer weltbejahenden Religion, die Vishnu als höchstes Wesen verehrte. Die sinnliche matriarchalische indische Vergangenheit kam darin wieder zum Vorschein, denn der Name dieses vedischen Gottes bedeutet »Er, der umfängt, durchdringt oder eindringt«. Nicht weiter überraschend also, dass Vishnus Verkörperung sowohl der Eber als auch der Phallus ist und dass der Hauer des Ebers mit dem Phallus Vishnus gleichgesetzt wurde, mit dem er die Vereinigung mit der Urgöttin Erde vollzog. Diese nun keineswegs sinnenfeindliche Vishnu-Verehrung sollte später den Hinduismus stark beeinflussen.

Die andere große asketische Tradition Indiens war der Yoga, der in seiner ursprünglichen Form – wie der ältere mönchische Buddhismus – eine konsequente Absonderung von allem Weltlichen, von allem Sinnlichen, allen Genüssen forderte und das Physische mit Verachtung strafte. Doch durch die Versenkungshaltungen, die *asanas,* wurde der Körper aufgewertet und rehabilitiert. Die praktischen Übungen des Yoga brachten die Kundigen ab von der körperfeindlichen Einstellung und führten sie dahin, den Leib gesund zu erhalten und zu vervollkommnen als ein Instrument, das der Erleuchtung dienen konnte. Der Yogi war nun kein sich kasteiender Einsiedler mehr, er stand mitten im Leben und konnte mitten im Alltag die Befreiung von den irdischen Fesseln erleben. Er musste sich weder völlig zurückziehen noch sich die Sinnenfreuden verkneifen, um die fünf Verirrungen loszuwerden: Leidenschaft, Verblendung, Verhaftetsein, Begierde und Zorn. Der Yogi war imstande, sich, wie das hieß, innerlich zu entdürsten, ohne sich deshalb aus der Gemeinschaft zu entfernen. Askese meint im Tat-Yoga, seine Alltagsarbeit zu verrichten, unterbrochen von den Übungen, den Stunden der Versenkung.

Aus diesen Kulten, die beide aus asketischen Wurzeln erwachsen waren, sich aber von der Verachtung des Körperlichen befreit hatten, entstand dann die religiöse Bewegung des Tantrismus, von *tantra,* ein Wort mit unterschiedlichen Bedeutungen, wie »Webstuhl«, »mystische Lehre«, »Abhandlung« oder »Instrument zur Erweiterung des Bewusstseins«. Der Tantriker suchte Erlösung im Diesseits, wobei alle geeigneten Mittel recht waren, ob Körperschulung, formlose Versenkung oder Visualisierung, und er suchte sie in Ritualen mit Hilfe magischer, aber auch orgiastischer Praktiken. Im tantrischen *chakrapuja*-Ritual, der Anbetung im Kreis, saßen acht Frauen und acht Männer paarweise im Kreis und genossen miteinander Wein, Fisch, Fleisch, geröstete Getreidekörner und zuletzt *maithuna,* den Geschlechtsverkehr als symbolischen Akt für die Vereinigung von Shiva, dem Männlichen, dem reinen, absoluten, statischen Bewusstsein, mit Shakti, dem Weiblichen, der Bewegungsenergie. Sexualität als religiöser Akt, als »eine Art Sakrament«, wie Mircea Eliade das nannte, frei von Lüsternheit. André van Lysebeth bezeichnet in seinem Standardwerk *Tantra für Menschen von heute* dieses Ritual als »die Askese der Sechzehn«.

Der Sinnesgenuss stand nicht mehr im Widerspruch zur innerlichen Befreiung, das Konzept, dass sich Heilssuche und Weltverstrickung ausschließen, wurde fallengelassen, das Rad der Wiedergeburten war kein Gegensatz mehr zum Nirvana, denn die einzige Wirklichkeit, das wahre Wesen der Dinge ist *sunyata,* die Leerheit. Eine elegante Lösung, das muss man zugeben.

Der sexuelle Orgasmus ist aus tantrischer Sicht die körperliche Entsprechung des *samadhi,* des Erleuchtungserlebnisses: Es geht auch dabei um die Auflösung des Ich, um Entgrenzung und um ein Gefühl, das alles ringsum vergessen lässt. Noch deutlicher wird diese Analogie ausgerechnet an einem Werk, dessen Titel die meisten an Obszönitäten denken lässt: am *Kamasutra.*

Dass dieses Buch mit Askese zu tun haben soll, hört sich verwegen an, und doch lehrt es Sutra für Sutra, Abschnitt für Abschnitt, nichts anderes in einer nüchternen und präzisen Sprache.

Ein gewisser Mallanaga Vatsyayana, über dessen Biographie nichts bekannt ist, hat dieses viel zitierte, selten gelesene Lehrbuch der Liebeskunst in der zweiten Hälfte des 3. Jahrhunderts verfasst, doch es enthält ältere, mündlich tradierte Lehren und Praktiken, die für den Tantrismus eine wesentliche Rolle spielten. Der Titel des Werkes sagt bereits etwas aus über seinen Anspruch. Das Leben des Menschen hatte nach altindischer Einsicht, wie sie sich im *tantra* wie im *Kamasutra* niederschlägt, ein dreifaches Ziel:

dharma, das Streben nach dem Guten, *artha,* die Erfüllung des Nützlichen, und *kama,* das Erleben des Angenehmen. Das *kama* ist nicht etwa Belustigung, Freizeitbeschäftigung, es ist unabdingbar für ein erfülltes Dasein. Der Verfasser des Kamasutra erklärt am Ende, er habe es verfasst in *samadhi* und *brahmacarya,* in höchster geistiger Konzentration und in Keuschheit, denn es geht auch hier um *askesis,* um Übung, die systematisch gelehrt und gelernt werden muss. In dem Buch, das in 1250 Sutren gegliedert ist, wird erklärt, wie wir Meister in der Liebeskunst werden, die souverän über eine Vielfalt an unterschiedlichen Küssen, Berührungen und Stellungen verfügen. Dazu sind neben geduldigem Training auch Hingabe und Beobachtungsgabe nötig. Askese im Sinn der ausdauernden Übung und praktiziert im Sinn des Kamasutra, verlangt, dass wir unseren Körper beherrschen lernen und uns des Angemessenen bewusst werden. Es braucht Zeit und Gespür für das richtige Maß, um diese Liebeskunst zu lernen, denn sie fordert, dass wir den anderen physisch und psychisch genau kennenlernen, um zu wissen, was ihn wann erregt und wo die Grenze zwischen Lust und Schmerz verläuft. Denn selbst beim Küssen ist es nicht allein entscheidend, wohin wir küssen, sondern wie fest, wie lange, wie heftig.

Askese zu üben bedeutet, sich anzustrengen, sich zu bemühen, und Askese im Sexualleben ist nicht Enthaltsamkeit, sondern das Gegenteil von Viagra-Sex. Wer daran glaubt, dass Partnerschaft nach den Gesetzen des Investments funktioniert, lernt die befreiende Wirkung der Askese nicht kennen, denn dann gibt jeder dem anderen nur das, was er ohnehin mühelos zur Verfügung hat. Jugend für Geld, Schönheit für Teilhabe an der Macht, Sex-Appeal für Berühmtheit. Bemühen will sich dabei keiner.

Soll der Körper zum Instrument der Erleuchtung, der Erlösung werden, müssen wir lernen, ihn einzusetzen wie ein Virtuose sein Instrument. Wer sich die Langeweile in seiner Beziehung damit erklärt, dass der Lebensabschnittspartner langweilig geworden sei, und ihn als Wegwerfprodukt betrachtet, hat noch einen weiten Weg zu der Askese des *Kamasutra*. Doch es ist jederzeit möglich, ihn anzutreten.

*W*ie komme ich«, fragt in Berlin ein Mann mit Geigenkasten unterm Arm einen Passanten, »zu den Philharmonikern?« – »Üben, üben, üben.«

Gut, Sie wollen in kein Spitzenorchester. Sie haben vielleicht schon vor zehn, fünfzehn Jahren die Geige weggeschlossen, den Klavierdeckel endgültig zugeklappt oder beschlossen, sich und andere nicht mehr mit Kratzgeräuschen auf dem Cello zu entnerven. Aber es gibt triftige Gründe, trotzdem wieder anzufangen oder sogar von Grund auf ein Instrument zu lernen, das Sie schon immer begeistert hat. Falls es sich um Saxophon oder Schlagzeug handeln sollte, werden Sie vielleicht um die Anmietung eines schallisolierten Kellers nicht herumkommen, aber selbst das lohnt sich, wenn Sie Angst davor haben, mit zunehmendem Alter an abnehmender geistiger Präsenz zu leiden. Dass Kinder, die ein Musikinstrument lernen, Gleichaltrigen meistens voraus sind, weil ihr neuronales Netzwerk dadurch zu vermehrten Verschaltungen angeregt wird, hat die Forschung längst nachgewiesen. Doch beim Erwachsenen wurde die Plastizität des Gehirns unterschätzt, also seine Fähigkeit, neue Kontakte zwischen den Neuronen zu bilden, ja sogar neue Nervenzellen hervorzubringen; man war der Meinung, dass Gehirnzellen, die im Alterungsprozess absterben, nicht durch neue Zellen ersetzt werden. Zwar hatten schon in den 60er Jahren Experimente mit Ratten dieses bis dahin als unumstößlich geltende Gesetz erschüttert und nachgewiesen, dass neue Hirnzellen nachwachsen können, aber bei Ratten eben, nicht bei Menschen. Als dann der Amerikaner Joseph Altman, Anatom am Massachusetts Institute of Technology, seine Beobachtungen zu der adulten Neurogenese, also der Neubildung von Neuronen bei Erwachsenen, veröffentlichte, wurde er von den meisten Wissenschaftskollegen mit Missbilligung bestraft. Seine Theorie, es gebe so etwas wie unspezialisierte Zellen im Hirn – das, was sich heute Stammzellen nennt –, die für späteren Nachschub sorgen, verwiesen die Kollegen ins Reich der Spekulation. Nicht nur Künstlern widerfährt es, zu Lebzeiten verkannt und erst postum gewürdigt zu werden.

Erst 1998 gelang es dann dem schwedischen Neurologen Peter Eriksson in Göteborg, auch beim menschlichen Gehirn die Fähigkeit nachzuweisen, als Erwachsener den Vorrat an Hirnzellen wieder aufzustocken. Dies geschieht speziell im Hippocampus, einem Hirnareal, das für Gedächtnisleistung zuständig ist und bei der Demenz einen Zellschwund aufweist. Der geduldige Leser fragt sich wahrscheinlich längst, wie aus der Angst vor dem Vergesslichwerden ein Argument werden soll für die Askese, um die es doch in diesem Kapitel geht. Die Antwort: Askese im Sinn der *askesis* ist eine lebenskluge Forderung, die sich aus neurobiologischen Tatsachen ergibt. Die Nachwuchs-Neuronen bilden sich nämlich nicht ohne unser eigenes Zutun. Wir sind vom Organismus aufgefordert, selbst etwas zu unternehmen gegen das mentale Ermüden. Es werden zwar unreife Zellen auf Halde hergestellt, die aber sterben schnell ab, wenn von außen keine Anregungen kommen. Nur wenn sie durch die Herausforderungen der Umwelt, durch Lernreize stimuliert werden, überleben sie und entwickeln sich weiter. Die Neurogenese stellt Ansprüche: Für das großzügige

Angebot der Natur, kostenlos Ergänzungen und Ausbesserungen an unserem Denkorgan vorzunehmen, müssen wir als Gegenleistung ständig lernen, üben, trainieren, uns neuen Welten, Menschen, Reizen, Schwierigkeiten aussetzen, nimmermüde und bereitwillig. Die Biologie unseres Körpers ermuntert uns, eigenverantwortlich zu handeln, anstatt das Problem nachlassenden Gedächtnisses wie jedes andere gesundheitliche Problem einfach an die medizinischen Reparaturwerkstätten zu delegieren.

Wer mit seiner Gesundheit Raubbau betreibt, zum »Couch-Potato« wird, weil man das Fett ja absaugen lassen kann, seine Haut in der Sonne brutzelt und faltig raucht, weil ein Lifting das Problem behebt, dem gebricht es genau daran: an der Eigenverantwortlichkeit. Doch die Neurogenese lässt sich nicht mit solcher Hilfe von außen in Schwung bringen. Sie erfordert Askese im Sinn von dauernder geistiger, aber auch körperlicher Betätigung. Bei Labortieren nimmt die Teilungsaktivität der Zellen nur dann zu, wenn sie auch emsig Laborsport betreiben. Apathische Mäuse verblöden, Fitnessmäuse werden ständig leistungsfähiger im Kopf. Die Forscher vermuten, dass nur beides zusammen, physische und mentale Unternehmungslust, bei den Neuronen den erfreulichen Wachstumsschub auslöst. Dasselbe scheint positiver Stress, sogenannter Eustress zu bewirken. Wer beobachtet, wie schnell Menschen abbauen, die vom privaten Haushalt in ein Altenheim übersiedeln, wo ihnen jeder Handgriff abgenommen wird, oder auch diejenigen, die mit dem Abschied aus dem aktiven Berufsleben jede Art geistiger Beschäftigung oder Weiterbildung aufgeben, sieht das bestätigt.

Die Hirnforschung liefert damit ein Ergebnis, das unser Leben verändern sollte. Nicht ein im Labor gezüchtetes und dann transplantiertes Gewebe hilft uns, geistig wach und rege zu bleiben, sondern die eigene Disziplin und Ausdauer.

Und ob Sie nun einen Sprachkurs oder einen Tanzkurs besuchen, regelmäßig joggen, Yogaübungen machen, einen anspruchsvollen Roman lesen oder Ihre Wohnung umgestalten – nicht mit dem Gedanken »ich muss das jetzt machen«, sondern »ich will es« –, dann werden Sie nicht auf halber Strecke schlappmachen.

Askese ist ein virtueller Jakobsweg. Und auch dabei geht es nicht ums Ankommen und schon gar nicht darum, schnell anzukommen. Die Askese eines Sportlers ist nicht deshalb bewundernswert, weil er seine Leistung steigert. Die Kraft, die Askese uns schenken kann, erwächst aus dem Vertrauen, über sich hinausgehen, hinauswachsen zu können. Und diese Fähigkeit zeigt sich darin, nicht zu resignieren, sich selbst und sein Ziel niemals aufzugeben.

Jeder von uns kennt La Fontaines Fabel vom Hasen und der Schildkröte, in der dasselbe erzählt wird.

Der Hase wähnt sich derart siegessicher bei dem Wettlauf, dass er tausend und drei Dinge nebenbei erledigt, frisst und schläft, bis er sieht, dass die Schildkröte bereits kurz vor dem Ziel ist. Panisch rast er los, aber da hat die Schildkröte gerade die Ziellinie überschritten. Ausdauer ist das Geheimnis der Sieger. Dem Hasen wird die Vermessenheit des vermeintlich Schnelleren und Stärkeren zum Verhängnis.

»Ausdauer«, hat Marie von Ebner-Eschenbach gesagt, »ist eine Tochter der Kraft, Hartnäckigkeit eine Tochter der Schwäche, nämlich der Verstandesschwäche.« Und Askese im Sinn der Ausdauer kann sich in allen Bereichen des Lebens zeigen, auch darin, über Jahrzehnte hinweg treu und zufrieden mit einem einzigen Partner zusammen zu sein. Monogamie aus Überzeugung ist eine schöne Form der Askese, wenn die erforderliche Anstrengung nicht daher kommt, dass das Treusein schwerfällt, sondern darin besteht, den anderen immer wieder neu zu entdecken und ihm dankbar zu bleiben für das, was er gibt.

Auch für das Glücklichsein spielt Ausdauer eine Rolle. Es kommt nicht über uns, es lässt sich üben. Das klingt zwar zuerst einmal nach esoterischem Wunschdenken, ist neurobiologisch jedoch einwandfrei nachweisbar. »Glück«, definiert der Psychologe Richard Davidson von der University of Wisconsin in Madison, »ist eine Fertigkeit, die sich lernen lässt wie eine Sportart oder ein Musikinstrument. Wer übt, wird immer besser.« Über Jahre hinweg hat er das Geheimnis der lächelnden buddhistischen Mönche mit modernen Gehirnuntersuchungen ergründet. Aktivität im rechten präfrontalen Cortex ist assoziiert mit negativen Gefühlen und Stimmungen, im linken präfrontalen Cortex dagegen mit positiven. Bildgebende Verfahren zeigten, dass Letzterer bei den buddhistischen Mönchen überdurchschnittlich aktiv ist, nicht nur während der Meditation, sondern permanent. Der erste Versuchsmönch Davidsons hatte besonders hohe Aktivitätswerte, war Vorsteher eines indischen Klosters und ein Meditationsmeister: Er hatte zum Zeitpunkt der Untersuchung bereits über 10 000 Stunden in seinem Leben meditiert. Einen ursächlichen Zusammenhang wagten die Forscher dennoch nicht zu behaupten, hätte es doch sein können, dass die Hirne der heiteren Mönche bereits vor ihrem Klostereintritt so strukturiert waren und die Männer ebendeshalb diesen Lebensweg wählten. Deshalb überprüfte das Team die Ergebnisse auf andere Weise: Die Probanden, freiwillige Versuchsteilnehmer aus einer Biotech-Firma, wurden in zwei Gruppen eingeteilt. Nur eine Gruppe erhielt ein achtwöchiges Meditationstraining bei Jon Kabat-Zinn (siehe das Kapitel über die Wachsamkeit), der sie zwei bis drei Stunden pro Tag in seiner Meditationstechnik unterrichtete und sie bat, eine Stunde zusätzlich alleine zu üben. Der Vergleich mit den Daheimgebliebenen zeigte, dass sich nur bei den Meditationsschülern durch das mentale

Training die Aktivität im Frontalhirn deutlich von rechts nach links verlagert hatte. Sie alle bezeugten auch eine Verbesserung ihrer Stimmungslage; die Ängste hätten abgenommen, die positiven Emotionen zugenommen. Und auch in der Meditation gilt: Übung macht den Meister. »Meditation heißt nicht, unter einem Mangobaum zu sitzen und eine nette Zeit zu haben«, sagt Matthieu Ricard, ein französischer Molekularbiologe, der zum buddhistischen Mönch wurde. »Es geht um tiefe Veränderungen deines Seins. Auf lange Sicht wird man eine andere Person.« Dazu braucht es keinerlei technische Hilfsmittel, nur Geduld und Zeit – *askesis*.

Praktische Übungen zur Askese

- Ausdauersportarten sind nicht allein aus gesundheitlichen Motiven empfehlenswert, sondern auch aus geistigen. Sportarten, bei denen die Schnelligkeit gesteigert werden soll, sind zum Training innerer Askese weniger geeignet. Joggen ist es durchaus, wenn wir Zeit dabei bewusst erleben und nicht auf eine Rekordzeit hin laufen. Und uns auch nicht von der Wahrnehmung unserer Umgebung in der freien Natur durch einen Walkman abschotten.

- Übung verbessert nicht allein die Geschicklichkeit, sie schärft auch die Sinne, die Präzision der Wahrnehmung. Markus Del Monego, einer der berühmtesten Sommeliers und ehemaliger Weltmeister, ist zum Mineralwasserexperten geworden und weiß seither über die unterschiedlichen Qualitäten, Charakteristika und Wirkungen von Mineralwässern ebenso gut Bescheid wie über die von Weinen. Probieren Sie es aus. Trinken Sie während der Arbeit, statt wie üblich Kaffee oder Cola, ein Glas kaltes Leitungswasser, genießen Sie seine frische Klarheit und das Gefühl, zu den Glücklichen zu gehören, die sich diesen Luxus alltäglich gönnen können.

- Wer willig gute Vorsätze fasst, täglich joggen, weniger Alkohol trinken, nicht mehr rauchen will, das aber nie durchhält, kann es mit einer Übung versuchen, die sich absurd anhört, aber wirkt. Sie besteht nur darin, sich jeden Morgen nach dem Aufstehen auf einen Hocker zu stellen und fünf Minuten reglos stehen zu bleiben, ohne jede Ablenkung und natürlich ohne die Morgenzeitung. Keine gymnastischen Bewegungen, keine Musik, kein Frühstücksfernsehen. Wer das konsequent praktiziert, beginnt an seine Willensstärke zu glauben, gewinnt Selbstvertrauen und wird erstaunt feststellen, dass er auch alles andere, was er sich vorgenommen hat, durchzuziehen imstande ist. Eine meiner Patientinnen, die sich lange mit Figurproblemen herumschlug, weil sie im Büro jede Pause mit Kuchen und Schokolade füllte, entschied sich, es mit der Hockerübung zu probieren. Als sie einmal verschlafen hatte und überstürzt aufgebrochen war, fiel ihr auf der Straße ein, dass sie die Übung vergessen hatte. Sie rannte zurück in die Wohnung und stellte sich wie immer fünf Minuten auf den Hocker. Überflüssig, zu sagen, dass sie es auch schaffte, ihr Essverhalten zu normalisieren.

- Das Wort »Fasten« kommt vom gotischen *fastan,* was »beobachten«, »bewachen«, »festhalten« bedeutet im Sinne von einem Vorsatz, einer Regel treu bleiben. Das christliche Fasten vor Ostern hat seine Entsprechung in dem muslimischen im Fastenmonat Ramadan. Während des Ramadan sind Geschlechtsverkehr, Essen und Trinken verboten, aber nur zwischen Morgengrauen und Sonnenuntergang. »Erlaubt ist Euch«, heißt es im Koran, »in der Nacht des Fastens zu Euren Frauen einzugehen [sic] ... und esset und trinket bis der weiße Faden von dem schwarzen Faden der Morgenröte zu unterscheiden ist. Dann vollendet das Fasten bis zum Einbruch der Nacht.« Askese bei der Ernährung bedeutet nicht, zu hungern, sondern gezielt Überflüssiges wegzulassen und über den Moment hinwegzukommen, wo es einen gewohnheitsmäßig überfällt: die Lust auf den süßen Riegel in der Pause um zehn, auf das Popcorn im Kino, die Chips vor dem Fernseher, auf die Schokolade vor dem Zubettgehen. Wenn Sie es bewusst mal ohne probieren, wird aus dem Gefühl, auf etwas zu verzichten schnell das Gefühl von mehr Freiheit und Selbstbestimmung, und das macht die Askese erfreulich.

- Gläubige Juden üben am Jom Kippur, dem Versöhnungsfest, Enthaltsamkeit; vom Morgengrauen bis zum Einbruch der Nacht kein Essen, kein Trinken, kein Geschlechtsverkehr, auch das Salben mit Öl und das Tragen von Lederschuhen sind untersagt und jede Art von Arbeit. Die Bibel bezeichnet Jom Kippur als den »Sabbat der feierlichen Ruhe«. Der Tag, an dem die Gläubigen ihre Versöhnung mit Gott feiern, steht ganz im Zeichen der Wohltätigkeit und Mitmenschlichkeit, der Aussöhnung unter Menschen, denn keiner kann von Gott Vergebung erwarten, wenn sein eigenes Herz hart bleibt. Diese Verbindung von Enthaltsamkeit, was den Genuss angeht, und größtmöglicher Empathie, ist eine Form der Askese, die nachahmenswert ist, denn alle Kräfte und Energien richten sich so auf die anderen. Die Forderung, alles ruhen zu lassen und gar nichts zu arbeiten, als asketische Übung zu begreifen, ist sehr philosophisch, kostet das manchen doch mehr Anstrengung als einfach weiterzumachen wie gewohnt. Gott machen lassen ist die Idee, die hinter dem Arbeitsverbot am Jom Kippur und am Sabbat jeder Woche steht. Es bedeutet, die Welt anzunehmen, wie Gott sie geschaffen hat, und dafür dankbar zu sein. Und eben damit werden nicht nur Askese, sondern auch Demut und Gehorsam gelebt. Eine nachahmenswerte Übung auch für Christen.

Das Maßhalten

Der Minister ist siebenunddreißig Jahre alt, verdient gutes Geld und ist rundum verwöhnt. Alle suchen seine Nähe, denn er ist ein Star, vielseitig begabt, charmant, gutaussehend. Die Verlage reißen sich um seine Bücher, die Theater um seine Dramen, die Intellektuellenkreise um seine Diskussionsbeiträge, die High Society um seine Gesellschaft und die Damen um seine Gunst. Die Verehrerinnen bedrängen ihn so, dass er sich lieber mit gar keiner sexuell einlässt, obwohl er ein sinnenfroher Mann ist und durchaus Gelüste verspürt. Er hält sich eine deutlich ältere verheiratete Freundin, mit der er nur geistig intim ist, die ihn erzieht und andere Bewerberinnen erfolgreich wegbeißt. Es kommt für ihn so unerwartet wie für die anderen: Schlagartig wird ihm alles zu viel. Sogar die Bewunderung. In einer Nacht-und-Nebel-Aktion, ohne sich irgendwo abzumelden, packt er seine Koffer und fährt nach Italien.

Sein Arbeitgeber erfährt erst postalisch, wo der gehätschelte Minister sich aufhält, reagiert jedoch gelassen; er weiß, dass dieser Mann ein *Sabbatical* braucht. Was er nicht ahnen kann: Es wird zwei Jahre dauern.

Goethes Ausbrechen nach Italien ist einer der berühmtesten Fälle von *Burnout*. Er hatte wie alle Betroffenen das rechte Maß verloren und damit das innere Gleichgewicht. Er hatte zu viel getan, um sich zu beweisen, seinen Einsatz immer noch verstärkt, hatte überhört, was sein Körper sagte, die eigenen Bedürfnisse als Mann vernachlässigt, Konflikte wie die mit der eifersüchtigen und dominanten Charlotte von Stein verdrängt, war abgestumpft für die Reaktionen anderer, hatte gar nicht mehr registriert, dass er oft überheblich und egozentrisch wirkte, hatte die dräuenden Probleme weggeschoben, weniger geschlafen und mehr getrunken, als ihm guttat, innere Leere verspürt, ohne es sich einzugestehen.

Worin sich Maßlosigkeit zu erkennen gibt

Zu viel, alles zu viel, das ist der Stoßseufzer der Ausgebrannten. Geprägt hat den Begriff *Burnout* Anfang der 70er Jahre einer, der wissen musste, was damit gemeint ist: der New Yorker Psychiater und Psychoanalytiker Herbert J. Freudenberger. Er war ausgebucht, erfolgreich, angesehen. Aber sein Beruf, der ihn Jahre, Jahrzehnte erfüllt hatte, ermüdete ihn nur noch. Entsetzt stellte er fest, dass er zu verbittern begann, und als er sich im Kreis der Medizinerkollegen umsah, konnte er auch bei denen beobachten, dass gerade diejenigen, die es von außen gesehen »geschafft« hatten, nach zwei Jahrzehnten Berufstätigkeit zu Zynikern mutiert waren, die mit ihren Patienten alles andere als freundlich umgingen. Sie alle klagten über Beschwerden, die Freudenberger aus eigener Erfahrung kannte: Schlafstörungen, Rückenschmerzen, Kopfschmerzen, Verdauungsstörungen, Konzentrationsschwäche und Stimmungsschwankungen. Sie gaben zu, reizbar zu sein und oft schon am Morgen erschöpft.

Als Freudenberger seine Recherchen auf andere Berufsgruppen ausdehnte, konnte er dort die gleichen Symptome bei Menschen entdecken, die lange unter Einsatz aller Energien gearbeitet hatten, des Geldes, des Erfolges wegen oder auch aus Überzeugung und Begeisterung für eine Sache. Doch im Gegensatz zu Goethe hatten sie es nicht geschafft, rechtzeitig die Notbremse zu ziehen.

Manfred Schedlowski, Züricher Professor für Psychologie und Verhaltensimmunologie, hat sich mit der Frage befasst, wer für das Burnout-Syndrom anfällig ist. »Eine 60-Stunden-Woche macht nicht per se krank«, sagt er, »solange man die richtige Balance zwischen Anspannung und Entspannung findet.« Das Bild der Waage macht anschaulich, was passiert: Verliert ein Mensch das Gefühl für das Angemessene, kann er nicht mehr abwägen, was er noch verkraftet und was nicht, dann kommt er aus dem Gleichgewicht, eine Waagschale senkt sich. Für das Burnout-Syndrom spielen zwei der klösterlichen Werte eine entscheidende Rolle: nicht nur das Maßhalten, sondern auch die *discretio,* die Fähigkeit, das Nötige vom Unnötigen, das Wesentliche vom Unwesentlichen zu trennen. Und beides hat zu tun mit dem richtigen Umgang mit Zeit. Nur wer sich in der 60-Stunden-Woche zwischendurch die Zeit nimmt, in aller Stille in sich hineinzuhorchen und die Warnsignale zu vernehmen, ist davor gefeit, auszubrennen. »Ich habe schon gemerkt, dass es mir nicht gutging«, bekommt Schedlowski regelmäßig von den Patienten zu hören. »Aber ich dachte, ich pack das irgendwie.«

Es gehört weniger Mut dazu, der allein Tadelnde, als der allein Lobende zu sein.«
Marie von Ebner-Eschenbach

Burnout ist eine typische Erkrankung der sogenannten Leistungsträger. Die meisten Menschen definieren sich in einer Gesellschaft, die sich ja Leistungsgesellschaft nennt, über Leistung; ein Weiser ohne Professur oder Bestsellerauflage läuft da unter Versager. Das richtige Maß für Leistung geht leicht verloren, wenn Ermunterung oder gar Lob in den Unternehmen unüblich wird. Ausgehungert nach Bestätigung geraten antriebsstarke und ehrgeizige Menschen da rasch in einen Steigerungswahn, dem sie nicht mehr entkommen. Der Verlust des rechten Maßes und der *discretio* zeigt sich auch darin, dass der Beruf sich zum alleinigen Inhalt auswächst und alles andere verdrängt, denn nur noch aus beruflichem Erfolg kann der Leistungsfixierte das beziehen, was seinem Selbstwertgefühl Zucker gibt. Die Freunde und die Familie werden unwichtig, ihr Urteil also auch. Die Vermessenheit mancher Menschen ist nicht unbedingt Indiz der Überheblichkeit, sondern oft nur die traurige, unausweichliche Folge ihres maßlosen Erfolgsstrebens.

Das richtige Maß zu finden oder es wiederzufinden heißt, Einseitigkeit zu vermeiden. Wer nur ein Ziel kennt, nur auf einem Bein steht, nur an einer Stelle das Gefühl hat, gebraucht zu werden, verliert das rechte Maß, weil er sich auf nichts anderes mehr bezieht. Je mehr Quellen ein Mensch auftut, aus denen er Kraft, Freude, auch Bestätigung schöpfen kann, desto weniger verwundbar wird er. Erleidet er im Beruf eine Schlappe, ist da ein Partner, der ihm viel bedeutet, Freunde, die wichtig sind, Freizeitbeschäftigungen, die eben nicht nur die freie Zeit ausfüllen, sondern den ganzen Menschen.

Was uns maßlos werden lässt, ist auch ein gestörtes Verhältnis zur Zeit.

Das findet sich bei jemandem, der alle Entfernungen in Rekordzeit überwinden möchte und auch im Urlaub die Strecke München–Florenz schneller fährt als jeder andere.

Der allen zeigen will, dass er nicht wie andere monatelang braucht, um die überschüssigen zehn Kilo loszuwerden; er schafft das in zwei bis drei Wochen.

Wenn er auf die entstressende Wirkung von Yoga aufmerksam gemacht wird, aber auch darauf, dass man die Übungen erst ganz allmählich lerne, gilt das vielleicht für Luschen. Er wird nach dem dritten Kursabend den Lotussitz beherrschen.

Es braucht dazu nicht unbedingt Seminare, Yoga oder Urlaub, aber es braucht unbedingt Zeit. Denn das Gehirn hat das Programm, das Wertesystem der Karriere so gründlich gespeichert, dass es nur langsam von einem neuen Programm überlagert werden kann. Pünktlichkeit, Perfektion, Schnelligkeit, Effizienz sind Handlungsanweisungen, die auf der Festplatte nicht einfach gelöscht werden können. Schedlowski veranschlagt für eine ambulante Therapie von Burnout-Patienten ein halbes Jahr, in dem sie die neuen Handlungsmuster geduldig üben müssen.

Er setzt deswegen auf Prävention, was in diesem Fall heißt, gezielt und umgehend gegen die Folgeerscheinungen von Disstress, der negativen, belastenden Form von Stress, vorzugehen. Dabei geht es erneut ums Maßhalten, um das auszutarieren, was die Experten *Work-Life-Balance* nennen: Bewegung im richtigen Maß betreiben, also kein Marathonlauf und keine Kraftsportexzesse, sondern die eigenen Vorräte im richtigen Maß ausnutzen, also niemals leerräumen; die Ernährung im richtigen Maß umstellen, also nicht lustlos nur noch Körner mümmeln, aber vitaminreich und bewusst essen.

Dass nicht das Ausmaß an Stress Burnout-Syndrome bewirkt, vielmehr entscheidend ist, wie wir mit ihm umgehen, hat Ende der 70er Jahre den amerikanischen Biologen und Mediziner Jon Kabat-Zinn dazu gebracht, ein achtwöchiges Training zu entwickeln, von dem im Kapitel zur Wachsamkeit die Rede sein wird. Wann aus durchaus Bekömmlichem Schädliches, sogar Gift wird, ist eine Frage der Dosierung – nicht allein, was die Arbeit angeht. Das populärste Problem mit dem Maßhalten ist jedoch nach wie vor dasjenige, das sich an den Hüften niederschlägt. Maß für Maß erinnert manchen weniger an eine Komödie von William Shakespeare als an einen Biergartenbesuch. Für das Maßhalten beim

Konsum ist wiederum die Zeit ein entscheidender Faktor. Denn es macht dick und krank, zu wenig Zeit zu haben und sich zu wenig Zeit zu lassen. Manager und Macher, die hastig essen, außerdem unkonzentriert und damit unkontrolliert, leiden an Zeitnot. Sie stehen unter einem meist selbstgebastelten Termindruck. Menschen, die am Wochenende beim Essen jedes Maß verlieren, sind oft Opfer ihrer Angst vor ungegliederter Zeit und füllen jene Pausen, in denen sie zu sich kommen sollten, aber nicht wollen, mit Fressorgien. Auch die Fernsehesser, die selbst zum Tatort mutieren, während sie sich einen ansehen, haben verlernt, Zeit zu erleben. Sie fürchten sich davor, die Zeit beim Essen ticken zu hören und übertönen sie mit Bildern und Geräuschen. Ihre Zeiteinteilung wird vom TV-Programm bestimmt. Wer notorische Fernsehesser beobachtet, stellt fest, dass Takt und Tempo, in dem sie Knabberzeug einwerfen, von dem des Fernsehfilms bestimmt werden. Auch die erziehungsgeschädigten Trotzesser, die in der Kindheit immer den Teller leer essen mussten, finden oft deswegen das Maßhalten so schwer, weil sie ein Problem mit der vermeintlich fremdbestimmten Zeit haben. Sie essen nach dem Essen, zwischen den Mahlzeiten, obwohl sie sich die längst selber einteilen können, denn sie können selbstbestimmte Zeit nur daran erkennen, dass sie ein Tabu verletzen. Das kann auch zum Übergewicht durch die Stechuhr führen.

Die neue Mitarbeiterin, frisch von der Uni, bemerkt es sofort: Hier herrscht Disziplin. Es ist halb neun und alle sind bereits am Arbeitsplatz. Ansprechbar sind sie auch, eine Antwort jedoch sollte man sich nicht von ihnen erwarten. Mit vollem Mund spricht man nicht.
Vier Wochen später geht es in der Therapiesitzung in meiner Praxis um ihre Gewichtsprobleme, die sie früher nie kannte.
Was sie denn zum Frühstück esse, frage ich.

»Was es halt in dieser beschissenen Kantine gibt. Ich hasse dieses Frühstück im Büro.«

Warum sie dann nicht zu Hause frühstücke, frage ich, mit Muße und Müsli?

»Bin ich blöd?«, empört sie sich, »So geht doch schon wieder eine halbe Stunde von der bezahlten Arbeitszeit ab.«

Weshalb Eigenzeit Voraussetzung für Maßhalten ist

Fremdbestimmte Zeit macht den normalen Alltag aller Angestellten aus, also den der überwältigenden Mehrheit. Doch sie steht der Genussfähigkeit im Weg. Essen heißt, sich eine Auszeit zu genehmigen und Benjamin Franklins unselige Devise, dass Zeit Geld sei, aus unseren Köpfen zu verbannen. Denn nur der langsame Genuss weckt die Sinne, und echter Genuss ist seinerseits daran zu erkennen, dass er langsam macht. Wenn sehr vermögenden Menschen der Sinn fürs Genießen abhanden kommt, hat das ebenfalls mit Maß und Zeit zu tun; wer Champagner allabendlich hinunterschüttet wie Sprudel, ist nicht mehr imstande, ihn zu goutieren.

Aber weil die meisten süchtig danach sind, Zeit zu sparen beim Kochen und Essen, wird das in den Industrieprodukten mit allen Mitteln und Methoden realisiert. Food-Designer entwickeln Konsistenzen und Aromen, die es erlauben, sich alles schnell reinzuziehen: Softeis flutscht, weil es weniger kalt ist als das Eis aus der Eisdiele, ein Hamburger in der Schaumsemmel macht weniger Kauarbeit als ein Vollkornbrot mit Radieschen, Schmelzkäse ist mühelos ohne Zähne zu verzehren. Und wir lassen uns einreden, es sei ein Gewinn, dass es für jedes Dessert eine Dessertmischung, für jeden Kuchen eine Backmischung gibt und dass jede Sauce, vom Tomatensugo bis zur Hollandaise, fertig zu erwerben ist. Selbst die Regale der Bio-Märkte sind mittlerweile voll mit Instant-Produkten.

Dass diese Entwicklung direkte Auswirkungen auf unser Essverhalten hat, konnten Ernährungsexperten feststellen: Das Tempo der Zubereitung entspricht dem des Verzehrs, und was fix aufgebrüht ist, wird fix hinuntergegossen.

Geduld, jene Tugend aus Maß und Zeit, die gerade in buddhistischen Klöstern geübt wird, hilft jedoch auch im Alltag, das rechte Maß zu finden. Geduld ist Hingabe an den Augenblick, an jeden Handgriff, wie banal er auch erscheinen mag. Wer mit Liebe kocht, genießt jene Arbeiten, die anderen lästig sind, vom Zwiebelschneiden bis zum Kräuterhacken, vom Karottenschaben bis zum Tomatenenthäuten. Da werden Spargel geduldig und gründlich geschält, da köcheln stundenlang Ingwerwurzeln, Geflügel, Knoblauch und Zwiebeln zu einer erwärmenden Consommée, da schmort eine Lammkeule bei *low temperature* langsam ihrer Vollkommenheit entgegen.

Eine Folge von fehlerhaftem Umgang mit Maß und Zeit findet sich in vielen China-Restaurants: Die Karte ist zu groß, die Zeit der Gäste knapp und die Preise sind zu niedrig. Da hilft nur der Geschmacksverstärker in Form von Gewürzmischungen mit Glutamat. Dieser Unterstützung bedarf ein Geschmack nur, wenn er keine Zeit hatte, selbst zu erstarken. Ein schnell aufgezogenes, hormongepäppeltes Rind kann kein Fleisch liefern, das nach viel schmeckt. Regelmäßiger Konsum von Geschmacksverstärkern hat allerdings einen Gewöhnungseffekt, der bewirkt, dass uns schon bald alle glutamatfreien Speisen fad vorkommen.

Wo Zeit gespart wurde, wurde an der Qualität gespart. Früchte, die zu früh geerntet und mit dem Hinweis an den Kunden gebracht werden, sie reiften noch nach, faulen nur vor sich hin, denn der Reifeprozess kann nur an der Staude, dem Baum, dem Strauch erfolgen. Produkte, die den Namen *Lebens*mittel verdienen, haben *gelebt*, bevor sie unseretwegen sterben.

Ob wir einen lange gelagerten Käse konsumieren, ein vom Öko-

Bauern geduldig aufgezogenes Schwein, einen Mistkratzer, also ein Huhn aus Bodenhaltung, oder eine vollendet gereifte Tomate: Diese Güter enthalten gespeicherte Zeit. Sich eben das bewusstzumachen, hilft maßzuhalten.

Wer in der Eisdiele einer alten Dame zuschaut, die ihren Becher dreimal so langsam auslöffelt wie die anderen Gäste, sieht vielleicht in ihrem Gesicht etwas, was sich bei keinem Fast-Food-Esser findet: Dankbarkeit.

Wer sich um das rechte Maß in allen Lebensbereichen bemüht, findet das, was sich inneres Gleichgewicht nennt, also eine Ausgewogenheit, deren Zusammensetzung sich über die Jahre hinweg ändern kann. Ein Fachmann für diese Balance ist der aus dem Iran stammende Arzt Nossrat Peseschkian, der Menschen aus sechzehn verschiedenen Kulturkreisen daraufhin befragt hat, was sie wichtig finden für ihre Zufriedenheit. Vier Bereiche spielten eine Rolle: Beruf und Finanzen, Gesundheit und Fitness, Familie und soziale Kontakte, Sinn und Kultur. Ausbalanciert sind diese Bereiche nicht etwa, indem wir stur in jeden dieselbe Zeit und dieselbe Menge an Engagement hineinstecken, sondern wenn wir spüren, dass »es« stimmt. Für diese Wahrnehmung allerdings brauchen wir Zeit und den Mut, auch gegen rationale Argumente etwas zu ändern. Die Midlife-Crisis kann zerstörerisch wirken, wenn wir nur damit hadern, den falschen Partner, den falschen Beruf, den falschen Umkreis gewählt zu haben, also im Ungleichgewicht zu sein. Sie wird zur Chance, wenn wir vorsichtig und umsichtig neu ausbalancieren, anders gewichten, die Freunde wichtiger nehmen und vielleicht das Image unwichtiger, uns mehr Familie gönnen oder uns etwas aus ihr lösen, wenn sie uns zu sehr beengt.

Für eine gewisse Zeit aus der Balance zu geraten, alle Energien in ein Projekt, einen Menschen, eine Aufgabe zu stecken, ist keineswegs schädlich, wenn wir uns danach wieder einpendeln.

Wer dagegen immer von dem Gefühl eines ungestillten Hungers begleitet wird, sei es auf Karriere, auf Unterhaltung oder Besitz, kann daran leicht und sicher erkennen, dass er das rechte Maß aus den Augen verloren hat. Aber Ungeduld gilt allgemein als ein Zeichen der Dynamik und damit auch der jugendlichen Spannkraft. Ungeduldige signalisieren: Ich werde gebraucht, ich bin wichtig, habe wenig Zeit. Ständig rufen sie Informationen ab, obwohl es eine Vielzahl von Speichern gibt – von der Mailbox bis zum Anrufbeantworter –, denn sie haben sich einreden lassen, es sei karrierehinderlich, nicht erreichbar zu sein. Wir haben das Maß verloren für den richtigen Umgang mit der Zeit, gerade in der Kommunikation. Und wer einmal in diesem Circulus vitiosus der Rastlosigkeit gelandet ist, entkommt ihm schwer. Vielleicht hilft es, zu erkennen, dass all jene, die wir für ihre höhere Lebensqualität, ihre Abgeklärtheit oder sogar Weisheit beneiden, vor allem in einem reicher sind als wir: Sie verfügen über die Fähigkeit zu warten. Buddhistische Mönche trainieren die Geduld meditativ, Engländer beim Schlangestehen, Italiener beim Sonntagmittagessen.

Warum Warten gesund ist

Ein Schild, auf dem »Bitte warten« steht, freut kaum einen, und die meisten macht es nervös. »Warten«, sagt jedoch der Hirnforscher Ernst Pöppel, »ist eine Grundfunktion des Geistes.« Und das Warten verwandelt sich von der vermeintlichen Folter zum Glück, wenn wir uns bewusst machen, dass es gestundete, geschenkte Zeit ist. Zu wünschen, sie wäre schon vorbei, heißt, sich dem Tod schneller entgegenzuwünschen. Geduld bewahrt uns vor vielen Fehlern, vor Vorurteilen und Aggression, vor Übertreibungen und Kurzschlusshandlungen, vor Antibiotika mit bedenklichen Nebenwirkungen bis zur Cortisoncreme, mit der ein harmloser Pickel bekämpft wird. Geduld ist die beste Methode, gesund zu werden. Geduld meint einfach, das richtige Maß für den Umgang mit Zeit gefunden zu haben. *Temperantia* heißt in den lateinischen Klosterregeln die Tugend des Maßhaltens. Allegorisch dargestellt wird sie oft durch eine weibliche Gestalt, die Wein mit Wasser mischt, also das Getränk weniger berauschend macht, denn temperieren meint nicht nur »richtig erwärmen«, sondern auch »richtig mischen«, »in das rechte Verhältnis bringen«, so wie auch im Temperament eines Menschen seine Eigenschaften ausgewogen gemischt sein sollen. Es verbirgt sich in der Lehre von der *temperantia* also eine Anleitung zur Harmonie, zur inneren Ausgeglichenheit. Neu ist diese Einsicht nicht. »Wohlgemutheit«, heißt es bereits bei Demokrit, »erlangen Menschen durch Maßhalten in der Lust des Lebens. Denn Mangel und Überfluss pflegen umzuschlagen und große Erschütterungen in der Seele zu verursachen. Die Seelen aber, die infolge schroffer Gegensätze erschüttert werden, sind weder fest gegründet noch wohlgemut.«

Schroffe Gegensätze sind im Alltag eben auch jene Extreme, die uns gerne als zeitgemäß verkauft werden: unter großem Zeitdruck Arbeiten verrichten, so schnell wie möglich sein, um dann übergangslos dem Nichtstun vor dem Fernseher zu verfallen. Wer maßhalten kann im normalen Leben, findet seinen Rhythmus und ist imstande, weder in hektische Aktivität noch in bleierne Passivität zu verfallen. Das kann sogar im Sport zu Erfolgen führen. Über ein Bundesligaspiel des FC Bayern gegen den SC Freiburg im März 1996 stand in der *Frankfurter Allgemeinen Zeitung*: »Decheivers überlegene Langsamkeit brachte dem Bundesligaclub in zehn Spielen fünf Tore und drei Vorlagen … Tatsächlich lag in der Ruhe die Kraft des Freiburger Spiels.« Ungewohnte Töne in einer Sportart, die sonst Schnelligkeit und Dynamik bewirbt. Doch die Analyse zeigt: Es lohnt, mit der Schnelligkeit maßzuhalten. In der richtigen Mischung liegt das Geheimnis.

Praktische Übungen zum Maßhalten

- Lassen Sie sich nicht von angeblich zeitsparenden Technologien zur Maßlosigkeit verführen. Teleshopping und eBay bringen die Konsumenten dazu, mehr zu kaufen, als sie wollten. Oft auch etwas, was sie gar nicht brauchen. Allein die Werbung, mit der eBay die Besitzgier anstachelt, sollte zu denken geben: Eine fiebrig erregte Person, die zum Schluss triumphierend »Meins!« schreit, ist nicht eben Sinnbild überlegten Kaufverhaltens.

- Wenn Sie den in jedem Sprachführer vertretenen Satz: »Was können Sie mir sofort bringen?« aus Ihrem Fremdwortschatz streichen, lernen Sie, bewusster, maßvoller zu essen und mehr zu genießen.

- Wirken Sie der Maßlosigkeit im Aufsaugen von Informationen entgegen, indem Sie die Zahl Ihrer Informationsquellen reduzieren. Eine Tageszeitung, eine Wochenzeitung und ein Magazin sind ausreichend, um Bescheid zu wissen.

- Reagieren Sie nicht umgehend auf eine Nachricht auf Ihrer Mailbox. Die Deutschen melden sich durchschnittlich bereits binnen 15 Minuten, die Italiener, ansonsten Könige des *telefonino*, lassen sich zwei Stunden Zeit mit einem Rückruf. Vielleicht fällt es Ihnen leichter zu warten, wenn Sie wissen, dass die prompte Reaktion bei Vorgesetzten oder wichtigen Geschäftspartnern nachweisbar als Indiz des Andienens ankommt, also keineswegs positiv.

- Der Markt lebt von Neuerungen und beschleunigt deshalb ständig seine Produktzyklen, das heißt, es wird in immer kürzeren Zeitabständen von ein und demselben Hersteller ein neues Modell des gleichen Geräts produziert, ob Notebook oder Kopierer, Auto, Mobiltelefon oder Fotoapparat. Erst spektakuläre Pleiten wie nun in der Handy-Branche bringen Produzenten allmählich zu der Erkenntnis, dass sie sich selbst damit schaden, auch weil das Verkaufspersonal gar nicht mehr imstande ist, die neuen Modelle kompetent zu erklären – es hat ja zu wenig Zeit, sich mit ihnen vertraut zu machen. Auch der Konsument als Opfer dieser Maßlosigkeit verliert letztendlich mehr Zeit durch schnellere Geräte, als er gewinnt, schon allein durch die Arbeitszeit, die er investieren muss, um sich das aktuelle Modell zu leisten.

- In den eigenen Theorien und Meinungen das rechte Maß zu verlieren, ist oft die Folge von zu wenig oder einseitiger Kommunikation. Ein Forscher, der nur mit Kollegen verkehrt, ist ebenso in Gefahr, maßlos zu werden, also die Bedeutung seiner Arbeit, seiner Ergebnisse, seines Weltbildes zu überschätzen, wie ein Manager, der sich nur in Managerkreisen bewegt. Erweitern Sie Ihren Bekanntenkreis um Menschen, die etwas ganz anderes tun, ganz anders denken und leben als Sie. Und gewinnen Sie ein, zwei Freunde, die Ihnen so vertraut sind, dass Sie von denen jede Art der Kritik anzunehmen bereit sind. Das Korrektiv schützt vor dem Verlust des rechten Maßes.

- Verabschieden Sie sich von der Vorstellung, man müsse seinen Erfolg zeigen: durch ein größeres Auto, ein Haus, ein teureres Outfit. Wer die Volksweisheit »Es gibt nichts Besseres als etwas Gutes« beherzigt, kann sich vom Zwang zum Komparativ befreien.

- Vergleichen Sie sich nicht nur mit denen, die es in Ihrem Alter vermeintlich weiter gebracht haben. Trainieren Sie, dankbar zu sein für das, was Sie sind und haben, was Ihnen an Förderungen und Chancen zuteilwurde, indem Sie sich mal mit denen vergleichen, die nicht einmal eine Schulbildung bekommen haben.

- Zu den Maßlosigkeiten, die an der Vorsilbe »Über-« erkennbar sind, gehört auch die Überschätzung; besonders belastend, oft krank machend ist die der eigenen Unentbehrlichkeit, die durchaus als Verantwortlichkeit daherkommen kann. Doch bevor Sie sich entkräftet oder fiebrig an Ihren Arbeitsplatz schleppen, sagen Sie sich: »Wenn ich heute tot wäre, dann ginge es auch ohne mich.« Die Welt ohne sich zu sehen, befreit.

Die Bedürfnislosigkeit

Er war berühmt und erfolgreich, mit Auszeichnungen dekoriert und mit gerade fünfzig dort angekommen, wo er als Kind aus einfachster Bergarbeiterfamilie hatte ankommen wollen. Den prügelnden Alkoholiker-Vater, die finanzielle Notlage, das Verachtetwerden, alles hatte er überwunden, er war der Liebling der Münchner Gesellschaft, der weiblichen speziell. Da zog er sich zurück, unangekündigt, nur ganz wenige wussten, wohin. Telefonisch nicht erreichbar, hieß es, und eine Postanschrift sei ebenfalls nicht bekannt. Irgendwann sprach es sich doch herum, wo er gelandet war: auf den Kanarischen Inseln.

Wer das hörte, sah ihn vor sich in seinem neuen Leben. Finka, mit Bougainvillea überwucherte Terrassen, Garten mit Palmen, Hibisken und blühenden Kakteen, Blick aufs Meer, er im Liegestuhl, kritzelnd, Whisky Soda im Glas, an der Fortsetzung dessen, was ihm seinen Ruhm eingebracht hatte.

Doch das Leben des Zeichners, der unter dem Namen Janosch damals, im Jahr 1980, längst Legende war, sah und sieht anders aus. Sein Haus ist eine erweiterte Garage, an einer von Idylle bereinigten Dorfstraße im Landesinneren der Insel gelegen. Die Einrichtung könnte vom Sperrmüll stammen, die Küche gleicht einer Kombüse mit geschenkten Uraltgeräten. Ein Telefon besitzt er nicht, sein Auto käme hier durch keinen TÜV. Janosch aber findet, er besitze immer noch zu viel: Wenn er sterbe, erklärt er, solle nur noch der Stuhl übrig sein, über dem seine Hose und sein Hemd hängen, und das Bett, in dem er liegt.

Damals hielten manche es für eine Marotte, einen vorübergehenden Anfall. Doch nun, mehr als zwanzig Jahre später, ist unwiderlegbar, dass er in dieser Lebensform sein Glück gefunden hat, denn befragt, ob das Älterwerden mühsam sei, sagt er: »Ganz im Gegenteil. Älterwerden ist die bessere Hälfte des Lebens. Ich weiß jetzt mehr. Und ich habe die Furcht verloren und anderes, was mir eher ein Ärger als eine Freude war.«

Jedem, der in unseren Breiten zum Karrieredenken erzogen worden ist, muss Janoschs Entscheidung als ein Zeichen der Schwäche vorkommen. Flucht aus einer Gesellschaft, der er sich offenbar nicht gewachsen fühlte.

Und eines stimmt: Janosch hatte, als er sich zurückzog, mit Geschäftsleuten gehadert, die mit seinen Ideen Geld gemacht hatten, schlug sich mit einem Alkoholproblem herum und mit depressiven Verstimmungen. Doch auch bei vielen Heiligen bedurfte es einer Krisensituation, um ihnen bewusst werden zu lassen, dass Reichtum sie unfrei machte und dass ihr Leben keine innere Ausrichtung besaß.

Warum Besitz belasten kann

Ignatius von Loyola, der Begründer des Jesuitenordens, war Sohn einer vermögenden baskischen Adelsfamilie, aufgewachsen auf Schloss Loyola, dann Page am großen Hof des Großschatzmeisters in Arévalo; er wurde ein ehrgeiziger Offizier, der sich mit Glücksspielen und Frauengeschichten das Dasein versüßte. Als er sich mit dreißig Jahren eine Beinverletzung zuzog, war seine militärische Laufbahn schlagartig beendet. Da erst nahm er sich Zeit, über seine eigentlichen Ziele nachzudenken, legte im Kloster Montserrat eine Generalbeichte ab, zog sich in die Einsamkeit zurück, in eine unwirtlich feuchte Höhle nach Manresa, hatte eine mystische Erfahrung und beschloss, Geistlicher zu werden. Aber keiner von denen, die kirchenfürstlich residierten. Mit Studienfreunden gründete er eine Bruderschaft, die dem Papst keineswegs gefiel. Wie rückhaltlos er sich als Seelsorger der Ärmsten einsetzte und auch der sogenannten Ketzer, machte den Vatikan misstrauisch. Mehrmals stand er vor dem Inquisitionsgericht, wusste vor allem, wie sehr Besitz, auch der von Macht, Menschen dazu verleitet, diesen mit aller Rücksichtslosigkeit zu verteidigen. Er wurde von einem fanatischen zu einem gütigen Mann, untersagte in seinem Orden jede moralische oder physische Repression und die Teilnahme an jeglichem Inquisitionsverfahren.

Das rechte Maß zu finden galt ihm als Voraussetzung zur Erkenntnis – vielleicht weil er ein Übermaß an Reichtum und Herrschergelüsten kennengelernt hatte –, auch was den Besitz von Wissen anging: »Nicht das Vielwissen sättigt die Seele«, schrieb er im Vorwort zu den *Exerzitien,* einem kleinen Buch über geistige Übungen, »sondern das innere Schauen und Verkosten der Dinge.« Die Quintessenz seiner Einsichten: Das Zuviel versperrt den Blick für das Wesentliche, ob es zu viel Ehrgeiz, Vermögen, Wissen, Macht oder auch Drang nach dem Großen ist. »Niemals ein gutes Werk verschieben«, sagte er, »weil es nur unbedeutend scheint, aus dem Gedanken heraus, größere Werke zu tun.« Eine prophetische Warnung vor einer unserer Zeitkrankheiten, jener Sucht nach dem Komparativ, die erstes Indiz für den Verlust des rechten Maßes ist.

*R*ichtig besitzt man die Güter, wenn man auf sie verzichten kann.«
Jean-François Règnard

Für verrückt hielten viele Ludwig Wittgenstein, als er ähnlich radikal wie Ignatius, obwohl dieser längst heiliggesprochen war, sein Leben änderte. Der Mann, der als Verfasser eines einzigen, aber dafür zentralen Werkes, des *Tractatus logico-philosophicus*, in die Philosophiegeschichte einging, war der jüngste Sohn einer immens reichen Familie, der Vater hatte sein Geld im Stahl- und Eisenbahngeschäft gemacht und bei seinem Tod 1913 den Kindern ein spektakuläres Vermögen hinterlassen. Auch Ludwig trat sein Erbteil an, betätigte sich mäzenatisch, führte aber ein verwöhntes Dasein. Noch während des Ersten Weltkriegs, auf der Offiziersschule in Olmütz, war er dort Kunde des teuersten Schneiders. Erst als er 1919 aus der Gefangenschaft nach Wien heimkehrte, zeigte die Erfahrung des Krieges ihre Wirkung; zudem empfand er es demütigend, dass seine Mutter versucht hatte, mit Einsatz aller Mittel, sogar über ein Gesuch an den Vatikan, ihn von der Front nach Hause zu holen – als werde er nicht mit seinen Kameraden alles bis zum Ende durchstehen. Auch sein Sendungsbewusstsein, mit dem *Tractatus* etwas zu bewirken, war gebrochen, denn das Werk wurde nicht verstanden, meistenteils abgelehnt. Ludwig reagierte darauf unerwartet: Er verschenkte seinen Erbanteil an die Geschwister, wurde zuerst Volksschullehrer in der österreichischen Provinz, zeitweise auch Gärtnergehilfe am Kloster, später dann, im englischen Exil, ein gelehrter, fast einsiedlerisch lebender Denker, der wochen- und monatelang keinerlei Kontakte pflegte. »Ich musste mein Geld weggeben«, erklärte er seinem Neffen Thomas Stonborough, »denn solange ich das Geld besaß, habe ich mich wie ein unaufgeblasener Schlauch gefühlt.« Es waren keineswegs karitative Beweggründe, die ihn dazu brachten, sich vom Besitz und seinen hohen ästhetischen Ansprüchen zu befreien. »Die Lösung des Problems, das du im Leben siehst«, erklärte er, »ist eine Art, zu leben, die das Problemhafte zum Verschwinden bringt. Dass das Leben problematisch ist, heißt, dass dein Leben nicht in die Form des Lebens passt. Du musst dann dein Leben verändern, und passt es in die Form, dann verschwindet das Problematische.«

Heiligen wird zumindest im Nachhinein eine solche kompromisslose Absage an das Besitzdenken hoch angerechnet, bei anderen hingegen, so auch bei Wittgenstein, sind viele geneigt, darin etwas Schrulliges, Neurotisches zu sehen, das dem menschlichen Überlebenswillen und Sicherungsbestreben zu widersprechen scheint.

Warum Abgeben überlebensnotwendig ist

Die Überzeugung, in der Natur regiere das Recht des Stärkeren, es sei also ganz natürlich, Schwächere um ihren Besitz zu bringen, dient manchen bis heute als Rechtfertigung – auch und gerade denen, die in der globalisierten Wirtschaft mit Heuschreckenschwärmen verglichen werden. Doch schon Ende der 70er Jahre entdeckten Forscher, wie verfehlt der Ausdruck »Kapitalistenschwein« ist. Die Psychologen B. A. Baldwin und G. B. Meese vom Baraham Institute in Cambridge steckten ein körperlich überlegenes mit einem deutlich unterlegenen Schwein zusammen in einen Koben, in dem ein Hebel und ein Futterauswurf so angebracht waren, dass die Tiere zusammenarbeiten mussten, um an Fressen zu kommen. Eines betätigte den Hebel, das andere holte das Futter. Die Erwartung, das schwächere Tier würde zwar brav den Hebel betätigen, dann aber leer ausgehen, weil das Alphaschwein alles an sich reißt, wurde enttäuscht. Das dominante Schwein drückte den Hebel, nahm aber dem unterlegenen nur einen angemessenen Teil der Beute ab.

Ende der 90er Jahre konnte dann der niederländische Primatenforscher Frans de Waal vom Yerkes Regional Primate Institute im US-amerikanischen Atlanta nachweisen, dass bei Schimpansen der Respekt vor fremdem Eigentum stärker ausgeprägt war als die Besitzgier. Er beobachtete nicht ein einziges Mal, dass ein Schimpanse einem anderen die Beute mit Gewalt entrissen hätte. Diese Art von Friedfertigkeit beweist eine naturgegebene Bereitschaft, vom Bereicherungstrieb abzusehen. Doch im menschlichen Alltag ist davon oft wenig zu bemerken.

Was uns den Verzicht auf Besitz schwermacht, ist das Gefühl, dadurch soziale Bedeutung, Wichtigkeit, Geltung, auch Macht einzubüßen. Wenn jemand sein Vermögen verschenkt, scheint er damit mutwillig Sicherheiten aufzugeben und einer urmenschlichen Neigung zum ökonomischen Denken zuwiderzuhandeln – diese Vorstellung ist aber leicht zu widerlegen.

Was ist wichtiger: Geld oder Weisheit?
»Weisheit«, sagt der Gelehrte.
»Pah!«, sagt der Zyniker. »Wenn Weisheit wichtiger ist als Geld, warum dient dann der Weise dem Reichen und nicht der Reiche dem Weisen?«
»Weil der Weise«, sagt der Gelehrte, »in seiner Weisheit den Wert des Geldes erkennt, aber der Reiche, der nur das Geld schätzt, den Wert der Weisheit nicht.«

Nach der klassischen Wirtschaftstheorie ist der Mensch ein *Homo oeconomicus,* der sich immer für diejenige Alternative entscheidet, die das beste Kosten-Nutzen-Verhältnis verspricht. Doch bereits Studien in den 70er Jahren ergaben, dass Menschen den subjektiven, gefühlsbedingten Wert eines Gutes höher einstufen als den objektiven, materiellen. 1980 prägte Richard H. Thaler von der University of Chicago für dieses Phänomen den Begriff »Endowment Effect«, zu Deutsch Besitztumseffekt. Er hat zur Folge, dass der subjektiv empfundene Wert eines Gutes steigt, wenn es uns gehört. Peter Hammerstein, Biologe an der Berliner Humboldt-Universität, meint, das beruhe auf einer Erbanlage, die in der Entwicklung des Menschen von Vorteil war. Studien des Bonner Neurowissenschaftlers Christian Elger belegen, dass wir alles andere als ökonomisch handeln und implizite, das heißt unbewusste Signale unsere Entscheidungen beeinflussen. Christian Elger zeigte seinen Probanden im Hirnscanner Bilder bekannter

Produkte, beispielsweise eine populäre Schokolade. Neben den Artikeln wurden Preise eingeblendet, die mal günstig und mal deutlich überhöht waren. Bei einigen blitzte dabei ein gelbrotes Rabattschild auf, allerdings dort, wo der Preis alles andere als günstig war. Die Probanden sollten nun angeben, welches Produkt sie kaufen würden. Das Ergebnis führt vor, wie wenig die Vorstellung vom *Homo oeconomicus* mit dem zu tun hat, was tatsächlich im Hirn passiert: Das Aufleuchten des Rabattschildes reichte aus, um die Versuchsteilnehmer zum Kauf des überteuerten Produkts zu bewegen. Der Grund dafür liegt in einer Hirnregion mit dem Namen *anteriores Cingulum*. Sie ist Teil eines Kontrollsystems, das den Kauf einer teuren Uhr verbietet, wenn unser Konto tiefrote Zahlen schreibt. Doch ein Rabattsymbol schaltet, wie der Hirnscanner zeigt, diesen Kontrollmechanismus ab. Symbolische Codes steuern also unser Verhalten.

Trotz alledem ist »Geld macht frei« eine Grundeinstellung, an der kaum ein Mensch zu zweifeln wagt. Wer Geld hat, ist weniger abhängig, und wer sehr viel Geld hat, ist gänzlich unabhängig. Eine Entscheidung wie die des heiliggesprochenen Franz von Assisi mögen wir daher bewundern, doch sie scheint uns im profanen Alltag nicht umsetzbar. Francesco, wie der Tuchhändlersohn Giovanni Bernardone aus Assisi von seinem Vater eingedenk dessen guter französischer Handelsbeziehungen genannt wurde, hatte umzudenken begonnen, als er im Krieg gegen Perugia in Gefangenschaft geriet. Der reiche Vater aber wollte sich seinen Sohn als Teilhaber und Erben erhalten. Als Franz in der zerfallenen Kirche San Damiano eine Stimme hörte, er solle dieses Gotteshaus retten, und daraufhin eine große Summe aus dem Erlös des Stoffhandels dem dortigen Priester übergab, wagte der aus Angst vor dem mächtigen Vater nicht, die Spende anzunehmen. Der Vater erfuhr dennoch davon und brachte wutentbrannt den Fall vor das Gericht des Bischofs von Assisi. Dort sagte sich Franz nicht nur von seinem Vater, sondern von allem Besitz und seinem Erbe los.

Wie viel im Alltag verzichtbar sein kann

Wer in unseren sozialen Zusammenhängen lebt, vielleicht Eltern oder Kinder versorgen muss, fragt sich freilich, wie eine Reaktion wie die des heiligen Franz – so bewundernswert sie zweifellos war – zu verantworten wäre. Doch wir brauchen uns ja nicht heiligenmäßig radikal zu verhalten. Wer meine Wohnung betritt, wird auch nicht befinden, dort sehe es nach völliger Bedürfnislosigkeit aus. Es geht hier nicht um den totalen Verzicht, vielmehr um eine Befreiung aus jenem immer dichter werdenden Netz von Bedürfnissen, wo eines das nächste erzeugt und wo schließlich das Geld den Blick für das Wesentliche verstellt.

Ein Patient mit sehr viel Geld kam zu mir, weil er sich eingestehen musste, dass seine Ehe nicht zu retten war. Er hatte darum gekämpft, aber die Kluft zwischen ihm und seiner Frau war während der Überbrückungsversuche immer breiter geworden. Er interessierte sich nicht für ihre Welt, ihre Freunde, ihre Lektüre, sie nicht für seine Welt, schon gar nicht für die seines Berufs und seiner Kollegen. Der gemeinsame Sohn, bereits achtzehn, hatte den Eltern nahegelegt, sich zu trennen, er sah, dass sie getrennt glücklicher wären als zusammen, und er selber auch. Sein Vater aber, mein Patient, zögerte, obwohl er bereits eine neue Freundin hatte, ihm nah in jeder Hinsicht, die ideale Frau, wie er schwärmte. Schließlich gab er zu, was der Hauptgrund war, den klaren Schnitt zu vermeiden: das Haus, das er mit seiner Frau an einem bayerischen See erworben hatte, ein Traumhaus für beide, einmalig gelegen, eine Idylle voller Poesie. Schon in jungen Jahren, als er sie und diese Gegend erst kennengelernt hatte, waren sie oft daran vorbeigefahren und hatten phantasiert, ob es denn irgendwann möglich sein werde, solch ein Anwesen zu besitzen. Damals lag ihnen das außerhalb jeder Realität. Dann aber, als er über die nötigen Mittel verfügte, knüpfte sie über alte Bekannte und Freunde den Kontakt zu den Besitzern und der Traum wurde Wirklichkeit. Nachdem er aber mittlerweile beruflich in Leipzig engagiert war, schien es im Vorhinein klar: Bei einer Trennung fiele das Haus an seine Frau, gebürtig am See, dort verwurzelt, dort daheim.

»So ein Haus finde ich nie wieder«, sagte er.

»Und so eine Frau wie Ihre neue Liebe?«, fragte ich.

Besitz bindet, und diese Bindung kann durchaus auch positiv sein. Vielen Menschen hilft Hausbesitz, Heimatgefühle zu entwickeln, sich geborgen zu fühlen, Familie im wahren Wortsinn zu pflegen oder auch eine Wahlfamilie aufzubauen.

Dass es uns schwerfällt, zu erkennen, wann und wie Besitz unfrei macht, ist nicht verwunderlich, baut doch unser Wirtschaftssystem darauf auf, ständig neue Bedürfnisse zu wecken. Das Heikle an den geweckten Bedürfnissen ist, dass es sich damit verhält wie mit dem Haupt der Gorgo Medusa in der griechischen Mythologie: Wurde es abgeschlagen, wuchsen zwei neue Köpfe nach. Wer ein Eigenheim besitzt, möchte irgendwann auch im Urlaub in den eigenen vier Wänden wohnen und erwirbt damit ein neues Stück Unfreiheit. Eigentum verpflichtet, heißt es. Der Sinn dieses Satzes verschiebt sich meistens dahingehend, dass aus den freien Ferienhausbesitzern gelangweilte Wiederholungstäter werden, deren Urlaub mit all seinen Pflichten zunehmend dem Alltag ähnelt, denn ob ich Sanierungsarbeiten vom Gartenzaun bis zur Regenrinne zu Hause oder auf Sanibel Island durchführe, macht wenig Unterschied.

Geld eröffnet Möglichkeiten, noch mehr Geld eröffnet noch mehr
Möglichkeiten: Das gilt als selbstverständliche und unleugbare
Einsicht. Doch Geld heischt Aufmerksamkeit. Kaum jemand gibt
sich damit zufrieden, sein Vermögen, wie klein oder groß es ist,
zu erhalten, denn Geld entwickelt eine Eigendynamik. Wer dieser
einmal verfällt, ist in Gedanken dauernd damit beschäftigt, was
wie viel wert ist, welcher Wert sich steigern könnte und beobachtet die Welt aus diesem Blickwinkel. Dass diese Einengung keineswegs Erfolg verheißen muss, zeigt sich bei zahlreichen Kunst-
sammlungen. Nicht etwa Sammler, die nur kaufen, was eine si-
chere Investition ist, sind die bedeutenden geworden, sondern
diejenigen, die aus Leidenschaft für eine Zeichnung, ein Gemälde, eine Plastik gegen jeden Trend ihr letztes Geld hergeben.

> *S*til ist Verzicht auf Hochmut.«
> *Alessandro Pertini*

Luxus kann nicht allein an der Wahrnehmung der Intuition,
sondern auch daran hindern, einen originellen eigenen Stil zu
entwickeln, der ja eben aus dem Improvisierten erwächst. Stil
sagt komplizierte Dinge einfach, Luxus gibt auf einfache Fragen
eine übergewichtige Antwort. Wer seinen Stil finden möchte, ob
es sprachlicher oder modischer ist, ob es um Einrichtung oder
Umgangsformen geht, muss sich die Zeit nehmen, das Wesentliche vom Unwesentlichen zu unterscheiden und Letzteres wegzulassen.

Und er muss ein Gespür für das richtige Maß entwickeln, weil Stil
niemals und in nichts übertreibt. Stil fordert also, dass wir uns mit
unserem Innenleben beschäftigen, Luxus fordert Beschäftigung

mit Luxus, denn was gerade als luxuriös gilt, ist nicht die Entscheidung derer, die ihn sich leisten, sondern derer, die ihn produzieren. Die Luxusindustrie hat ihre Kunden fest im Griff.

Der radikale Verzicht auf jede Art von Besitz, wie ihn die Bettelmönche des Mittelalters im Gefolge des Franz von Assisi vorlebten oder auch die buddhistischen Mönche, bedeutet, Kräfte und Energien zu sparen, die jede Art von Besitztum für sich in Anspruch nimmt.

Wenn man kein Geld hat, denkt man oft an Geld. Wenn man Geld hat, denkt man nur noch an Geld.«
Paul Getty senior

Wer sich einmal ins Aktiengeschäft geworfen hat, weiß, wie viel Zeit von da an allein die ständige Beschäftigung mit den Börsenkursen frisst. Die Pflichtlektüre des Finanzteils jeden Morgen, sogar im Urlaub, stiehlt Zeit für Literatur oder gute Sachbücher, also für Muße und Weiterbildung. Besitzvermehrung bedeutet so gesehen Verlust an Freiheit und Freizeit, und die Kompetenz, die sie erfordert, engt ein, was andere Interessen angeht. Besitzstreben kann ein Umweg sein, über den ein materialistisch eingestellter Mensch dorthin gelangt, wo ein bedürfnisloser sich längst aufhält.

Ein reicher Unternehmer machte Urlaub in Griechenland und beobachtete einen Fischer, der nur einmal am Tag hinausfuhr, seinen bescheidenen Fang verkaufte und den Rest des Tages am Strand saß und ins Weite schaute. Der Unternehmer sprach den Fischer an.

»Warum«, fragte er, »fährst du nicht noch einmal raus, um mehr zu fangen?«

»Warum«, entgegnete der Fischer, »sollte ich?«

»Damit du mehr verdienst.«

»Warum«, fragte der Fischer, »sollte ich?«

»Weil du dir dann bald ein größeres Boot und große Netze kaufen kannst und noch mehr fangen.«

»Und dann?«, fragte der Fischer.

»Dann kannst du dir einen Motorkutter zulegen und Fischer einstellen, die für dich arbeiten.«

»Und dann?«, fragte der Fischer.

»Dann«, glühte der Unternehmer begeistert, »wirst du irgendwann so viel Geld haben, dass du selber gar nicht mehr zu arbeiten brauchst.«

»Aha«, strahlte der Fischer, »jetzt verstehe ich. Und was mache ich dann?«

»Dann … dann kannst du einfach am Meer sitzen und ins Weite schauen.«

»Das«, sagte der Fischer, »mache ich doch schon.«

Die meisten von uns sind dazu erzogen, jemanden, der kein Interesse an Karriere und Besitzvermehrung zeigt, für unfähig, desinteressiert oder willensschwach zu halten. Dass ein Mensch aus freien Stücken auf Eigentum und Macht verzichtet, ohne dabei das Gefühl zu haben, es entgehe ihm etwas Wesentliches, scheint den meisten nicht gut nachvollziehbar, weshalb einer, der wenig oder gar nichts hat, oft als Versager gilt.

Ein Reisender in einem luxuriösen Auto hält an, um einen Franziskaner nach dem Weg zu fragen. Der Mönch erklärt ihm, wie er zu seinem Ziel komme. Kopfschüttelnd sieht der Reisende den Mann in der Kutte an. »Nur wenn ich einen Sohn hätte, der gar nichts vom Sinn und Zweck des Lebens versteht«, sagt er, »ließe ich ihn Bettelmönch werden.«

»Sie denken offenbar ganz anders als Ihr Vater«, lächelt der Franziskaner und geht weiter.

Dass Bedürfnislosigkeit Zeit spart und frei macht, wird manchen noch nicht zu einer Änderung seines Besitzstrebens motivieren können. Eher schon könnte ihn vielleicht der Nachweis überzeugen, dass die Beschäftigung mit Geld negative Folgen hat, unseren Sinn für Gemeinschaft schädigt und uns egoistisch handeln lässt.

Was Geld an unserer Menschlichkeit ändert

Dass es das tut, ist keine moralinsauere Behauptung, vielmehr das Ergebnis einiger Studien, die sich dabei des semantischen und psychologischen Bahnungseffektes (englisch *»priming«*) bedienten. Damit wird das Phänomen bezeichnet, das die gedankliche Beschäftigung mit einem bestimmten Thema das unmittelbar anschließende Verhalten dieses Menschen unwillkürlich und unbewusst beeinflusst. Im Experiment werden die Versuchspersonen zum Beispiel gebeten, aus vorgegebenen Wörtern Sätze zu bilden. Wenn die Hälfte der Sätze Wörter aus einem bestimmten Bedeutungsfeld enthält, wird dieses im Gehirn aktiviert, ohne dass der Betreffende es merkt. Wird auf diese Weise die Bedeutung »alt« aktiviert, geht er anschließend langsamer; wird »Bibliothek« aktiviert, redet er leiser.

Eine Forschergruppe um Kathleen Vohs von der Abteilung für Marketing an der Carlson School of Management, einer Management-Schule in Minneapolis, USA, führte mehrere Experimente zum Bahnungseffekt von »Geld« durch. Zunächst wurden jeweils einige der Probanden auf »Geld« gebahnt, ohne dass ihnen das bewusst wurde; dann wurden sie – ebenso wie die Kontrollgruppe ohne Bahnung – verschiedenen Testsituationen ausgesetzt. Sie sollten beispielsweise eine schwierige geometrische Aufgabe lösen und konnten dazu auch einen anwesenden »Helfer« um Beistand bitten; oder es kam jemand herein, der Akten schleppte und eine Schachtel mit Bleistiften, die ihm »zufällig« direkt vor der Versuchsperson hinunterfielen. Gemessen wurde in der ersten Situation die Zeit bis zum Bitten um Hilfe und in der zweiten die Anzahl der Bleistifte, die der Proband aufhob. Das Ergebnis einer ganzen Reihe von unterschiedlichen Tests: Wenn wir an Geld denken, sind wir weniger hilfsbereit und kooperativ und bitten selbst weniger um Hilfe, wir zeigen weniger Mitgefühl, sind weniger bereit, etwas zu spenden, distanzieren uns stärker von unseren Mitmenschen und agieren in der Arbeit wie in der Freizeit lieber alleine als in Gemeinschaft. Der Gedanke an Geld reicht bereits aus, um uns in einen individualistischen, ja egoistischen Beziehungsrahmen zu versetzen. »Geld macht einsam«, wurde das Ergebnis vom Ulmer Neurowissenschaftler Manfred Spitzer zusammengefasst.

Besitz kann also das Gesichtsfeld einengen und die Fähigkeit zur Empathie empfindlich beeinträchtigen. Denn Geld führt, wie die Versuchsreihe aus Minneapolis und einige ähnliche später durchgeführte Studien belegen, zu einem Verlust für das Angemessene, was soziales Engagement, Teamgeist, Kollegialität, Partnerschaft betrifft – und auch, was die Selbsteinschätzung angeht.

Ein erfolgreicher Immobilienmakler in New York suchte einen Psychotherapeuten auf, weil er das Gefühl hatte, dass ihn seine Angestellten nicht leiden konnten, obwohl er an sich selbst keinerlei Fehler entdecken konnte. Der Therapeut bat ihn, durchs Fenster auf die Straße hinunterzuschauen.
»Was sehen Sie da?«
»Lauter unbedeutende, gehetzte Leute.«
Dann bat ihn der Therapeut, in den Spiegel zu schauen. »Und, was sehen Sie da?«

»Natürlich mich.«

»Sehen Sie – das ist Ihr Problem«, sagte der Therapeut. »Das Fenster ist aus Glas, der Spiegel ist aus Glas. Aber kaum ist ein bisschen Silber da, sieht man nur noch sich selbst.«

Ob das nun eine moderne Legende ist oder legendär gewordene Wirklichkeit – menschliche Wahrheit ist es jedenfalls, wie ich aus eigener Praxis bestätigen kann. Das belegt auch der kürzlich durch die Presse gegangene Fall eines Mannes, der öffentlich seine gesamten Kleider, Schuhe und Accessoires verbrannt hatte, um sich zu befreien aus seiner Abhängigkeit von Designerlabels. Wie weit diese Hörigkeit gegangen war, hat er selbst bekannt: In der U-Bahn hatte er sich in eine Frau verguckt, mehr noch: auf den ersten Blick verliebt, an der alles stimmte. Sie besaß die Ausstrahlung, das Gesicht, den Ausdruck, das Lächeln, das er schon immer gesucht hatte. Er war entschlossen, ihr zu folgen. Als sie aber aufstand, sah er, dass sie Schuhe von Puma trug, für ihn das Wahrzeichen pseudodynamischer Jungspießer. Er ließ ab. Und bereut das bis heute. Während er jedoch noch labelhörig war, ging es ihm wie vielen: Er hatte es als eine Art Herrschaftswissen empfunden, in allen Bereichen des alltäglichen Lebens nur das zu besitzen, was in einer bestimmten Szene als richtig, im Jargon: ultimativ gilt. Und es gibt Events, wo einer Frau gesagt wird, es sei ein Ding der Unmöglichkeit, noch mit dieser Handtaschenform herumzulaufen.

Sollte Sie so etwas verunsichern oder gar verletzen, ist es höchste Zeit, über Bedürfnislosigkeit nachzudenken. Wir wurden fast alle mit der Vorstellung groß, wer über große Mittel verfüge, verfüge damit auch über eine größere soziale Freiheit, gehen wir doch davon aus, dass Geld Zugang zu Kreisen, Welten, Beschäftigungen erschließt, der den Habenichtsen verwehrt ist. Doch die nähere Betrachtung kann auf erschreckende Weise das Gegenteil vorführen. Denn wir neigen dazu, mit einem bestimmten Niveau des Eigentums unsere Freunde und Bekannten auf demselben zu suchen. Porschebesitzer unter sich, Jachtbesitzer unter sich, Ferienhauseigner in Florida unter sich.

> *Ü*berprüfe, ob du lieber dich selbst oder
> etwas von deinem Besitz aufgeben willst.«
> *Lucius Annaeus Seneca*

In welchem Ausmaß Besitz sogar in Zwangslagen führen kann, wurde mir bewusst, als ich im Bekanntenkreis die Geschichte einer jungen Frau hörte, deren Familienname bereits den Geruch alten Geldes verströmt.

Sie arbeitete für einen Galeristen, war immer teuer angezogen und trug an Ohren und Händen einen Kleinwagen. Schon länger wollte sie aus ihrem Beruf heraus, aber nicht von der Galerie wollte sie sich verabschieden – dort Expertin zu werden war ihr Wunsch –, sondern der Brotberuf, mit dem sie ihr Geld verdiente, war ihr unerträglich geworden.

Angefangen hatte das Ganze, als sie dreiundzwanzig war und erfuhr, dass ihr wohlhabender Vater völlig bankrott und der gesamte höchst feudale elterliche Besitz bis zur obersten Grenze mit Hypotheken belastet war. Das hieß für sie: keine Golfturniere mehr, keine Blitztour zum Skifahren nach Kitzbühel, kein Wochenendtrip nach Barcelona, keiner der Bälle, auf denen man gesehen werden muss, nichts von dem, was in ihren Kreisen üblich war. »Ich wusste«, sagte sie, »dass ich alle meine Freunde verlieren würde, weil ich nicht mehr mitziehen konnte.« Es war ein Zufall, dass sie damals von einer Dame hörte, die den exklusivsten Callgirl-Ring Europas betrieb und nach Frauen wie ihr suchte, gebildet, weltgewandt, bestens erzogen, eine, die beim Derby in Deau-

108

ville oder bei den Salzburger Festspielen genauso richtig angezogen war wie beim Rotkreuzball in Monaco oder beim Essen in einem Londoner Luxusrestaurant.

Mir fiel es schwer, nachzuvollziehen, dass eine anspruchsvolle Frau, noch zudem eine streng und konservativ erzogene, sich prostituiert, nur um sich einen Freundeskreis zu erhalten, der sich alleine durch Geld und kostspielige Freizeitvergnügungen definiert. Es schien mir ein extremer und singulärer Fall zu sein. Doch je mehr ich mich mit dieser Welt, die so gar nicht die meine ist, befasste, desto deutlicher wurde mir, dass diese Geschichte keineswegs ein Einzelfall ist. Die junge Frau schien sich gar nicht zu fragen, ob dieser Kreis, an den sie sich gewöhnt hatte, es wert war, ihre Würde zu opfern. Der Lebensstandard als Basis der Gemeinschaft und Freundschaft hatte sich eine derart beherrschende Rolle in ihrem Dasein erobert, dass er den Gedanken an andere Bindemittel wie Geistesverwandtschaft, Mitgefühl, freundschaftliche Verbundenheit oder gar Liebe verdrängt hatte. Darin aber ist ihr jeder ähnlich, der, nur um einen bestimmten Lebensstil finanzieren zu können, eine Partnerschaft, eine Ehe eingeht, ohne wirklich zu lieben oder auch nur tiefergehende Zuneigung zu empfinden.

Auch das ist eine Form der Prostitution, die Beweggründe gleichen sich, und die Konsequenzen ebenfalls. In eine Situation zu geraten, in der sich Bedürfnisse so sehr verselbständigen, dass sie zunehmend unfrei machen, ist auch auf weniger hohem Kostenniveau möglich, der Mechanismus bleibt sich jedoch gleich – Bedürfnisfallen werden überall aufgestellt, hineinzugeraten ist leicht, herauszukommen mühsam.

Niemand arbeitet so hart für sein Geld wie der, der es geheiratet hat.«
Kim Hubbard

Seit Jahrzehnten erfreuen sich In- und Out-Listen großer Beliebt-
heit, oder Kolumnen, die neben einem geglückten Styling ein
missglücktes mit ganz ähnlichem Outfit zeigen. Ein längst nicht
mehr wegzudenkendes Vokabular verrät, wie stark wir geneigt
sind, Besitz und soziale Wichtigkeit gleichzusetzen. Es geht nicht
allein darum, wie viel jemand hat, sondern dass er das Richtige
hat. »Trendy«, »hype«, »ultimativ«, »angesagt«, »hip« sind Wörter, in denen sich die Vorstellung ausdrückt, der Besitz von bestimmten aktuellen Konsumgütern steigere die Gegenwärtigkeit
und damit die Bedeutung einer Person in ihrem Umfeld und innerhalb einer Hierarchie. »Dabei sein ist alles«, lautet die Formel,
die sich hinter sehr vielen Werbekampagnen verbirgt. Besitz wird
damit als Indiz für Lebenskompetenz verkauft. Das Heimtücki-
sche daran: Wer sich dadurch definiert, die allerneuesten Trends
zu kennen, immer an der vordersten Front zu sein, ob es um
Mode oder Software, um Mobiltelefone oder Automodelle geht,
muss befürchten, mit einem Nachlassen an Neuigkeits- und Kauf-
hunger für die anderen uninteressant zu werden.

Von Patienten, die noch studieren, höre ich sehr oft, dass sie sich
abrackern, um neben den Vorlesungen und Seminaren Geld zu
verdienen. Sie arbeiten am Wochenende in Kneipen oder jobben
halbtags in einer Boutique, damit sie sich nachts in den angesag-
ten Markenklamotten im Club zeigen können.

Der Einwand, der dagegen bei Buddha, Franziskus oder Wittgenstein vorgebracht werden könnte, lautet: Wer alles hat, tut sich
leichter, Verzicht zu üben, weil er den Geschmack des Luxus ja
bereits auf der Zunge hatte. Aber warum sollte ein Leben in einfachen Verhältnissen sich nur dann besser »anfühlen«, wenn ich
zuvor im Überfluss gelebt habe? Es ist nicht nötig, so viel zu besitzen, dass erst der Überdruss daran die Bedürfnislosigkeit erstre-

benswert erscheinen lässt und den Verzicht auf Reichtum als eine Befreiung.

Manchen mag es davon abhalten, sich mit dem Thema Bedürfnislosigkeit zu befassen, weil es nicht lebbar scheint in einem normalen Alltag. So wie offenbar auch Kloster nur auf kurze Zeit, als Sabbatical, mit der bürgerlichen Existenz zu vereinbaren ist. Doch es gibt nicht nur die absolute Bedürfnislosigkeit, es gibt eine moderate Variante, die keineswegs den franziskanischen Verzicht auf alles einfordert und ein bettelmönchisches Dasein. Es hilft bereits, über die Reduktion von Besitz nachzudenken. In jedem Haushalt gibt es Konsumgüter, die nicht wirklich gebraucht werden, die die gewohnten Verrichtungen nicht grundlegend erleichtern und die Lebensqualität nicht verbessern. Technische Geräte in Küche und Bastelkeller, Sportgeräte, Einrichtungsgegenstände, Bekleidung, sonstige Requisiten, Unterhaltungselektronik.

Damit soll Eltern mit Kindern nicht eingeredet werden, auf Waschmaschine und Spülmaschine zu verzichten, doch zum Beispiel auf den Fernseher. Und sei es nur auf Probe, bis sie erkennen, was sie dadurch hinzugewinnen an Zeit füreinander, an Interessen, an Freundschaften, an Intensität. Wer es einmal versucht, sich Filme nur im Kino anzusehen – für einen Großstädter freilich eine einfachere Übung als für jemanden, der auf dem Land wohnt –, stellt zudem erstaunt fest, wie viel besser sich Inhalte, Bilder und sogar Namen von Regisseuren und Schauspielern einprägen, weil sie nun bewusst wahrgenommen werden und nicht nur vorbeifließen. Auch sich den Film auf DVD anzusehen und wenn er zu Ende ist, das Gerät abzuschalten, statt weiter in TV-Programmen herumzuzappen, macht bewusster und dient der Ökonomie der Aufmerksamkeit.

Die Freiwilligkeit macht den Verzicht zum Gewinn, das Weniger zu einem Mehr an Freiheit und Lebensfreude. Indem wir aus freien Stücken Gewohntes aufgeben, wird das nicht zum schmerzlichen Abschied; innerlich, mental das Loslassen beizeiten zu üben, verstärkt das Freiheitsgefühl. Das Blickfeld wird dadurch nicht kleiner, der Blick wird geweitet und vor allem geschärft für die Tricks, mit denen wir abhängig gemacht werden. In sämtlichen Moden wechseln sich Opulenz und Purismus ab. Auf breite Schultern folgen schmale, auf weite Mäntel enganliegende, auf Buntes Monochromes, auf glänzende Oberflächen matte, auf voluminöse Frisuren schlichte, auf schnörkelige Objekte gradlinige. Wer einmal angefangen hat, diese Mechanismen zu durchschauen, erspart es sich, das Einfache erst durch einen Überdruss am Zuviel schätzen zu können, und versteht amüsiert, wie das Geschäft mit dem Limitierten funktioniert.

Hamburger Hafenarbeiter ließen noch im 19. Jahrhundert vertraglich festlegen, dass ihnen nicht mehr als zweimal die Woche Kaviar verabreicht werden durfte, und Bismarck erklärte, wäre der Hering so teuer wie Lachs, dann gelte er als die größte Delikatesse. Auf den Geschmack am Einfachen zu kommen, die Genussmöglichkeiten und den Reichtum des vermeintlich Armen selber zu entdecken, ist lustvoll. Warum mussten die Möbel der Shaker erst von Interieur-Magazinen gefeiert werden, bis wir den Reiz der absolut schmucklosen Zweckform wiederentdeckten?

Es scheint uns selbstverständlich, dass ein vielfältiges Angebot besser ist als eines, das keine Alternativen kennt. In alten DDR-Zeiten kursierten Witze wie:

»Ich hätte gerne eine Unterhose, Größe 6«, sagt der Kunde im Kaufhaus.

»Tut mir leid. Hier gibt es keine Unterhemden, keine Unterhosen gibt es da drüben.«

Ein mit Verächtlichkeit getränktes Mitleid ist da jedoch nicht immer angebracht. Einzelne Schicksale belegen, dass die größere Auswahl keineswegs das Gefühl einer größeren Freiheit bedeutet, sondern innerlich unfrei machen kann.

Anatoli Schtscharanski, einer der bekanntesten Regimekritiker der UdSSR, hatte dort mehr als zwanzig Jahre in Gefängnissen und Gulags verbracht, bis er endlich, bis auf die Knochen abgemagert, im Austausch gegen einen sowjetischen Agenten nach Israel ausreisen durfte. Er war überglücklich, nach vielen Jahren der Trennung seine Frau Avital wiederzusehen, sagen und schreiben zu dürfen, was er wollte. Trotzdem wurde er depressiv. Das mussten alle Journalisten feststellen, die nach seiner Freilassung mit Schtscharanski redeten. Er erklärte auch, was ihn so nach unten zog: das Überangebot an Waren im Regal. Neunundzwanzig Joghurtsorten überforderten ihn. Wozu, fragte er sich, den Menschen Kraft und Zeit stehlen, um in einer so unwesentlichen Frage zu entscheiden? »Was viele unter Freiheit verstehen …«, wunderte er sich, »ich begreife beispielsweise nicht, was die Amerikaner mit diesen verschiedenen Sorten Cornflakes machen. Sie haben Myriaden von Möglichkeiten, auszuwählen, und damit verbringen sie ihr Leben.«

Seine Bedürfnisse einzuschränken bedeutet einen enormen Gewinn an Zeit. Wer in ein kleines Elektrogeschäft in seiner Nachbarschaft geht, um ein neues Bügeleisen zu kaufen, zahlt möglicherweise ein paar Euro mehr, bekommt aber unter Umständen eine Stunde Einkaufszeit geschenkt und spart sich zudem, von all den Sonderangeboten abgelenkt zu werden, die in den großen Shoppingzentren auf dem Weg zum Bügeleisen (»da hinten an der Wand, letztes Regal«) den Käufer zu Anschaffungen verlocken, die er überhaupt nicht tätigen wollte.

Zeitgemäß gelebte Bedürfnislosigkeit meint auch, Abschied zu nehmen vom Schnäppchendenken. Es ist erwiesen, dass nichts mehr zum Kaufrausch verführt als reduzierte Ware, weil der Kunde meint, einen Vorteil herauszuschlagen. Doch was wir berauscht unternehmen, erweist sich im nüchternen Zustand oft als falsch.

Und ernüchtert blicken wir dann in den Kleiderschrank und seufzen: zu viel. Zu viel lähmt die Beweglichkeit. Zu viel Gewicht die körperliche, zu viel Besitz die geistige, zu viel gekaufter Stil die Phantasie.

Mit dem Machtstreben verhält es sich ähnlich wie mit dem Besitzstreben. Es setzt uns auf die Autobahn, denn es geht ja darum, schnell möglichst weit oben anzukommen. Wir sehen also nicht rechts und links, ignorieren Landstraßen und Feldwege, die Schönheit des Alltäglichen. Wer nach Macht jagt, kann nicht nach Sinn suchen. Doch davon Abschied zu nehmen fällt uns so schwer wie der Verzicht auf Besitz, wenn wir uns vor dem entstehenden Vakuum fürchten. Diese Furcht ist aber zu überwinden, indem wir gleich zu Beginn einen Schalter umlegen: Das Umdenken beginnt damit, dort, wo etwas nicht vorhanden ist, keine Lücke zu sehen, sondern einen Freiraum.

Praktische Übungen zur Bedürfnislosigkeit

- Probieren Sie aus, was Sie weglassen können. Pauschale Empfehlungen kann es da nicht geben, bei jedem ist es etwas anderes, worauf er verzichten kann: auf das Auto, wer mitten in der Stadt wohnt. Auf den Fernseher, wer gerne liest, viele Freunde hat und das kulturelle Angebot nutzt. Auf die Mikrowelle, wer das Kochen als Kunst und Meditationsübung entdeckt. Auf den Eierkocher, wer gelernt hat, dass kühlschrankkalte Eier und solche mit brauner Schale nun mal länger brauchen als zimmerwarme und weiße. Auf den Reiskochtopf, wer sich einmal erklären lässt, wie man Reis in China seit mehreren tausend Jahren ohne Reiskochtopf richtig kocht.

- Stellen Sie fest, wie viele Anschaffungen dem Selbstbetrug dienen und Ihre Faulheit bemänteln. Sie brauchen es ja niemand anderem zu sagen. Das Laufband gibt Ihnen das Gefühl, sportlicher zu sein und das Elektrostimulationsgerät die Illusion, jederzeit etwas für mehr Muskeln tun zu können; genutzt wird beides so gut wie nie. Wozu auch, wenn es nicht weit zum nächsten Park ist und eine Gymnastikmatte für jedes Muskeltraining ausreicht.

- In dem Begriff des *fashion victim* verbirgt sich sehr viel Wahrheit. Wer trendhörig ist, wird zum Opfer und entkommt der Konsumfalle nur schwer. Konsum kostet außerdem Zeit. Versuchen Sie gerade dann, wenn zu Schlussverkaufszeiten, im Frühjahr oder vor Weihnachten viele dem Kaufrausch verfallen, gar nichts anderes einzukaufen als das, was zum Leben unbedingt nötig ist.

- Es ist ja schön, für Abonnements mit Prämien belohnt zu werden, aber wie viele der abonnierten Mitgliedschaften, Zeitschriften und Zeitungen nutzen Sie wirklich?

- Vergegenwärtigen Sie sich täglich, dass alles, was Ihnen vermeintlich gehört, nur gestundet ist. Auch das, was Sie vermeintlich verloren haben durch Unachtsamkeit, Diebstahl, einen Unfall oder einen Börsencrash haben Sie nicht verloren, nur zurückgegeben.

- Inszenieren Sie Feste selbst, anstatt mit einem teuren Partyservice. Feste der Phantasie sind meistens phantastisch. In den *Maghrebinischen Geschichten* Gregor von Rezzoris fragt einer den anderen: »Warum sind die Feste der Leute aus Tschiklikümli so viel fröhlicher als jene der Leute von Tzigara-Samurkasch?« »Weil die Leute von Tschiklikümli«, sagt der andere, »ärmer sind.«

- Wunschlos glücklich ist nicht derjenige, dem alle Wünsche erfüllt wurden, sondern der, der sich nichts mehr wünscht: Napoleon ließ sich einst drei hochdekorierte Soldaten vorstellen. Einer war gebürtiger Pole, einer gebürtiger Deutscher, einer war Jude. Jeder durfte einen Wunsch äußern. »Ich wünsche mir ein freies Polen«, sagte der Pole. »Du wirst es bekommen«, sagte der Kaiser. »Meine Brauerei ist zerstört«, sagte der Deutsche. »Ich will sie wiederhaben.« »Sie wird dir aufgebaut«, sagte der Kaiser. »Ich möchte eine Portion marinierte Heringe«, sagte der Jude. »Sie wird dir gebracht«, sagte der Kaiser. Der Pole und der Deutsche lachten den Juden aus. »Dummkopf. Da wünschst du dir Heringe, wo dir alles offenstand.« »Dumm seid ihr«, sagte der Jude. »Du wirst dein freies Polen nicht bekommen und du genauso wenig deine Brauerei. Aber meine Heringe bekomme ich vielleicht.«

- Es ist eine leichte Übung, jedem Hobbykoch, Heimwerker, Sportsfreund oder Freizeitgärtner jeden Geschlechts oder Alters einzureden, mehr Geräte gewährleisteten mehr Freude an der Tätigkeit, und durch neuere und teurere Ausrüstung kämen bessere Ergebnisse zustande. Der Ausstattungswahn, dem, ich gebe es zu, Männer noch freudiger erliegen als Frauen, verselbständigt sich oft, und irgendwann ist zwar die Hardware nicht mehr zu übertreffen, aber an der Software, der Lust, dem Willen, der Geschicklichkeit und Beweglichkeit hapert es.

- Viele Eltern vermehren ihren Besitz, weil sie es als ihre Pflicht betrachten, den Kindern etwas zu hinterlassen, damit sie es einmal leichter haben. Die meisten hoffen wohl auch, die Kinder dadurch an sich zu binden. Nachweislich funktioniert beides nicht. Eher schon trifft folgende Regel zu: Die Großeltern erwirtschaften das Vermögen, die Eltern machen Karriere und vermehren es, die Enkel verzichten auf Karriere und verbrauchen es.

- Stillleben des 16. bis 18. Jahrhunderts zeigen uns, dass es früher in gebildeten Kreisen üblich war, sich eine Sanduhr auf den Schreibtisch zu stellen oder einen Totenschädel hinzulegen, um an das Sterben gemahnt zu werden. Doch Sie müssen niemanden mit derartigen Dekorationen verwirren, die sich auch neben einem Laptop weniger passend ausnehmen als neben ledergebundenen Folianten. Es genügt, sich bei jeder Kaufentscheidung zu sagen: »Das Leben ist endlich.« Sie werden bald mehr Geld für Ihr Gemüse und weniger für Ihre Autoausstattung ausgeben und

Ihrem Partner statt Uhr oder Schmuck eine gemeinsame Reise schenken.

- Erkennen Sie, wie viele Dinge Sie anderer Leute wegen anschaffen – und nicht, weil Sie selbst es wollen. Wenn Sie ohne eine bestimmte Automarke in ihrem Clan unten durch sind, dann stimmt etwas nicht mit dem Clan. Und wenn Sie von Nachbarn geächtet werden, weil Sie nicht Golf spielen, sollten Sie umziehen.

- Bedürfnislosigkeit befreit von einem der quälendsten und verheerendsten Gefühle: vom Neid, von der Missgunst. Neider schaden sich selbst, nicht dem Beneideten. Basilius der Große, Bischof und Kirchenlehrer, sagte, der eigene Charakter fresse sie auf wie Rost das Eisen. Es gibt nichts, was dem Neid Einhalt gebietet, denn es wird immer Menschen geben, die von irgendetwas mehr haben als wir selber, sei es Geld oder Ruhm, Erfolg oder Beziehungen. Ein Neider will dasselbe haben wie sein Nachbar, oder er will nicht, dass der Nachbar mehr hat, als er selbst. Beides steht dem Glück im Wege. Tiere kennen Neid nur, wenn ihr Hunger oder ihr sexueller Trieb nicht befriedigt ist; zwei satte, sexuell versorgte Tiere aber kennen keinen Neid. Es genügt ihnen, sich wohl zu fühlen. Und Selbstgenügsamkeit ist eines der vielen Geschenke, die wir erhalten, wenn wir uns von zu vielen Bedürfnissen befreien.

- Auch Machtbedürfnislosigkeit ist befreiend. Ich meine damit aber nur die Macht *über* jemanden oder *über* etwas, ob es Angestellte sind oder ein Unternehmen oder einfach nur die Entscheidung, welches Programm im Fernseher läuft. Gut tut die Macht zu etwas, die Macht zu denken oder zu lieben, zu schaffen oder zu empfinden. Wer über sie verfügt, kann auf Erstere verzichten. Doch nur wenn einem der Abschied von der Macht leichtfällt, ist es einer für immer. Wer keine von ihm Abhängigen hat, gewinnt selbst an Unabhängigkeit.

Die Stille und das Schweigen

Festspielzeit in Salzburg. Keiner ist der Stille wegen gekommen. Viele Besucher gönnen sich morgens eine Matinee im Mozarteum oder in einer der Kirchen, nachmittags eine Oper und abends gehen sie dann noch ins Theater. Und doch sind da einige, die sich kurz vor Beginn der Abenddämmerung auf den Weg machen zum Mönchsberg, die einen mit dem Lift, die anderen zu Fuß. Das Museum dort oben hat bereits geschlossen. Essen im Restaurant mit Aussicht wollen sie auch nicht. Sie gehen hinauf zu dem etwa 10 Meter hohen Turm vor dem Gebäude, errichtet aus Nagelfluh, dem Gestein des Mönchbergs, um sich in seinem Innern auf die rundumlaufende Bank zu setzen, nach oben zu schauen, zu schweigen und zu warten. Der Turm ist oben offen. Das Himmelsoval, das dadurch sichtbar wird, erscheint gerahmt wie ein Gemälde und eben das macht seine Schönheit bewusst. Und wer darunter auf der Bank sitzt, still, geduldig und abwartend, erlebt, wie das Dunkelwerden zum Ereignis wird und der nackte Turm zu einem Andachtsraum.

Turell-Turm heißt dieses Kunstwerk nach seinem Erfinder. Von Kind an hat das Licht James Turell, 1943 in Los Angeles geboren, fasziniert. Um es von allen Seiten zu verstehen, studierte er Kunstgeschichte, Psychologie und Mathematik, und um den Himmel räumlich zu erkunden, hat er sich zudem als Pilot ausbilden lassen. Der Himmel ist Zentrum und Medium seines Werks, das sich in der Stille offenbart. Konzentriert, als sähen sie einen sensationellen Film, sitzen die Menschen da und sehen der Morgendämmerung oder der Abenddämmerung zu, ob im schweizerischen Zuoz, wo sich das Hotel Castell für seine verwöhnte Klientel solch einen Rundbau geleistet hat, oder in der Wüste bei Arizona. Dort befindet sich das größte und bedeutendste von Turells Lichtkunstwerken, der Roden Crater, Kegelstumpf eines erloschenen Vulkans, den Turell aushöhlen ließ und durch dessen Auge die Besucher in den Himmel blicken. Auch an diesem Wallfahrtsort am Rande der Welt werden Menschen, die aus der lärmenden Betriebsamkeit kommen, in der Schule des Sehens ruhig. Jeder weiß, dass er sich Zeit lassen muss, um das Mystische dieser Erfahrung in sich aufzunehmen.

Was Stille kostbar und heilsam macht

Wer immer Roden Crater verlässt, ist von dem Gefühl erfüllt, sein Leben habe sich geändert, denn er hat ohne Erklärungen verstanden: Stille ist nicht allein das Nichtvorhandensein von Lärm. Stille meint ein Schweigen, das Augen und Ohren öffnet für das sonst nicht Wahrgenommene. Stille erleben heißt Nuancen sehen, hören, spüren, die einem sonst entgehen. Auf den Himmelsausschnitt blickend, vernehmen die Turell-Besucher in der Morgen- oder Abenddämmerung Geräusche, die fast keine sind: das eines vom Ast taumelnden Blattes oder herabfallender Schneeflocken. »Stille ist die größte Offenbarung«, steht bei Lao-Tse. Und die scheinen die Menschen vermehrt zu suchen, weil ihre Alltagswelt die Stille weitgehend unmöglich macht. Heute, wo es technisch möglich wäre, fast jedes Gerät, fast jede Maschine lautlos oder zumindest leise funktionieren zu lassen, gibt fast jedes, vom Laptop bis zum Kühlschrank, Geräusche von sich, Warntöne, Klingeltöne, Eröffnungs- und Abschlusstöne. Und einem Sportwagen wie dem Porsche verpasst ein darauf spezialisierter Toningenieur im Nachhinein den dröhnenden, als sexy empfundenen typischen Motorensound. Geräusche gegen den Horror Vacui, Geräusche, um die leere Seite am Bildschirm auszuhalten oder die Leere in uns selbst. Dabei wissen wir um die Schäden, die dauernde Geräuschberieselung anrichtet, denn bereits in der Welt der Kinder ist Stille selten. Vom ersten Atemzug an sind sie einer dauernden Geräuschkulisse ausgesetzt. Darin vermuteten Hirnforscher den Grund dafür, dass in den letzten Jahrzehnten die Zahl der Kinder, die in ihrer Sprachentwicklung gestört sind, stetig zugenommen hat.

Schon 2003 gelang es Edward Chang und Michael Merzenich von der University of California in San Francisco, hier einen Zusammenhang nachzuweisen. Bei Tieren zwar, doch es sieht so aus, als sei das Ergebnis durchaus auf menschliche Verhältnisse zu übertragen.

Chang und Merzenich setzten neugeborene Ratten einige Monate lang dem sogenannten weißen Rauschen aus, einem gleichförmigen, leisen, aber unablässigen Geräusch. Es waren danach zwar keine direkten Schäden am Gehör der Ratten zu erkennen, aber der Reifungsprozess der zugehörigen Hirnrinde hatte sich deutlich verlangsamt. Üblicherweise schließen sich während des ersten Lebensmonats dort Nervenzellen, die bei der Geburt noch ungeordnet sind, zu Neuronenverbänden zusammen. Dann erst können sie auf bestimmte Frequenzen und Lautmuster gezielt reagieren. Jene Ratten, die dem weißen Rauschen ausgesetzt worden waren, konnten noch drei Monate nach der Geburt nicht differenzieren, was sie hörten, also Töne und Geräusche nicht erfassen und wiedererkennen, denn in ihrem Hörzentrum, dem auditiven Kortex, hatten nachweislich keinerlei Strukturierungsprozesse stattgefunden.

»Babys lernen sprechen«, sagt Chang, »indem sie die Laute der gesprochenen Sprache hören.« Werden diese aber dauernd durch Hintergrundgeräusche überlagert, kann sich das Hörverständnis nicht entwickeln. Wurde im Tierversuch die Beschallung beendet, holte jedoch das Hörzentrum rasch die Entwicklung nach.

Das erstaunte – und weckte Hoffnungen, denn bis dahin war davon ausgegangen worden, der auditive Kortex könne sich nur innerhalb einer engbegrenzten Zeit entwickeln. Wenn dem nicht so ist, könnten sich frühe Störungen der kindlichen Sprachentwicklung auch etwas später noch durch gezielte Übungen beheben lassen.

> *Z*wei Jahre braucht der Mensch, um das Sprechen,
> ein Leben lang, um das Schweigen zu lernen.«
> *Ernest Hemingway*

Warum aber nicht von vornherein im Namen der Verantwortung Kindern die Stille zeigen und nicht jedes neue Mittel, sich zu berieseln, erlauben? Denn nicht nur Erwachsene sehnen sich nach Schweigen, nach Stille, wenn sie einmal erlebt haben, sich darin wohl zu fühlen wie in einem weiten, angenehmen Raum.

Allerdings will auch Schweigen geübt sein, denn es ist eine Sprache, die ihre eigene Grammatik hat. Dass wir das Schweigen verlernt, dass wir vergessen haben, wie viele Möglichkeiten zu schweigen es gibt und welche Rolle die Mimik, die Körperhaltung des Schweigenden dabei spielt, wie sein Schweigen aufgenommen wird und wie er es selbst empfindet, hat längst Folgen gezeitigt. Zu den steigenden Scheidungsraten trägt vielleicht auch der Drang, oft sogar Zwang bei, alles auszusprechen.

Warum wir nicht mehr schweigen können

Wir haben uns einreden lassen, es sei ein ungeschriebenes Gesetz, sich selbst verbal mitzuteilen und sich alles mitteilen zu lassen. Bei partnerschaftlichen Problemen wird es als Heilmittel angepriesen, alles miteinander zu bereden, mehr noch, sich gegenüber dem Partner völlig zu entleeren und alles herauszulassen. Das führt weniger in den Beziehungen zum Erfolg als auf dem Ratgebermarkt, denn dankbar kaufen die Enttäuschten dann Bücher, die den Misserfolg stundenlanger Diskussionen mit einem einzigen Satz bequem erklären: »Du kannst mich einfach nicht verstehen.« Beliebt sind auch Pauschalerklärungen wie die, dass es Probleme geben *muss,* wenn Männer beziehungsweise Frauen zu sehr lieben. Ständig werden neue Entschuldigungen dafür geliefert, dass wir aneinander vorbeireden, aber die Diskussionen werden länger, heftiger und unergiebiger. Denn aus lauter Kommunikationszwang geben wir mehr preis, als wir wollten, zerreden Gefühle und reden Gemeinsamkeiten tot. Irgendwann nachts um zwölf kommt dann – nach drei Stunden verbalem Schlagabtausch wie im Bundestag kurz vor der Wahl – genau das auf den Tisch, was sich die Beteiligten nie hatten servieren wollen. Kommunikation dieser Art birgt die Gefahr der Steigerung und führt zur Eskalation, keiner kann mehr aufhören, und das Ganze endet in beiderseitiger Erschöpfung.

Hätten sie beide einmal innegehalten, auf den schrillen Klang ihrer Stimmen, der Schärfe ihrer Worte gelauscht, wäre das Ganze anders verlaufen. Lange, vielsagende Blicke kennen wir nur noch aus Filmen und Romanen. Im Fernsehen dagegen macht Karriere, wer keinen Sekundenbruchteil Stille aufkommen lässt.

Wann Schweigen richtig und weshalb Stille wichtig ist

Es gibt auf eine Frage, die keine echte, sondern nur eine rhetorische ist, die zu indiskret ist, zu intim, zu komplex oder auch instinktlos, weil sie den Befragten in Konflikte bringt, nur eine richtige Antwort: Schweigen. Doch das wagt heute kaum einer. Auch eine Bedenkpause vor der Antwort wird als Zeichen der Schwäche gewertet, der Unterlegenheit oder gar der Unaufrichtigkeit und des schlechten Gewissens. Das Schweigen ist in den Ruch des Verschweigens geraten, seit Transparenz zum allein selig machenden Rezept für eine funktionierende Gemeinschaft im Beruf wie im Privatleben erklärt wurde. Und für die meisten ist das Gegenteil von reden nicht zuhören, sondern warten, bis der andere es hinter sich gebracht hat. Doch wer redet, erfährt nichts. Wer dagegen zuhört, erfährt vieles. Das gilt nicht nur für den menschlichen Umgang, denn wir können ebenso der Natur, dem Meer, dem Wind, dem Regen zuhören oder einfach in uns selbst hineinhören. Das macht aber vielen ebenso Angst, wie ihnen eine Gesprächspause in der sonst temperamentvollen Tischrunde rasch unbehaglich wird. Es scheint vorrangig ein Problem der westlichen Welt zu sein, nicht pausieren zu können, was sich in Wörtern wie »Pausenfüller« offenbart oder im Pausenzeichen, weil sonst jeder sofort meint, das Radio oder der Fernseher sei defekt. Die Pause ist herabgewürdigt worden zum Synonym für Ereignislosigkeit und Formlosigkeit, und Warten ist gerade in Deutschland gleichbedeutend mit Zeitvergeudung.

Der Psychologe Robert Levine schreibt in seinem Buch *Eine Landkarte der Zeit:* »In Nepal und Indien habe ich beobachtet, wie Freunde einander besuchten, um einfach nur dazusitzen und zu schweigen – Besuche, bei denen sich jeder wohl fühlte (außer mir, natürlich). Manchmal dehnte sich das Schweigen über Stunden, bis sich plötzlich, wie durch spontane Verpuffung, eine oft sehr lebhafte und lustige Unterhaltung ›entlud‹. Dann folgte wieder Stille, die vielleicht sogar anhielt, bis es Zeit war, den Besuch zu beenden.«

Etwas Ähnliches habe ich einmal bei einem Besuch in einer Quäkergemeinde kennengelernt, zu dem man mich mühsam überreden musste. Wie offenbar üblich bei ihren Treffen saßen sie in kleineren oder größeren Gruppen still beieinander und warteten ab. Wenn es einen drängte, etwas mitzuteilen, stand er auf. Ob es ein aktuelles Ereignis seines Lebens oder eines andern Schicksal war, eine Geschichte, die diesen Menschen umtrieb, die Lösung eines Problems, die er suchte oder gefunden hatte, ein gelesener Satz, der ihn beeindruckt hatte. Dann setzte er sich wieder und alle ließen das Gesagte schweigend auf sich wirken. Manchmal sehr lange. Erst wenn es einen anderen bewegte, darauf zu reagieren, erhob er sich und sprach. Die Stille verbot wie von selbst Geschwätz und Klatsch, denn sie verlieh den Worten, die in sie hineinfielen, Gewicht. Ich erinnere mich gut, welches Bild vor meinem inneren Auge stand, während ich das erlebte: Es erinnerte mich daran, wie meine Mutter Safran in ein Gericht gegeben hatte und ich zusah, wie dieser rote Klecks ganz allmählich die Umgebung golden färbte wie bei einem Sonnenaufgang.

Stille macht Musik kostbar und Worte auch.

Der Gesang der Nachtigall erscheint uns deshalb besonders schön, schöner als der einer Amsel – was er vielleicht gar nicht ist –, weil er nur in der Stille ertönt. Verdi, der mit den Gefühlen seines Publikums spielen konnte wie auf einer Klaviatur, ließ sich in kaum einer Oper den Effekt entgehen, jemanden aus der Stille heraus singen zu lassen, aus einem Verlies, aus einem Gefängnis, aus einem Grab. Das rührt uns an. Wer dem Klang Raum lässt, um zu wirken, erlebt ihn tiefer. Und dieser Raum ist nichts anderes als Stille. Früher wurde diese Erfahrung in vielen Ritualen genutzt, die dadurch an Intensität gewannen. Doch heute ist es hierzulande nur noch in einigen wenigen katholischen Gemeinden üblich, was früher überall der Brauch war: von Karfreitag an die Kirchenglocken schweigen zu lassen; nur hölzerne Ratschen durften als Zeitsignale verwendet werden. Tiefer als sonst beeindruckte dann das erste Geläute am Ostersonntag.

»Von allen Künsten«, hat der Dichter Giacomo Leopardi gesagt, »ist die Musik am besten geeignet, einen Schmerz einzuschläfern.« Und irgendetwas schmerzt uns immer, der Kopf, der Rücken, die Umstände, die Arbeit oder eine Trennung. Nachdem Supermärkte, Frisiersalons und Boutiquen erfolgreich den Schmerz des Geldausgebens betäubt haben und uns dazu verführen, nicht maßzuhalten, hat mittlerweile auch die schmerzreichste aller Branchen die anästhesierende Wirkung der Musik entdeckt: die medizinische. Selbst provinzielle OP-Säle sind mit einer kleinen Diskothek ausgestattet, und jeder Zahnarzt von Niveau puffert das Surren des Bohrers mit wattigen Klängen ab. Im Lift überlagert ein Rondo Veneziano das Schweigen der Fahrgäste, selbst auf der Zugspitze wird die Stille mittlerweile als so quälend empfunden, dass sie mit mehr oder weniger aktuellen Hits aus Lautsprechern zugedröhnt wird.

Eigentlich wissen wir aus vielen Zusammenhängen, wie wesentlich die Stille ist, in Liedern wird »Abendstille überall«, in Gedichten die »Waldesstille« romantisch beschworen, aber unsere Redensarten verraten bereits, wie oft wir die Stille nicht positiv empfinden. Da ist die Rede von »bedrückender Stille«, von »Grabesstille«, von »Totenstille« oder davon, dass es »still um jemanden geworden ist«, was heißt, dass er nicht mehr gefragt ist. Die Stillen im Lande gelten zwar als edel, aber wenig erfolgsbegabt, und ein stilles Örtchen ist nichts Feines. Ein stillgelegter Betrieb ist gestorben, stillgelegte Geleise sind nutzlos, Stillstand, ob es der eines Motors oder des ganzen Verkehrs ist, verärgert meistens, und geistiger Stillstand ist der Anfang vom Ende. Jene Stille meint aber das Erstarren, das Absterben, das Leblose – doch warum fürchten wir uns anscheinend grundsätzlich vor der Stille?

Woher unsere Angst vor der Stille kommt

Wenn wir Stille als angenehm, sogar als wohltuend empfinden, ist das eine Stille, die lebt und wirkt. Das hat fast immer mit der Atmosphäre zu tun, auch mit der des Ortes. Stille in einer schönen

Landschaft bedrängt keinen, die Stille in einem vollen Lift fast jeden. In jeder Art von Stille jedoch geschieht es, dass unsere Gedanken kommen und ihren eigenen Weg wählen. Stille lässt Assoziationen zu. Das ist der Grund, warum wir sie fürchten, das ist der Grund, warum wir sie suchen. Wer sie sucht, will mit sich selbst in einen Dialog treten. Wir reden zwar gern von unserer inneren Stimme, geben ihr aber selten Gelegenheit, auch gehört zu werden. In der indischen Yoga-Tradition ist das Schweigen nicht nur der asketische Verzicht auf die menschlichste Ausdrucksform, die Sprache, sondern es wird vom Nach-innen-Lauschen ergänzt. Wer schweigt, bewahrt seine Lebenskraft, Schweigen bejaht, und der Guru gibt seinem Schüler die Bereitschaft, ihn zu unterrichten, durch Schweigen kund. Auch Buddha hatte den Titel eines *muni,* eines Schweigers. Sakrale Räume sind dafür gebaut worden, ob Tempel, Synagogen, Kirchen oder Moscheen. Doch vermehrt suchen Menschen jenseits religiöser Bekenntnisse einen Raum, in dem die Stille sich entfalten kann, in dem das Schweigen leichtfällt. Und es gibt Kundige, die sich genau damit befassen.

Sabine Kraft hat eine Ausbildung absolviert, die ins Schwarze elterlicher Sorge trifft, weil sie wenig Chancen auf einen gesicherten Arbeitsplatz verheißt: In Marburg, Kassel und Harvard/USA hat die heute 45-Jährige Kunstgeschichte und Architektur studiert. Doch sie ist ausgebucht mit Aufträgen weltweit. Warum, habe ich mitten in Berlin erlebt.

Es war ein ganz normaler Sonntagnachmittag im Mai, die Stadt voller Touristen und laut, speziell hier, am Brandenburger Tor. Motorenlärm, Bremsgeräusche, Fahrradgeklingel, Handygeklingel, Hupen, Gelächter, Rufe von Leuten, die einander aus den Augen verloren haben. Eines der beiden kleinen Torhäuser, die das Brandenburger Tor flankieren, ist mit zwei dicken Rauchglastüren verschlossen. Als mir die zweite geöffnet wird, sagt die junge Frau an der Tür lächelnd: »Genießen Sie es.«

Was soll ich hier denn schon genießen? Sicher keine ästhetischen Überraschungen. Durch helle Vorhänge dringt das Tageslicht gedämpft ein, ein paar nackte Stühle stehen bereit, neben dem Eingang hängt ein abstrakter Wandteppich, auf dem Boden liegt ein großer Stein. Keine religiösen Gegenstände, keine Symbole. Ich setze mich hin und erlebe mitten in der Stadt die Stille. Sonst nichts.

Sonst nichts?

Sabine Kraft hat solche Räume in Einkaufszentren und Krankenhäusern, an Flughäfen und in Universitäten eingerichtet. Geboren hat die Idee nicht sie: Schon vor einem halben Jahrhundert ließ Dag Hammarskjöld, damals UN-Generalsekretär, mitten in der internationalen Geschäftigkeit, im Hauptquartier der UNO in New York, einen Raum der Stille installieren, in dem die Gejagten zur Ruhe, die besinnungslos Aktiven zur Besinnung kommen. Auch dort keine Spuren von konfessionellen Bekenntnissen, nur ein Block aus Eisenerz und ein abstraktes Wandgemälde. Sabine Kraft hat diese Grundidee wesentlich weiterentwickelt. Sie unterteilt »Räume der Stille« in fünf Gruppen, die sich in manchem überschneiden: die christlichen Kapellen oder Kirchen, multireligiöse Räume, die auch Symbole anderer Religionen aufnehmen, multifunktionale Räume, die auf jede religiöse Festlegung verzichten und sich allein auf ihre meditative Würde verlassen, die aber ab und an für religiöse Zusammenkünfte genutzt werden können, und holistische Räume der Stille, die wie jener in der UNO den Rückzug mitten im lärmenden Tagesgeschäft ermöglichen und zur Regeneration einladen.

Was Zeitempfinden mit Stille zu tun hat

Sich der Zeit gewahr werden: Das wollen diese Räume ermöglichen und verzichten deswegen auf ästhetische Reize, denn deren

Übermaß ist ebenfalls laut. Ob wir in Eschede, dem Ort des tragischen Eisenbahnunglücks, die Betonkapelle im »Haus der Stille« betreten, nach Plänen von Peter Kulka errichtet, oder eben eines der Torhäuschen in Berlin, das Sabine Kraft installiert hat: Wer Stille erlebt, hat das Gefühl, der Welt beim Atemholen zuzuhören. Er erlebt, wie sich die Zeit dehnt. Das entspricht dem, was wir über das Phänomen subjektiver Zeitwahrnehmung aus eigener Erfahrung wissen. Dass wir im Urlaub nach drei Tagen meinen, schon eine ganze Woche hinter uns zu haben, im Alltagstrott aber oft das Gefühl haben, die Zeit zerrinne uns zwischen den Fingern, scheint leicht erklärbar: In angenehmen, ereignisreichen Stunden passiert so viel, dass die Zeitstrecke hinterher ausgedehnter erscheint als eine gleich lange, ereignislose, leere Zeit. »Am Anfang haben wir ganz langsam gewartet«, heißt das bei Karl Valentin, »dann haben wir immer schneller gewartet.« In jedem Sprachführer steht vorn, in der Abteilung »Im Restaurant«, der Satz »Was können Sie uns sofort servieren?« Wenn sie aufs Essen warten, dehnt sich die Zeit für die meisten Menschen ins Unerträgliche, jedoch nur, weil für sie in dieser Zeit nichts geschieht. Wer bewusst die Düfte aus der Küche einatmet, die Geräusche von dort wahrnimmt, in sich selbst die wachsende Neugier beobachtet, welcher der Küchendüfte wohl zum eigenen Gericht gehört, und freudig registriert, was den Gästen ringsum kredenzt wird, erlebt die Wartezeit als Steigerung des Genusses.

Weit verbreitet ist auch die Überzeugung, es sei vor allem eine Frage des Alters und der nachlassenden körperlichen und geistigen Kräfte, wenn wir uns einbilden, die Zeit vergehe immer schneller. Im Jahr 2001 publizierten die Mathematiker F. Thomas Bruss und Ludger Rüschendorf ein Modell, das dieser Vorstellung widerspricht. Sie denken sich eine große Anzahl von Kästchen, die den verschiedenen potenziellen Ereignissen unseres Lebens entsprechen. In ein Kästchen wird nun immer dann eine Kugel gelegt, wenn das jeweilige Ereignis eintritt. Die genaue Zahl der Kästchen ist unbekannt, denn wir wissen nicht, wie lange wir leben werden und was uns das Leben noch bringen wird. In manche Kästchen werden im Laufe der Zeit viele Kugeln fallen, beispielsweise wenn sie alltäglichen, wiederholten Ereignissen entsprechen wie Zähneputzen oder Duschen; leere Kästchen stehen für das bisher noch nicht Erlebte. Wenn irgendwann nur noch ein Kästchen leer ist, würde das heißen, dass die einzige Neuigkeit, die uns das Leben noch bringen kann, der Tod ist; vorher passiert nichts mehr, was wir nicht schon kennen. Die objektiv verstrichene Zeit ist nun nach Bruss und Rüschendorf – in grober Näherung – proportional der Anzahl der bereits gefallenen Kugeln, aber das subjektive Zeitgefühl ist proportional der Anzahl neubelegter Kästchen. Nicht zunehmendes Alter wäre dann primär schuld daran, dass uns die Zeit davonzurennen scheint, sondern der Alltagstrott und die Macht der Gewohnheit, die uns daran hindern, neue Kästchen anzulegen, unser Erlebnisfeld zu erweitern. Wer sich immer neue Interessensgebiete erschließt, neue Menschen kennenlernt, sich neuen Erfahrungen öffnet, kann eben dadurch in jedem Alter sein Zeiterleben beeinflussen und sein Lebensgefühl wieder verdichten.

In seinem Roman *Der Zauberberg* lässt Thomas Mann seinen Helden Hans Castorp über subjektives Zeitempfinden nachdenken: »Über das Wesen der Langeweile sind vielfach irrige Vorstellungen verbreitet. Man glaubt im Ganzen [sic], dass Interessantheit und Neuheit des Gehalts die Zeit vertreibe, das heißt: verkürze, während Monotonie und Leere ihren Gang beschwere und hemme. Das ist nicht unbedingt zutreffend. Leere und Monotonie mögen zwar den Augenblick oder die Stunde dehnen, aber die großen und größten Zeitmassen verkürzen und verflüchtigen sie sogar bis zur Nichtigkeit. (...) Bei völliger Einförmigkeit würde das Leben als ganz kurz erlebt werden.«

Stille aber muss nicht einförmig sein, sie kann es nicht einmal. Jede Stille ist anders, und die absolute Stille gibt es nicht. Ein buddhistischer Mönch, der in Kontakt mit Wissenschaftlern gekommen war und unbedingt einmal in einem völlig schallisolierten Raum eingeschlossen werden wollte, hörte das gewaltige Rauschen seines Blutkreislaufes, wie wir es etwas leiser gedreht aus der Kindheit kennen, als wir eine Muschel ans Ohr hielten und glaubten, wir vernähmen das Meer.

Stille und Schweigen sind immer so reich wie der Mensch, der sie erlebt. Und reich meint in diesem Fall nicht prall gefüllt, sondern reich an Erfahrungen. Sergiu Celibidache, der Eigenbrötler unter den Dirigenten, liebte das Schweigen und zelebrierte die Stille. Vor jedem Konzert meditierte er, um innerlich ganz frei zu werden, und erklärte, von der Intensität, mit der er diese Freiheit erlebe, hänge die Qualität dessen ab, was er hinterdrein zu bieten vermochte.

Schweigen ist Stille, nie Leere, es ist Klarheit, nie Farblosigkeit, es ist Rhythmus, wie ein gesunder Herzschlag; es ist Fundament allen Denkens und damit das, auf dem jedes Schöpferische von Wert beruht.«
Yehudi Menuhin

Nur, wenn sie aus der Stille kommt, kann Musik die metaphysische Magie entfalten, die uns anrührt. Nur dann ist sie ein Schöpfungsakt, wie der Dirigent Daniel Barenboim es beschrieben hat. Wer die späte Einspielung der Schubertsonaten von Alfred Brendel hört, erkennt, welche Kunst es ist, den Pausen Bedeutung zu verleihen. Weil das Publikum nicht imstande war, vollständig zur Ruhe zu kommen, brach Brendel einmal sein Spiel abrupt ab. »Stille«, sagte er, »ist die Grundlage der Musik.«

Schweigen zu können ist auch die Voraussetzung für ein gutes Gespräch. Und das Schweigen, die Stille wird nur positiv empfinden, wer keine Angst hat, dort sich selber zu begegnen.

Ich gebe zu, das hört sich anstrengend an, und in der Pubertät wäre es mir selber abwegig erschienen. Zurück aus der Schule, ging ich auf direktem Weg in mein Zimmer und stellte sofort Musik an, dann ging ich zur Tür und machte sie zu. Doch Stille angenehm zu empfinden ist eigentlich jedem von uns möglich, wenn wir zuvor von Lärm gepeinigt worden sind. Wer sich im Urlaub mitten in Rom überfordert fühlt vom Lärm der Mopeds und der Busse, der Autohupen und der lauten Diskussionen auf der Straße und sich zurückzieht in eine Kirche, erlebt die Stille beruhigend und besänftigend. Wer wider Willen zugedröhnt wurde von Musik in Überlautstärke, atmet auf, wenn es still wird. Wobei es ja die völlige Lautlosigkeit nicht gibt; in einem perfekt schallisolierten Raum hört jeder Mensch sich selbst, wie der schon erwähnte Mönch und wie durch die ans Ohr gehaltene Muschel. Sich selbst wahrzunehmen im übertragenen Sinn ist ein wesentliches Erlebnis in der Stille.

Wer den Film *Die große Stille* gesehen oder ein aufgelassenes Kartäuserkloster besichtigt hat, kennt die Struktur dieser Ordenshäuser; jeder der Mönche bewohnt seinen Mikrokosmos, denn dem Ordensgründer Bruno war es darum gegangen, Einsiedler- und Gemeinschaftsleben miteinander zu verbinden. Jeder arbeitet, isst und liest alleine, auch nicht alle Gebetszeiten werden gemeinsam verrichtet; nur am Sonntag und an hohen Feiertagen wird das Essen gemeinsam im Refektorium eingenommen. Doch dieser räumliche Rückzug ist nicht unbedingt notwendig, um Stille zu erleben. Kaiser Marc Aurel, genannt »der Philosoph auf dem Kaiserthron«, verfasste die tagebuchartigen *Selbstbetrachtungen* (»Wege zu sich selbst«). Da diese Aufzeichnungen nicht für eine Veröffentlichung gedacht waren, rät er darin im Grunde sich selbst, den Wert des

Augenblicks anzuerkennen, wie es bereits die Epikureer gelehrt haben. Den Augenblick bewusst zu erleben bedeutet für sie, sich von der Gleichgültigkeit zu verabschieden; wem alles gleich viel und damit gleich wenig gilt, der lebt am Leben vorbei, befand auch Marc Aurel. Im Gegensatz zu früheren und späteren Berufskollegen auf dem Thron suchte er Regeneration nicht etwa in Bädern, auf luxuriösen Landvillen, in der »splendid isolation«, sondern in sich selbst. »Die Menschen suchen sich Orte, an die sie sich zurückziehen können, auf dem Land, am Meer, im Gebirge. Und auch du hast es dir zur Gewohnheit gemacht, dich danach mit ganzem Herzen zu sehnen«, schrieb er. »Aber das ist wirklich in jeder Hinsicht albern, weil es dir doch möglich ist, sich in dich selbst zurückzuziehen, wann immer du es willst. Denn es gibt keinen ruhigeren und sorgenfreieren Ort, an den sich ein Mensch zurückziehen kann, als die eigene Seele, besonders wenn er etwas in sich hat, in das er eintauchen kann, um sich auf diese Weise sofort in vollkommener Ausgeglichenheit zu befinden. Unter Ausgeglichenheit verstehe ich nichts anderes als innere Ordnung. Schaff dir also ununterbrochen die Möglichkeit des Rückzugs und erhole dich.«

Warum Stille uns stärkt

Die *lex silentii,* das Gesetz des Schweigens, ist in allen Ordensregeln enthalten, zu allen Zeiten und in allen Religionen, weil es der Kontemplation förderlich ist. Doch es dient, weswegen es in sämtlichen Bibliotheken der Welt gilt, auch der Konzentration.

Akustische Berieselung dagegen lenkt ab. Das ist im Grunde jedem klar, dessen Gedanken abschweifen, der dann zu Flüchtigkeitsfehlern oder zum Herumtrödeln neigt und leicht den Faden verliert beim Erzählen. In der Stille geschieht das nicht so leicht. Trotzdem fällt es den meisten von uns schwer, aus freien Stücken kein Radio, keinen Fernseher, keinen CD-Player anzustellen, wenn sie ihre leere Wohnung betreten oder ein Hotelzimmer. Wie bedrängend offenbar Stille empfunden wird, zeigt der Verkaufserfolg einer CD mit Haushaltsgeräuschen für Singles; ohne iPod können viele weder joggen noch mit der S-Bahn fahren. Wer es einmal ausprobiert, stellt jedoch fest, wie zuverlässig Stille als kostenlose Konzentrationshilfe wirkt und wendet sie immer öfter an. Bilder der Stille sind in der Kunst, speziell in der Fotokunst zunehmend beliebt. Einsame Landschaften von Ansel Adams, die aufgelassenen Industrieanlagen, menschenleeren Brücken, Wassertürme, Gasbehälter der schon zu Klassikern geadelten Fotokünstler Bernd und Hilla Becher, die grandiosen Porträts berühmter Bibliotheken, mit denen ihre Schülerin Candida Höfer berühmt wurde, die lautlos flirrenden Arbeiten von Thomas Ruff, die großenteils durch ihre übergroße Distanz zum gezeigten Weltlichen und Menschlichen ebenfalls stillen Werke von Andreas Gursky. Wir spüren, dass wir Stille brauchen.

Die Gläubigen verschiedenster Religionen sind sich darin einig, dass Stille notwendig ist, weil ihr Gott sich nur dem Schweigenden mitteilt. Er spricht nicht in den Lärm hinein. In Rilkes *Buch vom mönchischen Leben* stehen die Verse

> *Wenn es nur einmal so ganz stille wäre.*
> *Wenn das Zufällige und Ungefähre*
> *verstummte und das nachbarliche Lachen,*
> *wenn das Geräusch, das meine Sinne machen,*
> *mich nicht so sehr verhinderte am Wachen –:*
>
> *Dann könnte ich in einem tausendfachen*
> *Gedanken bis an deinen Rand dich denken*
> *und dich besitzen (nur ein Lächeln lang),*
> *um dich an alles Leben zu verschenken*
> *wie einen Dank.*

Manche christlichen Mystiker ebenso wie Sufis oder Chassidim sehen auch nicht etwa in wortreichen Lobpreisungen und Gesängen, sondern in der Stille, im Schweigen das höchste Gotteslob, das nicht in Worte gefasst werden kann.

»Wovon man nicht reden kann, darüber muss man schweigen«, hat Ludwig Wittgenstein geschrieben und die Präposition darüber sagt uns: Das Schweigen ist nicht nichts, es ist etwas, etwas Starkes, Inhaltsreiches, Gehaltvolles. Wer über etwas schweigt, schweigt nicht, weil ihm Ideen fehlen, vielleicht nicht einmal die treffenden Worte, sondern weil er das Gefühl hat, es verliere, indem es verlautbart werde.

Warum uns Schweigen so schwerfällt

Wir kennen Formulierungen wie beklemmendes, dumpfes, eisiges, verwirrtes, bedrückendes, betretenes Schweigen – nichts, worauf man Lust hätte. Selbst die schweigende Erwartung bedrängt. Und wer die totale Sonnenfinsternis des Jahres 1999 erlebt hat, wird sich erinnern, wie unheimlich es war, dass mit dem jähen Dunkelwerden es auch völlig still wurde, weil sämtliche Vögel plötzlich schweigen. Es war ein fassungsloses Schweigen. Die Tiere verstanden nicht, was da geschah. Doch warum erschreckte uns Menschen das? Warum begeisterte es uns nicht, sagte es doch, wie grandios diese Lebewesen eingerichtet sind auf die Rhythmen der Natur und wie sensibel sie wahrnehmen, dass jenes Dunkelwerden am Tag etwas völlig anderes war als die abendliche Dämmerung, als die Nacht zur Nachtzeit.

Schweigen, ohne dabei missverstanden zu werden, ist eine Kunst, die geübt werden will. Und Stille herzustellen ist ebenfalls ein heikles Unterfangen. Wer anderen über den Mund fährt und sie so verstummen lässt, sorgt für ein ungutes Schweigen. Denn wer so verstummt, spricht innerlich weiter. Er hat nur den Ton abgestellt, weil er erschrocken ist, weil er meint, etwas Falsches, Unpassendes oder Indiskretes gesagt zu haben.

Doch es gibt auch den Begriff des schweigenden Einverständnisses. Wann trennt das Schweigen, und wann verbindet es?

Ich hätte immer gern gewusst, was in den Köpfen vorgeht, wenn der Pfarrer sagt: »Wir beten nun in der Stille weiter.« Denn Schulkinder, die Knöpfe in die Kollekte werfen, haben auch während dieser anbefohlenen Schweigeminuten eher etwas anderes im Sinn, als an Gott zu denken. Befohlene Stille, verordnetes Schweigen bewirken keine Hingabe, sie kitzeln Widerstand wach.

Grimod de La Reynière, verwöhnter Sohn eines reichen Steuereintreibers im Paris des 18. und 19. Jahrhunderts, war trotz seiner Körperbehinderung ein Lebemann, Gourmet, Exzentriker, Theaterkritiker, Provokateur, aufmüpfiger Rechtsanwalt, Arrangeur sinistrer Streiche und Regisseur monströser Festlichkeiten. Als es den Eltern zu bunt wurde, und eine strafrechtliche Verfolgung ihres Sohnes drohte, steckten sie ihn in die Grande Chartreuse, jenes Kloster, dessen karge Weltabgeschiedenheit vielen durch den Film *Die große Stille* bekannt wurde. Er, dem die Kutte eine Zwangsjacke war, wird sich durch das gemeinsame Schweigen der anderen noch mehr als Fremder gefühlt haben, weil es ihn ausgrenzte, schwieg er doch als Einziger nicht freiwillig. Dass aus eigener Entscheidung geschwiegen wird, gehört unabdingbar dazu, wenn das Schweigen als bereichernd empfunden werden soll.

Dass Schweigen für denjenigen nicht durchzuhalten ist, der es als bedrückend erlebt, den die nicht erlaubten Fragen quälen und den das Schweigen des anderen misstrauisch macht, ist keineswegs ein Ergebnis moderner Partnerschaftsforschung. Mythen, Märchen und Legenden verraten uns, dass sich damit schon vor Jahrhunderten und Jahrtausenden die Menschen herumzuschlagen hatten. Betrachten wir einmal drei spektakuläre Fälle etwas näher.

Ein junger Mann verliert seine junge Ehefrau nicht lange nach der Liebesheirat: Unfalltod. Er verfällt begreiflicherweise in tiefe Depression. Weil er aber als ein unvergleichlicher Sänger überall angehimmelt wird, bekommt er von den Göttern eine spektakuläre Sonderkondition: Er kann seine Frau zurückholen, wenn es ihm gelingt, dort einzudringen, wo sie sich seit ihrem Tod befindet, und sie dann zurück ins Leben geleitet, ohne ein einziges Wort mit ihr zu wechseln.

Dem Sänger gelingt es, die hartgesottenen Türsteher zum Jenseits mit seinem Gesang zu erweichen, er findet seine Frau, will sie schweigend wieder zurück ins Leben führen, aber sie löchert ihn mit der angeblich üblichen Frauenfrage. Auch die beantwortet er weisungsgemäß nicht. Da droht sie, in die Unterwelt zurückzukehren, wenn er ihr nicht seine Liebe erkläre. Er tut es, bricht sein Schweigegelübde und zerschlägt damit alles.

So die ursprüngliche Version des Orpheus-Mythos; nur in der weichgespülten Opernfassung gibt es ein Happy End mit Eurydike. Der zweite legendäre Fall ist ähnlich gelagert.

Eine junge Frau, designierte Thronfolgerin, wird vor Gericht gezerrt und beschuldigt, ihren jüngeren Bruder, den eigentlichen Thronfolger, ermordet zu haben. Da tritt ein Fremder auf den Plan, eine Lichtgestalt, der sich für sie mit dem intriganten Gegner schlägt, siegt, ihre Ehre verteidigt und sie heiratet. Einzige Gegenleistung, die er fordert: Sie dürfe ihm keine Fragen über seine Herkunft stellen. Sie aber lässt sich doch dazu aufstacheln, und der Traum vom Glück ist ausgeträumt. Lohengrin verlässt Elsa auf Nimmerwiedersehen.

Nun der dritte Fall. Wieder geht es um ein Paar, die Liebe, das Vertrauen und das Schweigen. Er hat gegen die Gesetze des Landes verstoßen, in das er als Fremder eingedrungen ist, um sie zu holen, beide können aber mit Begnadigung rechnen, wenn er eine Reihe von elementaren Bewährungsproben besteht. Dazu gehört auch, dass er unter allen Umständen schweigt, auch wenn sie, die Geliebte, darüber verzweifeln sollte. Sie verzweifelt, wie zu erwarten, und will sich umbringen, wird im letzten Moment davon abgehalten, und so geht das Ganze gut aus mit Tamino und Pamina in Mozarts *Zauberflöte*.

Alle drei Geschichten stellen Schweigen als eine besondere Leistung dar.

In allen drei Fällen ist es vor allem die Frau, die unter dem Schweigen leidet. Sie hält das Schweigen für ein Indiz erloschener Liebe. Und bei *Lohengrin* ist es einfach, ihr einzureden, wer schweige verschweige etwas und sie so zu verführen, ihr Gelübde zu brechen. In der *Zauberflöte* allerdings hält auch Taminos Begleiter Papageno das Stillschweigen nicht aus und plappert munter drauflos, was ihn zum Sympathieträger beim Publikum macht: Papageno ist eben menschlich, Tamino, der Held, erscheint dagegen übermenschlich.

Das absolute Schweigegebot im Orden der Trappisten, Zisterzienser der strengen Observanz, erscheint uns anachronistisch, und dass es weltweit immerhin noch 170 Trappistenklöster gibt, in denen die Insassen nur beim Beten und Singen den Mund aufmachen und sich im Notfall mit einer erlernten Gebärdensprache verständigen, verstehen wir schwerlich. Doch eben das macht die Frage spannend, was es ist, dass uns das Schweigen und die Stille einmal erstrebenswert erscheinen, das andere Mal in die Flucht treiben; dass wir einmal spüren, wie Schweigen verbindet, das andere Mal darunter leiden, wie sehr Schweigen trennt.

Es gibt das Schweigen, das etwas verbergen will, das wie eine Mauer um einen Garten errichtet wird und den Einblick verhindert, das damit Abwehr, sogar einen Machtgestus signalisiert, denn es soll ein Herrschaftswissen oder ein Geheimnis den anderen vorenthalten werden. Wenn das Schweigen jedoch Ausdruck eines gemeinsamen Protestes oder Widerstandes ist,

Ausdruck gemeinsamer Konzentration oder geteilter Andacht und geteilten Glückes, dann löst es die Grenzen zwischen den Individuen auf.

So können Liebespaare die Stille genießen, sie verschmelzen in der Stille und mit ihr, weil sie sich und ihr vertrauen. Weil sie nichts verschweigen, fällt es ihnen leicht, die Stille auszuhalten. Doch je weiter wir uns im Alltag von der Stille entfernt haben, desto anstrengender ist es, dorthin zurückzufinden. Wer jahrelang keinen Sport gemacht hat, gerät beim ersten Mal Joggen auch sofort außer Puste.

Städter, die sich ruhesuchend in die Waldeinsamkeit begeben, brauchen etwas Ausdauer und Geduld mit sich, bis sie die Stille ertragen und endlich genießen können. Schonungslos und präzise hat das der englische Reiseschriftsteller Patrick Leigh Fermor beschrieben, der Anfang der 50er Jahre auf der Suche nach einem ruhigen und billigen Platz, wo er ohne abgelenkt zu werden an einem Buch schreiben konnte, als Gast in französischen Klöstern weilte. Als er in Saint-Wandrille de Fontanelle zum ersten Mal in der Abgeschiedenheit und Stille seiner Zelle saß, hielt er es kaum aus. »Doch es verging eine Stunde, in der gar nichts geschah. Draußen fiel Regen auf den Wald, und ein Gefühl von Depression und unaussprechlicher Einsamkeit traf mich wie ein Hammerschlag«, schrieb er gequält. »Dieser Ort war wie ein riesiger Sarkophag, wie eine Nekropole, deren einziger lebender Bewohner ich war.« Es war für ihn zunächst sehr schmerzlich, sich an den gewaltigen Unterschied zu seinem gewohnten städtischen Leben zu gewöhnen. »Ich fand nachts nicht viel Schlaf und schlief dafür tagsüber ein, ich fühlte mich rastlos, wenn ich allein in meiner Zelle war, und es deprimierte mich, dass mir das gewohnte reichliche Quantum Alkohol versagt war.« Der Blick der Mönche war, was Fermor irritierte, immer zu Boden gerichtet, und wenn sie ihn hin und wieder erhoben, so war darin »nichts als eine unermüdlich kultivierte Ruhe, Reserviertheit und Milde«. Zögernd entdeckte er die Schönheit der Atmosphäre. Nachdem sich sein Schlaf normalisiert hatte, begann er ganz allmählich zu genießen, was mit ihm geschah, indem ringsum nichts geschah. »Meine Energie versickerte nicht automatisch in Tischgesprächen, oberflächlichen Plaudereien, dem Gedränge und der Hektik in öffentlichen Verkehrsmitteln und tausenderlei anderen Trivialitäten, die das tägliche Leben vergiften … Dies alles bescherte mir täglich neunzehn Stunden absoluter, göttlicher Freiheit.« Die Nekropole verwandelte sich für ihn zusehends. Er empfand sie als eine stille Universität, als ein Landhaus, schließlich als ein Schloss, das in den Lüften schwebt, dem Ballast des Irdischen und Banalen entbunden. »Der Wunsch nach Unterhaltung, Bewegung und hektischen Gesten«, schreibt er über seinen Klosteraufenthalt, »fand an diesem Ort der Stille keine Antwort, keine Resonanz, und nachdem er im Vakuum noch eine Weile kläglich gestikuliert hatte, war er immer matter und blasser geworden und schließlich mangels Nahrung und Reizzufuhr gestorben.«

Fermors Beschreibungen, die auf Briefen an seine Freundin und spätere Frau basieren und ursprünglich nicht zur Veröffentlichung gedacht waren, wurden in den letzten Jahren wiederentdeckt als eine Anleitung, Stille und Langsamkeit ertragen, erleben, genießen zu lernen. Erich Kästner schildert die Unrast, die erst allmählich weicht, auf seine Weise in dem Gedicht *Meyer IX. im Schnee*.

> *Wenn man so ganz allein im Walde steht,*
> *begreift man nur sehr schwer,*
> *wozu man in Büros und Kinos geht.*
> *Und plötzlich will man alles das nicht mehr!*

Ich las, es soll die ganze Woche schnein.
Für einen Menschen, der auf sich was hält,
ist es nicht leicht, im Schnee allein zu sein.
Da wackelt, eh er's denkt, die ganze Welt.

Na ja, schon gut. Dort fließt ja auch ein Bach
und tut, als gäb es weiter nichts als ihn.
Es ist so furchtbar still. Mir fehlt der Krach.
Die ersten Nächte lieg ich sicher wach
und möchte nach Berlin.

Und doch lohnt sich die Überwindung, wie Kästner und Fermor zugeben. Umso energiegeladener, erklärte Fermor, kehre er aus solch einem »Turm aus massivem Elfenbein« zurück, um »in den Strudel draußen« wieder einzutauchen.

Kästners Kollege Heinrich Böll machte bereits im Titel einer Erzählung deutlich, dass Schweigen etwas Aktives ist: *Dr. Murkes gesammeltes Schweigen* heißt die Geschichte über einen Kulturredakteur beim Rundfunk, der Pausen sammelt, zusammenschneidet und sich abends anhört, weil Pausen so vielfältig klingen können wie Worte oder Töne. Stille meint eben nicht nur die Abwesenheit von Geräusch, sondern die Anwesenheit von etwas anderem. Der Mystiker misstraut den Worten und glaubt dem, was die Stille ihm erzählt, was das Schweigen ihm sagt.

Das, was sich formulieren lässt, ist nicht das Wesentliche, behauptet auch Lao-Tse im *Tao Te King*; kein Wunder, dass er zum großen Schweiger wurde.

Die Sprache des Schweigens ist die einzige, die nicht lügt, folgt daraus. Und zusammen schweigen zu können, beglückt schweigen zu können, ist sicher Kennzeichen einer Beziehung, in der Menschen einander entgegengereift sind.

*D*er Sinn, der sich aussprechen lässt, ist nicht der ewige Sinn.
Der Name, der sich nennen lässt, ist nicht der ewige Name.«

Tao Te King

Doch auch was das Schweigen angeht, ist es wichtig, das richtige Maß zu behalten, wie die Geschichte eines Begräbnisses belegt, die in einem als besonders schweigsam beleumundeten Schweizer Bergdorf spielt.

Gestorben ist eine Frau, die mit ihrem Mann über vierzig Jahre lang eine Ehe geführt hat, die als eine ideale galt. Er sitzt nach der Beerdigung mit Freunden beieinander, schweigend. Schließlich sagt einer zu ihm: »Du hascht sie sicher sehr geliebt.« Lange Pause. Schließlich antwortet der Witwer: »Schon, ich habe sie so sehr geliebt, dass ich es ihr beinahe gesagt hätte.«

Praktische Übungen zum Schweigen und zur Stille

- Wenn Sie joggen oder spazieren gehen in der freien Natur, lassen Sie den Walkman oder iPod zu Hause. Setzen Sie sich hin, wo keine anderen Spaziergänger vorbeikommen, und hören Sie den Vögeln, den Blättern, der Wiese zu. Entdecken Sie Yoga, das nur in der Stille wirkt. Lassen Sie sich dort massieren, wo Sie außer dem Atem von Masseur oder Masseurin nichts hören.

- Probieren Sie es aus, ungeliebte Arbeiten, zu denen Sie sich bisher nur mit Hintergrundberieselung durch Musik oder Fernsehen überwinden konnten, mal in aller Stille zu verrichten. Ob Sie Steuerbelege sortieren, Gläser von Hand spülen, Knöpfe annähen, einen Türrahmen streichen oder bügeln: Es geht alles sehr viel schneller und besser vonstatten. Und mit weniger Fehlern.

- Sollten Sie im Urlaub in einer Ferienwohnung landen, in der es kein Radio und keine CD-Anlage gibt, versuchen Sie nicht, mitgebrachte Geräte als Ersatz zu etablieren. Leben Sie konsequent die zwei Wochen ohne all das, und erleben Sie nach der Rückkehr den Musikgenuss so intensiv wie eine ganz neue Erfahrung.

- Das Hörbuch im Stau mag entspannen. Aber wenn Sie durch eine neue, schöne Landschaft fahren, gönnen Sie sich im Auto die Stille. Sehr gute Filme kommen auch ohne Filmmusik aus.

- Proben Sie das glückliche Schweigen. Sehen Sie Ihren Partner in einem besonders schönen Augenblick an, berühren Sie sich und reden Sie nichts.

- Suchen Sie sich stille Orte, die leicht für Sie erreichbar sind. Einen See, auf den Sie hinausrudern können, eine wenig besuchte Kirche, die zwischen den Gottesdiensten offen steht, einen Spazierweg, den kaum einer nimmt, eine aufgelassene Industrieanlage, einen Friedhof, der nicht mehr belegt oder wenig besucht wird.

- Auch wenn elektrische Geräte die Arbeit erleichtern und beschleunigen, versuchen Sie möglichst viel ohne sie zu erledigen. Kein Fön, sondern Luft, kein elektrischer Mixer, sondern ein Schneebesen, keine Küchenmaschine für den Hefeteig, sondern die Hände, kein Staubsauger für die Krümel am Boden, sondern ein Besen.

- Bleiben Sie stehen, wenn Stille Sie unerwartet wohlig umfängt. Im Treppenhaus eines Schlosses bei der Besichtigung, auf dem späten Heimweg durch die schlafende Stadt, oder nachts, wenn Sie wach werden und nichts zu hören ist als vielleicht der Atem Ihres Partners. Halten Sie inne und werden Sie ihrer gewahr vom Scheitel bis zur Sohle.

- Stellen Sie fest, wie Stille inspirieren kann: Sehen Sie sich einen Ihnen unbekannten Film auf Video oder DVD ohne Ton an, denken

Sie sich eine Handlung aus, die dazu passen könnte. Und sehen Sie dann ein paar Tage später die Version mit Ton.

- Schärfen Sie Ihr Ohr für leise Geräusche. Für Schritte im Schnee, für fallende Blätter, für sachten Wind im Geäst, für das Knistern des Feuers.

- Unternehmen Sie wenigstens einmal im Jahr einen Spaziergang in den erst erwachenden Morgen. Brechen Sie auf bei Nacht und Stille, und nehmen Sie bewusst wahr, wie mit dem Licht die Geräusche kommen.

Die Wachsamkeit

Besucher, die das zum ersten Mal erlebten, hielten ihn für verrückt. Dabei wurden ihm ohnehin schon mehr Marotten zugestanden als jedem anderen Pianisten. Von der Haltung seiner Hände beim Spielen, die jeden Klavierlehrer in Rage gebracht hätte, bis zu bizarren Auftritten in New Yorks exklusivsten Diskotheken und zuweilen exzentrischen Outfits, die eher einem Siebzehnjährigen als einem 70er angemessen schienen, sahen die Musikverständigen Vladimir Horowitz alles nach. Doch dass er nach dem Mittagessen erklärte, er müsse sich nun dringend zum Mittagsschlaf zurückziehen, sich dann aber in einem Sessel mit steiler Rückenlehne niederließ und einen Suppenlöffel in der linken Hand hielt, ließ selbst glühende Verehrer an der Klarheit seines Verstandes zweifeln.

Was geschah? Horowitz schlief umgehend ein. Nach exakt zehn Minuten klirrte der Löffel aufs Parkett und weckte ihn. Er wirkte sofort hellwach und ausgeschlafen. »Ich brauche nur genau zehn Minuten«, sagte er. »Was mehr ist, lähmt.«

Wer sich in der christlichen Ikonographie klösterlicher Tugenden auskennt, hätte sich da nicht gewundert, denn die *vigilantia*, die Wachsamkeit, wird symbolisiert durch einen Kranich, der ein Ei in der Kralle hält.

Was Wachsamkeit eigentlich meint

Wachsamkeit bedeutet eben nicht, angstvoll oder misstrauisch zu sein, sondern von größter Gegenwärtigkeit. Ein in diesem Sinn wacher Mensch ist jederzeit abrufbar. In der christlichen Urgemeinde war die Vigilanz das Bereitsein für die unmittelbar erwartete Wiederkunft Christi, das Jüngste Gericht. Wer im Sinn der klösterlichen Wachsamkeit ständig trainiert, seinen Schlaf zu unterbrechen, mitten in der Nacht aufzustehen, pünktlich zur Vigil in der Kirche zu erscheinen, um die zu dieser Stunde fälligen Gebete zu verrichten, der ist wirklich allzeit bereit und kann nicht mehr überrascht werden. Dieser oktroyierte Rhythmus bestimmt heute noch in fast allen Klöstern den Alltag, doch kann das im weltlichen Leben aus ärztlicher Sicht nicht empfohlen werden. Aus der Chronobiologie wissen wir, dass es im Organismus zyklische, ungefähr im 24-Stunden-Rhythmus sich wiederholende Schwankungen gibt, etwa bei bestimmten Hormonen, die im normalen Tagesablauf mit den Phasen von Wachen und Schlafen, von Aktivität und Erholung sinnvoll gekoppelt sind. Unterbrechungen des Nachtschlafs stören die Synchronizität dieser Abläufe, und Verschiebungen der Periodik führen bei Interkontinentalflügen zum Jetlag oder bei Schichtarbeitern nachts zu gehäuften Fehlern und Unfällen. Menschliches Versagen, nach wie vor die Hauptursache kleiner wie großer Unfälle und vieler Katastrophen, ist Folge mangelnder Wachsamkeit. In Trappistenklöstern, wo der Tag um ein oder zwei Uhr morgens beginnt, gehen die Mönche aber bereits um 19 oder 20 Uhr zu Bett.

Dennoch ist es sinnvoll, auch in unserem weltlichen Alltag die Idee der Wachsamkeit – im Sinne einer erhöhten Aufmerksamkeit – zu übernehmen und mit geschärfter Wahrnehmung ganz in der Gegenwart zu leben. Wer ständig darüber nachsinnt, was war oder was noch kommen wird, versäumt die Möglichkeiten, die der gegenwärtige Augenblick bietet. Er sieht den Strand, der gerade im schönsten Sommerlicht liegt, wie er an einem verhangenen Wintertag aussehen wird. Mangelnde Wachsamkeit hat viele Erscheinungsformen, und einige kennen Sie vielleicht. Ist es Ihnen schon passiert, dass Sie im Konzert sitzen, einem, auf das

Sie sich schon lange gefreut haben, und an den Ärger mit einer Behörde denken? Fehlende Wachsamkeit verrät sich auch darin, dass Menschen sich und ihren Körper nicht genügend wahrnehmen und das, was er ihnen sagen will, ignorieren. Sie essen noch, obwohl sie schon satt sind, trinken weiter, obwohl sie der Alkohol bereits in eine ungute Stimmung versetzt, arbeiten weiter, obwohl sie sich vor Müdigkeit nicht mehr konzentrieren können. Die daraus erwachsenden Probleme sind vielfältig und beginnen mit »Über-«: von der Übermüdung und Überforderung bis zur Überreizung und zum Übergewicht. Viele Funktionen unseres Organismus werden uns erst bewusst, wenn sie nicht mehr reibungslos vonstattengehen. Ein wachsamer Mensch lässt es nicht so weit kommen, er hört auf sich, schaut auf sich, spürt in sich hinein. Vigilantia, richtig verstanden, ist so eine Form der gesundheitlichen Prophylaxe.

Jon Kabat-Zinn, der amerikanische Psychologe und Biologe, hat auf genau dieser Beobachtung sein Achtsamkeitstraining gegen unliebsame Stressfolgen aufgebaut und bringt seinen Schülern bei, wie sie ihrem Körper nachspüren: beim Atmen, Gehen, Sitzen, beim Riechen, Fühlen, Schmecken. Anfangs wurde er als ein esoterischer Guru belächelt, längst aber hat sich der Nutzen dieser Übung gezeigt.

Warum es hilft, Aufmerksamkeit zu trainieren

Seine Erfolge bei Nikotinsüchtigen, Depressiven, Schmerzpatienten und Burnout-Opfern haben dem Modell von Jon Kabat-Zinn zu weltweiter Anerkennung verholfen. Das Gute an diesem Training: Es lässt sich mit jeder Alltagshandlung verbinden. Die Übungen bestehen vor allem darin, nichts in unbewusster Routine zu verrichten. Während die *Multi-Tasker* stolz darauf sind, wie vieles ihnen ganz automatisch von der Hand geht oder mental gelingt, verlangt Kabat-Zinn, sich auf eine einzige Handlung zu konzentrieren und sie mit größter Präsenz und Hingabe zu verrichten.

Wenn Sie sich die Haare bürsten, dann sollen Sie sich auf Ihre Kopfhaut konzentrieren, auf die Menge Ihrer Haare, auf das Geräusch, das die Bürste macht. Mag sein, dass Sie sich dabei bewusst werden, wie deutlich Ihr Haarwuchs in den letzten Jahren abgenommen hat und Sie sich nicht gerade schönheitsköniglich fühlen dabei, aber das macht nichts. Wenn Sie ein Glas Wasser trinken, schließen Sie die Augen, spüren Sie die Kühle auf der Zunge, entdecken Sie, was es da zu schmecken gibt. Natürlich machen sich anfangs bei diesen Übungen die Gedanken dauernd los wie ein schlechterzogener Hund und sind nur schwer dazu zu bringen, achtsam bei der Sache zu bleiben. Doch *askesis,* geduldiges Dranbleiben, beschert auch hier den Erfolg, der Sie belohnt.

In verschiedenen Religionen sehen spirituelle Übungen so aus, als würden sie den Gläubigen vom Hier und Jetzt entfernen und ihn in eine Art Trance versetzen, doch sie haben die gegenteilige Absicht: die Wachsamkeit vielmehr zu steigern. Die tanzenden Derwische befinden sich nicht in einem Dämmerzustand, sondern in einer überwachen Bewusstseinslage. Das nachzuvollziehen fällt uns jedoch schwer, denn ein in höchstem Maß gegenwärtiger Mensch ist für uns nicht einer in weitem Rock, die Arme auf der Brust gefaltet, der sich im Kreis dreht, sondern einer, der gleichzeitig telefoniert, Musik hört, ein Kind wickelt und dabei noch einen Film ansieht, der eben, der sich *Multi-Tasker* nennt.

Eins nach dem anderen zu machen, gilt heute fast als hoffnungslos veraltete Vorgehensweise, mit der keiner mehr konkurrenzfähig bleiben kann.

Aber wer auch da, wo der Organismus natürlicherweise in seiner Aufmerksamkeit hin- und herspringt, es schafft, sich auf ein Einziges zu konzentrieren, wird belastbar, ruhig und wirkt schließlich überirdisch gelassen. Das beweist eine Studie zur sogenannten binokularen Rivalität, einem Phänomen, das bereits im 16. Jahrhundert entdeckt wurde. Üblicherweise kann das Gehirn das, was rechtes und linkes Auge sehen, ohne Schwierigkeiten zu einem Gesamtbild verschmelzen. Weil beide Augen dasselbe betrachten, fügen sich ihre Aufnahmen nahtlos ineinander. Wenn jedoch den Augen gezielt etwas völlig Unterschiedliches gezeigt wird, also das rechte nicht sehen kann, was das linke sieht, entscheidet sich das Gehirn für Partyhopping, das heißt, die bewusste Wahrnehmung springt von hier nach dort und wieder zurück. Der Bewusstseinszustand fluktuiert. Bei höchster Aufmerksamkeit gelingt es uns, ein Bild ein bisschen länger zu halten, doch das ist schon das Äußerste.

Wie können Meditationserfahrungen das Gehirn verändern?

Ein Forscherteam um Olivia Carter und Jack Pettigrew wollte wissen, ob es Menschen gibt, die willentlich diese Fluktuation verhindern können. Kern ihres Interesses war die Frage, ob und wie sich die regelmäßige Meditation auf unser Gehirn auswirkt. Auf der Suche nach einer Antwort landeten sie in Zanskar, in der Hochgebirgslandschaft von Ladakh gelegen, wo sich einige der ältesten buddhistischen Klöster befinden. Dort untersuchten die Forscher insgesamt 76 Mönche, die zwischen fünf und fünfundvierzig Jahre Meditationserfahrung besaßen. Das verblüffende Ergebnis: Sie alle konnten – in unterschiedlichem Ausmaß – diese vermeintlich nicht zu verhindernde Fluktuation für einen längeren Zeitraum überwinden, also die binokulare Rivalität ausblenden.
Carter bat die experimentierfreudigen Mönche, die Ein-Punkt-Meditation zu praktizieren, bei der sich der Geist ganz und gar auf ein einziges Objekt oder einen einzigen Gedanken konzen-

triert. Während beziehungsweise nach dieser Meditation setzte sie den Mönchen eine Spezialbrille auf, die ihnen vor jedem Auge ein anderes Muster zeigte. Mehr als die Hälfte der Mönche schaffte es, den Wettstreit der beiden Augen deutlich zu verlangsamen, sie schalteten also nicht wie unsereins hektisch von rechts nach links und wieder zurück, sondern konnten eine erstaunlich lange Zeit *ein* Bild stabil halten. Während in einer Vergleichsstudie Probanden ohne Meditationserfahrung im Durchschnitt bestenfalls 2,6 Sekunden das Umschalten verhindern konnten, brachten es einige Mönche auf mehr als fünf Minuten. Allerdings nur, wenn sie eben jene Meditationsform wählten, die der Fokussierung dient.

Das Ergebnis der Studien von Carter und Pettigrew war eindeutig: »Unterschiedliche Arten von Meditation und Trainingsdauer führen zu kurz- und langfristigen Änderungen auf neuronaler Ebene.« Was an diesen Laborwerten im geistigen Sinn wertvoll ist und sie zu Lebenswerten macht, ist die Erkenntnis, dass wir selbst imstande sind, uns von unzufriedenen Zeitgenossen, die von Unrast, Eifersucht, Depressionen oder Hassgefühlen verfolgt werden, aus eigener Kraft in heitere, gelassene Menschen zu verwandeln. Der Weg dorthin führt über das Training der Wachsamkeit.

Was so neu klingt, ist es gar nicht. Wie Aufmerksamkeitsprozesse unsere Wahrnehmung beeinflussen, interessiert die Psychologie schon seit geraumer Zeit. Der amerikanische Psychologe und Philosoph William James (1842–1910) unterscheidet in seinem Hauptwerk *The Principles of Psychology* die wesentlichen Merkmale der Aufmerksamkeit. Grundlage seiner Analyse sind die Erkenntnisse von Wissenschaftskollegen wie Wilhelm Wundt (1832–1920) oder Hermann von Helmholtz (1821–1894), dem berühmten Berliner Physiologen. Bereits James erkannte, dass die Aufnahmefähigkeit des Bewusstseins beschränkt ist, und er definierte Aufmerksamkeit als einen Auswahlmechanismus, bei dem das Bewusstsein gar nicht versucht – was ihm ohnehin nicht möglich wäre –, auf alles zu achten, sondern sich auf *bestimmte* Reize konzentriert. Dadurch ist es imstande, diese Reize besonders effizient zu verarbeiten – die Natur ist in fast allem ökonomisch und konservativ. James unterscheidet zwei Arten der Aufmerksamkeit: *Bottom-up* nennt er den Vorgang, dass sich starke und auffallende Reize automatisch in unser Bewusstsein drängen. Bei dem von ihm als *Top-down* bezeichneten Prozess veranlassen höhere Gehirnzentren uns, aktiv die Aufmerksamkeit bestimmten Reizen zuzuwenden.

Dass Aufmerksamkeit im Gehirn nachweisbare Folgen zeitigt, konnte 1985 eine Arbeitsgruppe um Robert Desimone am National Institute of Mental Health in Bethesda (USA) nachweisen. Sie beobachteten bei einem Experiment mit Rhesusaffen, wie Nervenzellen in deren Großhirnrinde ihre Aktivität veränderten, wenn die Tiere besonders aufmerksam waren. Dieser Versuch konnte mit wachen, nicht narkotisierten Tieren durchgeführt werden, weil das Gehirn nicht schmerzempfindlich ist, die Rhesusaffen also die eingepflanzten Sonden nicht spürten. Desimone und sein Mitarbeiter Jeff Moran stellten fest, dass bestimmte Nervenzellen (Neuronen) in einer bestimmten Region des visuellen Kortex, die für die Farbwahrnehmung wesentlich ist, häufiger feuerten, also Impulse aussendeten, wenn das Versuchstier sich darauf konzentrierte, einen farbigen Balken zu betrachten. Bekam der Rhesusaffe den Balken zwar gezeigt, beachtete ihn aber kaum, waren diese Neuronen deutlich weniger aktiv. Doch diese und darauf folgende Untersuchungen demonstrierten nur die Verbindung zwischen Aufmerksamkeit und der neuronalen Impulsrate. Desimone und Moran erkannten noch nicht, dass für das Bewusstwerden einer Wahrnehmung ein anderer Aspekt entscheidend ist: die Synchronizität.

Den deutschen Forschern Andreas Engel, Peter König und Wolf

Singer gelang es Ende der 80er Jahre, in einem Experiment mit Katzen zu beweisen, dass der Gleichtakt der neuronalen Aktivität bei einer Frequenz von etwa 40 Hertz entscheidend dafür ist, dass Information ins Bewusstsein gelangt. Wenn wir eine Rose betrachten, werden die verschiedenen Komponenten wie die rote Farbe, die Gestalt, der Duft in unterschiedlichen Arealen des Gehirns registriert und verarbeitet. Indem die dabei aktivierten Nervenzellen ihre Impulsfrequenz in einem Bereich von 40 bis 80 Hertz genau synchronisieren, werden die Einzelaspekte zur bewussten Wahrnehmung der Rose zusammengefügt. Nachdem die Forscher angefangen hatten, über die Funktionsweise so selbstverständlicher Vorgänge nachzudenken, geriet auch eine andere vermeintlich banale menschliche Fähigkeit in ihr Visier: die Vorstellungskraft.

Was geschieht im Gehirn, wenn wir uns etwas vorstellen?

Der Philosoph Colin McGinn, der an der University of Miami lehrt, hat über die menschliche Fähigkeit nachgedacht, sich etwas vorzustellen, und dabei die zentrale Bedeutung der Aufmerksamkeit erkannt. Er unterscheidet die Vorstellung, *image,* als eigenständige geistige Aktivität neben der sinnlichen Wahrnehmung, *percept,* und dem Denken, *thought.* Die Wahrnehmung ist von äußeren Reizen abhängig, die Vorstellung dagegen vom Willen und erfordert Aufmerksamkeit. Eine Wahrnehmung erlaubt gleichzeitig andere Vorstellungen; eine Vorstellung erlaubt gleichzeitig andere Wahrnehmungen, aber keine andere Vorstellung. Ein Beispiel: Die Lehrerin im Auto auf der Heimfahrt nach dem Unterricht hat die optische Wahrnehmung der anderen Autos auf der Straße, sie kann sich beim Fahren aber gleichzeitig vorstellen, was sie anschließend zu Hause essen wird. Wenn plötzlich vor ihr gebremst wird, kann sie blitzschnell ihre Aufmerksamkeit wieder der Wahrnehmung der Verkehrssituation zuwenden. Sie kann aber, während sie sich ihre Mahlzeit vorstellt, nicht gleichzeitig an einen ihrer Schüler denken, da die geistige Vorstellung nur bei ungeteilter Aufmerksamkeit entsteht, das heißt durch die Synchronizität der beteiligten Neuronen. Da die Vorstellung im Gegensatz zur Wahrnehmung nicht auf tatsächlich existierende Dinge beschränkt ist, sondern auch alles nur Mögliche oder auch Unmögliche einschließt, ist sie der Wahrnehmung immer überlegen.

Von der Bedeutung der Imagination wird im Kapitel über Gebet und Kontemplation noch die Rede sein, denn gesteigerte Aufmerksamkeit und Wachheit ist nicht nur für diejenigen von Interesse, die effizient und konzentriert arbeiten wollen, auch für jeden, der spirituelle Erfahrungen sucht, ist sie essenziell. Äußerlich macht ein Meditierender zwar den Eindruck völliger Entspannung, in seinem Hirn aber herrscht messbar Hochbetrieb. Doch auch hier ist Askese im Sinn des ausdauernden Übens notwendig. Bei Anfängern ist während der Meditation die Gamma-Aktivität, das sind die rhythmischen Hirnströme mit Frequenzen um 40 Hertz, kaum erhöht, bei Meditationsmeistern unter den Mönchen des Dalai Lama ist sie jedoch hoch und über das gesamte Gehirn verteilt.

Gelassenheit, Ausgeglichenheit, innere Heiterkeit sind somit keine Gaben, die den einen vergönnt und den anderen versagt sind; wir selbst haben die Möglichkeit, sie zu erringen. Und die neurophysiologischen Tatsachen sind von einer schönen Symbolik: Wenn ein Mensch zu meditieren gelernt hat, koordinieren die Gamma-Oszillationen in einem Ausmaß, das sonst nie zu beobachten ist. Das Zusammenwirken, das Einswerden der Neuronen entspricht dem Erlebnis, dass Subjekt und Objekt eins werden. Jenes Verschmelzungsgefühl ist es, das die Vollendung der spirituellen Erfahrung kennzeichnet. Ich bin du, du bist ich. Ich bin die Welt, die Welt ist ich. In der Ich-Loswerdung kann ich die Welt ohne mich sehen und mich dabei unendlich leicht fühlen. Damit verschwindet die Angst vor dem Tod. Dass wir also ohne jede Konfession, ohne Klosterzelle und Einsamkeit jederzeit imstande sind, diese elementare Urangst loszuwerden, ist ein Geschenk der Natur. Wenn die Ergebnisse der Hirnforschung helfen, uns davon zu überzeugen, dass wir keinen Guru brauchen, um unserem Leben die entscheidende innere Wendung zu geben, sondern nur uns selbst, erweist sie sich nicht als Feind der Spiritualität, sondern als deren Freund. Dass sich der Dalai Lama in seiner Exilresidenz in Dharamsala mit Neurowissenschaftlern unterschiedlicher Provenienz zusammensetzt, könnte durchaus als Anregung dienen.

Was also die aktive Aufmerksamkeit bewirkt, ist den Forschern bekannt: Sie sorgt dafür, dass sich Nervenzellen schon im Voraus synchronisieren, was die Weiterleitung der Information erleichtert. Wir können so durch unsere Absichten, unsere Erwartungen und die mitgebrachte Stimmung beeinflussen, wie wir unsere Umwelt wahrnehmen und was wir dabei erleben, weil unser Gehirn ständig neuronale Vorhersagen erzeugt, die keineswegs nur von äußeren Reizen abhängen, sondern auch von der inneren Dynamik des Gehirns.

Bereits im 19. Jahrhundert wurde an der Universität von Nancy von Pionieren der Suggestionsbehandlung wie Ambroise Liébeault und Hippolyte Bernheim den Patienten beigebracht, sich durch Autosuggestion von psychosomatischen Beschwerden zu befreien. Jede intensive geistige Vorstellung tendiert nämlich dazu, Wirklichkeit zu werden, wobei sich der Organismus selbst den richtigen Weg dazu sucht.

Das hat in jüngster Zeit einem Verfahren, das sich Neurofeedback nennt, einen regelrechten Boom beschert. Dabei sitzt die Versuchsperson vor einem Bildschirm, auf dem zum Beispiel ein

Flugzeug gezeigt wird und ein Pfeil, der entweder nach oben oder nach unten weist. Beim Pfeil nach oben soll der Proband sein Gehirn aktivieren, etwa durch den Gedanken an etwas Aufregendes, wie einen Sprung vom 10-Meter-Brett. Zeigt der Pfeil nach unten, soll das Gehirn deaktiviert, verlangsamt und in einen Ruhezustand versetzt werden, zum Beispiel durch die Vorstellung, im Bett zu liegen und zu schlafen. Gleichzeitig werden die Hirnströme mit Hilfe der Elektroenzephalographie (EEG) registriert. Die elektrischen Signale werden über Elektroden abgeleitet, von einem spezialisierten Computerprogramm verrechnet und mit minimaler Verzögerung auf den Bildschirm in der Form rückgemeldet, dass bei gelungener Gehirnaktivierung das Flugzeug steigt, bei verringerter neuronaler Erregbarkeit sich seine Flugbahn senkt. Der Proband bekommt also ständig eine schnelle Rückmeldung über seine Gehirnaktivität und lernt so, sie gezielt zu beeinflussen. Nach solchem Training verhielten sich Kinder, die an ADHS leiden, der Aufmerksamkeitsdefizit-Hyperaktivitätsstörung, in der Schule ruhiger und weniger impulsiv und schnitten bei Aufmerksamkeits- und Intelligenztests besser ab. Auch bei Patienten mit Epilepsie, mit Depression, Schlaf- und Essstörungen wird das Verfahren inzwischen erprobt, und es mehren sich die Hinweise darauf, dass auch bei Gesunden durch Neurofeedback das Konzentrationsvermögen und das Gedächtnis verbessert werden können.

So wie Willigis Jäger lehrt, Spiritualität solle ins Leben, in den Alltag führen, nicht davon entfernen, gilt auch für die Wachsamkeit das, was Vladimir Horowitz vorgeführt hat: Er schlief nicht, um zu vergessen, was auf ihn wartete, sondern um sich der Wirklichkeit danach mit gesteigerter Aufmerksamkeit zu stellen.

Praktische Übungen zur Wachsamkeit

- Wenn Sie morgens aufwachen, gönnen Sie sich einen Augenblick, um in sich hineinzulauschen. Nicht hypochondrisch, ob irgendwo ein Zipperlein zwickt, sondern machen Sie sich bewusst: Ich bin gesund, und es ist schön, nun einfach aufstehen zu können und meinen Tag zu beginnen.

- Wachsamkeit lohnt sich auch, was die seelische Befindlichkeit angeht. Achten Sie darauf, wann und wem gegenüber sich Zweifel melden. Geben Sie Ihrer Intuition eine Chance. »Man hört nur mit dem Herzen gut«, heißt es in *Der kleine Prinz* von Antoine de Saint-Exupéry. Doch das vermag nur, wer die Stimme des Herzens nicht dauernd übertönt. Den ersten Eindruck, der so oft der richtige ist, registriert ein wachsamer Mensch und prägt ihn sich mit allen Sinnen ein.

- Sagen Sie der Unsitte des Geschäftsessens ein für alle Mal Adieu. In Frankreich und Italien wird mit Geschäftspartnern gemeinsam getafelt, wenn etwas erfolgreich abgeschlossen wurde. Dann ist die Aufmerksamkeit da für alles, was aufgetischt wird. Doch wenn es darum geht, zu verhandeln, einen Bewerber zu prüfen oder selbst als Bewerber geprüft zu werden, dann ist es schade um das gute Essen. Und der Koch, dessen zartes Filet von der Lotte Sie mit »War gut, das Geflügel« kommentieren, ist ebenfalls alles andere als beglückt.

- Aufmerksamkeit ist die wirksamste Methode, Freunde zu gewinnen. Hellwach anzuhören, was Ihnen erzählt wird, wahrzunehmen, was Ihnen signalisiert wird, macht Sie liebens- und begehrenswert. Befragt, worin der Unterschied zwischen einer schönen und einer charmanten Frau bestehe, soll Gary Cooper gesagt haben: »Die schöne bemerke ich, die charmante bemerkt mich.« Und seine Kollegin Marlene Dietrich vertrat die Ansicht, eine Frau, die zuhören könne, habe bei einem Mann bessere Chancen als eine mit schönen Beinen. Gerade in einer Partnerschaft ist Aufmerksamkeit für den anderen, auch für seine unausgesprochenen Wünsche, und Wachsamkeit für seine Stimmungen und Veränderungen wichtig.

- Wachsamkeit und Aufmerksamkeit sind das Rezept von allen, die um ihr gutes Gedächtnis beneidet werden. Sie prägen sich das Erlebte mit allen Sinnen ein, nicht nur das Optische und Akustische, auch das Haptische, den Geruch oder den Geschmack.

Die Arbeit

Es war ein ganz normaler September. Wieder mal war der Punktwert für ärztliche Leistungen abgesenkt worden und damit die Einnahmen aus meiner Praxis gesunken, wieder einmal hatte ich keinen richtigen Urlaub gemacht. Die Pension in Österreich war ein Geheimtipp von Freunden. Klein, preiswert, abgelegen. Ich wollte einfach Ruhe.

Und da war er. Er trug meine Koffer hinein. Nein, kein Zweifel, er war es. Ich habe ein miserables Namensgedächtnis und mir fiel nur sein Vorname ein, aber er war es: ein Studienkollege, den ich nach dem Staatsexamen aus den Augen verloren hatte.

»Du ... du siehst gut aus«, sagte ich.

»Es geht mir gut«, strahlte er.

»Gehört dir das hier?«

»Ich betreibe es. Und damit es sich rechnet, mache ich so gut wie alles selber.«

Wie lange er hier überbrücken wolle? »Das ist jetzt mein Beruf«, sagte er, fast erstaunt über meine lange Leitung. Als er mein Gesicht sah, meinte er nur: »Ich will nicht zurück in eine Praxis und schon gar nicht in die Klinik. Das hier ist für mich keine Verlegenheitslösung, verstehst du, das ist eine Lösung.«

Und er sah so aus, als sei es eine glückliche.

Warum Glück nicht von Geld und Position abhängt

»Meiner Ansicht nach bin ich reich wie ein Krösus«, schrieb Vincent van Gogh an seinen Bruder Theo, »nicht an Geld, aber reich, weil ich in meiner Arbeit etwas gefunden habe, dem ich mich mit

Herz und Seele widmen kann, und was mich inspiriert und meinem Leben einen Sinn gibt.«

Als er seinem Bruder das mitteilte, meinte er mit seiner Arbeit keineswegs das Malen, zu dieser Zeit arbeitete er rund um die Uhr als Hilfsprediger in Borinage, einem trostlosen Bergwerkskaff in Wallonien. Er pflegte in muffigen Hospitälern die Kranken, verband schwärende Wunden an Beinen und Seelen, verschenkte seine Kleider und Schuhe, schlief in einem Schuppen auf Stroh. Und in den wenigen freien Stunden zeichnete er. Niemals war er vorher oder später so glücklich wie in dieser Zeit.

Wer Menschen beim Arbeiten zuschaut, kann feststellen, dass es in allen Berufen welche gibt, die offenbar Freude an ihrer Tätigkeit haben. Ein lächelnder Hilfskoch, der im japanischen Restaurant Gemüse schnitzelt, ein Fischverkäufer, der die Scholle behutsam filetiert, ein zufrieden dreinschauender Gärtner im Stadtpark, ein Italiener im Stehcafé am Espressoautomaten, der eine Choreographie der Geschicklichkeit vorführt. Wer sie etwas genauer und länger beobachtet, bemerkt, dass ihnen noch etwas gemeinsam ist: Sie machen ihre Arbeit gründlich, konzentriert, ökonomisch, meist auch mit schönen, geübten Bewegungen. Es hingebungsvoll zu nennen, hört sich vielleicht übertrieben an, aber Hingabe meint nichts anderes, als sich und sein Können, sein Wollen, seine Energie rückhaltlos in diesen Augenblick hineinzugeben, hineinzugießen. Und wie bei der erotischen Hingabe ist auch bei jeder anderen eben diese Bedingungslosigkeit die Voraussetzung dafür, sich selbst und alles um sich herum vergessen zu können. Das Zeitgefühl geht verloren, und was die Uhr anzeigt, interessiert nicht mehr. Oder sehen Sie Kindern beim Spielen zu, einem Maler beim Malen, einem Pianisten beim Klavierspiel.

Wann Arbeit glücklich macht

Seit er 1990 sein erstes Buch mit dem Titel *Flow* veröffentlicht hat, gilt der amerikanische, ungarischstämmige Psychologe Mihaly Csikszentmihalyi als Experte für Glück. Als *Flow*-Erlebnis bezeichnet er die Erfahrung von Glück, weil diese über Jahre hinweg von all seinen Probanden als eine Empfindung von fließender Grenzauflösung, von Einswerden beschrieben wurde. Sie verloren jedes Zeitgefühl und meinten, aufzugehen im Augenblick. Was Csikszentmihalyi damals in seinem Welterfolg als zentrales Ergebnis seiner Forschungsarbeit präsentierte, hatte manche Glückssucher verblüfft: Der Psychologe hatte hundert Testpersonen täglich achtmal zu unterschiedlichen Zeiten per Funk angepiepst, damit sie in einem kurzen Fragebogen ihre jeweilige Befindlichkeit festhielten. Die Sensation war, dass im Durchschnitt nur 18 Prozent ein *Flow*-Erlebnis in der Freizeit hatten, aber 54 Prozent während der Arbeit. Manager, Vorgesetzte, Menschen mit großer beruflicher Entscheidungsfreiheit wie auch Künstler erfuhren sogar zu 64 Prozent das Glückserlebnis während des Arbeitens, während das bei Fließbandarbeitern nur in 47 Prozent der Fälle zutraf. Der Schluss liegt nahe, dass das Gefühl, selbstbestimmt handeln und selber Entscheidungen treffen zu können, hier eine Rolle spielt, deswegen also Dirigenten meist sehr zufrieden wirken und sehr alt werden.

Das könnte zu der Deutung verleiten, dass das Gros also von vornherein geringere Chancen hat, Glück zu erleben, weil sie Berufe ausüben, die sie nicht frei gewählt haben, weil sie im Berufsalltag Arbeiten verrichten müssen, die sie nicht lieben, weil ihre Zeit fremdbestimmt ist. Aktuelle Zahlen nähren diese Befürchtung: Während in den 50er Jahren noch 53 Prozent der Beschäftigten in Lohnarbeitssituationen angaben, dass die Arbeit sie erfüllt, sind es heute nur noch traurige 35 Prozent. Eine detaillierte

Studie des Gallup-Instituts ergab vor drei Jahren, dass 87 Prozent der deutschen Arbeitnehmer keinerlei Verpflichtung und Verantwortung gegenüber ihrer Tätigkeit empfinden, 69 Prozent lediglich Dienst nach Vorschrift machen und 18 Prozent zugeben, innerlich bereits gekündigt zu haben. Es ist anscheinend kein Zufall, dass hierzulande kaum mehr jemand davon spricht, er übe einen bestimmten Beruf aus, es vielmehr üblich ist, zu sagen – sogar im anerkennenden Sinn –, jemand mache einen guten Job. Nur 10 Prozent der befragten deutschen Arbeitnehmer fühlen sich emotional stark an ihre berufliche Aufgabe, an das Arbeitsumfeld oder den Arbeitgeber gebunden. Das ist nicht allein menschlich bedenklich, sondern auch wirtschaftlich: Den ökonomischen Schaden dieser Gleichgültigkeit schätzt das Gallup-Institut auf 250 Milliarden Euro pro Jahr. Das ist umso erstaunlicher, als der Wunsch, sich zu engagieren und seine Tätigkeit als sinnerfüllt zu erleben, bei der überwältigenden Mehrheit der arbeitenden Bevölkerung besteht. Die Berufsgenossenschaft für Gesundheitsdienst und Wohlfahrtspflege hat bereits 2002 beim Meinungsforschungsinstitut G. R. P. eine Umfrage in Auftrag gegeben, in der 92 Prozent der mehr als 5000 Befragten angaben, für ihr Wohlbefinden sei es am allerwichtigsten, ihre Berufstätigkeit als sinnvoll zu erleben. Gute oder wenigstens reibungslose Kommunikation mit Kollegen und Vorgesetzten hielten immerhin 88 Prozent für entscheidend und Anerkennung der erbrachten Leistung durch den Chef oder die Chefin 86 Prozent.

Die Krise ist ein ungemein produktiver Zustand.
Man muss ihr nur den Beigeschmack der Katastrophe nehmen.«
Max Frisch

Dass das Gefühl, dauernd etwas Sinnloses zu tun, psychische Störungen wie Depression oder Suchterkrankung auslösen kann, ist allerdings keine aktuelle Entdeckung. Bereits der Freud-Schüler Viktor Frankl, von dem schon im Zusammenhang mit Askese die Rede war, hatte in den 40er Jahren ein Verfahren zur Behandlung solcher seelischen Störungen entwickelt, das er »Logotherapie und Existenzanalyse« nannte. Der Begriff Logotherapie leitet sich von *logos* ab, aber nicht wie in der Logopädie in dessen Bedeutung als »Wort«, sondern als »Sinn«. Dem Neurologen und Psychiater Frankl ging es darum, antriebslose, resignierte Menschen zur Sinnfindung zu motivieren. Seine Überzeugung war: Es gibt kaum eine Situation, in der man nicht noch einen Sinn in seinem Leben entdecken kann. Viktor Frankl wusste, wovon er sprach. »Wer von denen, die das Konzentrationslager überlebten« – und er hatte fünf überlebt – »wüsste nicht von jenen Menschengestalten zu erzählen, die da über die Appellplätze oder durch die Baracken des Lagers gewandelt sind, hier ein gutes Wort, dort den letzten Bissen Brot spendend?«

Sich nicht entmutigen zu lassen schafft aber nur, wer in jeder schwierigen Situation, in jeder Arbeit eine Herausforderung zu erkennen vermag, nicht etwa einen infamen Racheakt eines »Täters«, einer Vorgesetzten, eines ungerechten Schicksals. Beansprucht zu werden, gebraucht zu werden ist ja eben das, was Arbeitslose schmerzlich vermissen.

Wie Arbeit Sinn stiftet

Die Langzeitstudie eines amerikanischen Forscherteams um Benjamin C. Amick von der University of Texas stellte 2002 einen direkten, statistisch nachweisbaren Zusammenhang her zwischen sinnloser Arbeit und erhöhter Sterbewahrscheinlichkeit. Die Untersuchung an über 8000 Berufstätigen mittleren und fortgeschrittenen Alters hatte ergeben, dass Menschen mit passiven, wenig fordernden oder sinnerfüllten Tätigkeiten eine um 30 Prozent höhere Wahrscheinlichkeit hatten, in den folgenden fünf bis zehn Jahren zu sterben als Kollegen in sinnvoll erlebten, eigenverantwortlichen Positionen.

Interessant ist, dass in Österreich und der Schweiz 20 Prozent, also doppelt so viele wie in Deutschland, sich zum Engagement für berufliche Aufgabe, Umfeld und Arbeitgeber bekennen, in den USA sogar über 30 Prozent. Was ist dort anders?

Möglicherweise ein anderer Umgang mit Kreativität. Ein Modewort ist das auch bei uns, doch »die Kreativen« sind dann gleich die Menschen in der Werbebranche, Grafiker, bildende Künstler, Regisseure, Designer, Schriftsteller, Musiker, Fernsehleute, Schauspieler, Modemacher, vielleicht noch Journalisten oder dynamische Köche. Kreativität jedoch lässt sich überall entwickeln. Sie ist so wenig wie Sinn klar zu definieren. Generell geht es beim Kreativsein einfach darum, der Bequemlichkeit, der Gleichgültigkeit, dem körperlichen und geistigen Ermüden aktiv entgegenzuwirken. Es sieht zwar so aus, als gäbe es Berufe, die einen ausweglos zur Monotonie verdonnern, doch überall finden sich Menschen, die eindrucksvoll das Gegenteil vorführen. Busfahrer, die ihre Fahrgäste mit originellen Zusatzdurchsagen erheitern, Briefträger, die ein Gedächtnistraining ausprobieren, um sich Namen und Hausnummern besser einzuprägen, Verkäuferinnen im Supermarkt, die mit Lust jeden Tag das Obst und Gemüse anders dekorieren. Erfinder gibt es überall, wie die Liste der patentierten Neuerungen eindrucksvoll belegt. Es handelt sich bei den Erfindern um Hausfrauen und Leute von der Müllabfuhr, um Anästhesistinnen, Strickerinnen in der Textilindustrie, um Installateure und Werkzeughersteller.

Im Frühjahr 2004 schob Csikszentmihalyi ein Buch nach über *Flow im Beruf,* worin er seine Studien zur Zufriedenheit am Arbeitsplatz veröffentlicht. Das Resultat erstaunt nicht, aber seine Eindeutigkeit ist doch beeindruckend. Weltweit, durch alle Schichten und Altersklassen, gilt: Nicht was und wie viel wir arbeiten ist für unser seelisches Wohlbefinden entscheidend, sondern wie wir es tun. Wer seine Arbeit ganz tut, also mit Sorgfalt und Konzentration verrichtet, hat *Flow*-Erlebnisse. Manche, die ihr Glücksdefizit damit erklären, dass sie noch nie Urlaub in der Karibik machen konnten, hören es vielleicht nicht so gerne, was der Mann mit dem schwer auszusprechenden Namen klar ausspricht: »Glücksgefühle widerfahren uns nicht zufällig. Vielmehr sind sie etwas, das wir selber geschehen machen. Eben dadurch, dass wir unser Bestes tun.«

Ganz neu allerdings ist diese Erkenntnis nicht, wenngleich sie vorher nicht mit wissenschaftlichen Methoden nachgewiesen wurde, nur in Legenden überliefert.

Der berühmte Besucher war den weiten Weg in der umbrischen Bergeinsamkeit hinaufgestiegen und fand den Mann, dessentwegen er gekommen war, auf einer Wiese, in der Hand eine Sense. Den Besucher nahm er gar nicht wahr.

Er mähte und sah nichts als seine Hände und die Sense und das Gras. Erst als er kurz absetzte, bekam der Gast Gelegenheit, ihn anzusprechen.

»Was würdest du tun«, fragte er den Mann in der Kutte, »wenn du jetzt erführest, dass du in einer Stunde sterben musst?«

»Ich würde«, sagte Franziskus, »mir auf dem Teil der Wiese, der noch zu schneiden ist, ganz besondere Mühe geben.«

Es kommt beim Arbeiten nicht auf das Was, sondern auf das Wie an. Wer sich der Arbeit hingibt, gleichgültig, ob sie als wichtig oder unwichtig, anspruchsvoll oder anspruchslos gilt, empfindet sie nicht als Last. Wer sie aber nur tut, um sie eines Tages nicht mehr tun zu müssen, leidet an ihr. Oft trägt die Werbung dazu bei, uns auf den Irrweg zu führen, die Flucht aus der Arbeit sei das einzig Erstrebenswerte. Wer Arbeit nur als Durststrecke zwischen zwei Urlauben erlebt, leidet.

Formulierungen geben oft schon zu erkennen, dass jemand in seiner Arbeit nicht glücklich ist und es auch nicht sein kann. Wer irgendwie »über die Runden kommen« will, wer »den Mist hinter sich bringt«, wer manchmal Lust hat »den ganzen Krempel hinzuschmeißen«, den macht der Beruf früher oder später krank. Doch auch vermeintlich Schlaue sind arm dran; wer den Vorgesetzten und die Stechuhr austrickst, sich Urlaub erschwindelt und es hinkriegt, anderen etwas von seinem Pensum aufzuhalsen, ist nicht gewitzt, sondern geleimt. Denn die Zeit, die er trotzdem noch mit ungeliebter, sinnlos empfundener Arbeit zubringt, ist seine Lebenszeit. Auch ein Arbeitgeber, der sich händereibend daran freut, Mitarbeiter wegrationalisiert und damit den Aktienkurs nach oben getrieben zu haben, müsste eigentlich weinen, denn er hat sich damit etwas Kostbares geraubt: das Gefühl, etwas Gutes zu tun.

Engagiert zu sein, macht froh. Dass Familienunternehmen, wie wir sie hierzulande selten erleben, am häufigsten noch in italienischen Pizzerien und Restaurants gut funktionieren, hat eben damit zu tun. Jeder ist gleichermaßen interessiert, dass der Laden läuft, alle ziehen am selben Strang. Keiner mogelt sich aus den etwas weniger amüsanten Verrichtungen heraus.

Wie körperliche und geistige Arbeit sich ergänzen

Sein Testament zeigt, dass Franziskus bereits wusste, was Csikszentmihalyi achthundert Jahre später wissenschaftlich bewies. Franziskus erlaubte seinen Brüdern, möglichst in demselben Beruf weiterzuarbeiten, den sie vor ihrer Bekehrung auch ausgeübt hatten und sich nicht nur dem Gebet zu widmen. Demut lernen wir gerade beim Arbeiten, und im 57. Kapitel der Benediktusregel ist das sichergestellt, denn wenn ein Handwerker unter den Mönchen sich auf seine Geschicklichkeit etwas einbilden sollte, »so nehme man ihn von dieser Beschäftigung weg und er darf nicht wieder zu ihr zurückkehren, bevor er nicht demütig geworden ist«.

Die Brüder des heiligen Franz führten das in aller Stille vor. Ägidius, einer der ersten Gefährten des Franziskus, war vorher ein selbständiger Bauer gewesen, und er tat zwar Feldarbeit wie gehabt, doch es ist aktenkundig, dass er außerdem als Wasser- und Sargträger arbeitete, als Flechter von Körben und Korbflaschen, als Bäcker und als Pfleger von Aussätzigen. Damit zeigte er, dass ihm keine Arbeit zu niedrig war, und genau das ist die Haltung, die es braucht, um Arbeit als sinnstiftend zu empfinden. Die bettelmönchische Regel war, zu arbeiten, als helfe kein Beten, und zu beten, als helfe kein Arbeiten.

Es liegt zwar nahe, Arbeit dann als beglückend einzuschätzen, wenn sie möglichst wenig fordert, auch nicht an Umstellungen auf Neues. Das aber widerspricht den Ergebnissen sämtlicher Studien, die Glücksgefühle eben dort feststellen, wo ein Mensch bei der Arbeit Handwerk, Kopfwerk und Bauchwerk vereint. Wenn es ihm, anders gesagt, gelingt, mit den Händen, dem Gefühl und dem Verstand zu arbeiten, und wo ständig neue Forderungen an seine Fähigkeiten gestellt werden. »Eine langweilige Arbeit«, erklärt Csikszentmihalyi, »ist weit schlimmer als jeder Stress.«

Jeden langweilt, was monoton ist. Monotonie ist jedoch kein Schicksal. Sie zu vermeiden, liegt bei uns selbst. Wir können sehr viele Abläufe variieren, und sollten das auch im Privatleben trainieren, indem wir das Gewohnte immer wieder anders verrichten. Im Bad morgens mal mit dem Zähneputzen, mal mit dem Haarebürsten beginnen, beim Ankleiden mal zuerst die Socken, mal zuerst die Unterwäsche anziehen, beim Frühstück den Tisch in anderer Reihenfolge decken. Das hört sich schrecklich banal an, hilft aber festzustellen, wie vielfältig die Möglichkeiten sind.

Wie Abwechslung vor Überheblichkeit schützt

Nicht oberhalb, nur unterhalb der Position, die wir innehaben, steht es uns in hierarchischen Strukturen frei, andere Aufgaben zu erledigen oder besser zu erfüllen. Niemand kann die Chefredakteurin davon abhalten, einmal wieder Redakteursarbeit zu tun, keiner die Redakteurin, ihre Sekretärin zu vertreten.

Vor einigen Jahren war ich zu Gast bei einem Fest in einem Luxushotel im Veneto, nicht weit von Trient. Alles war sehr erlesen, sehr edel und soigniert. Das Personal war perfekt, aber leider zu wenig, weil alle Gäste gleichzeitig und pünktlich gekommen waren, was beim Aperitif zu einem Engpass führte. Plötzlich tauchte zwischen den jungen Bedienungen ein älterer Herr auf, der sich mit leuchtendem Lächeln und ungeheurer Geschicklichkeit im leicht schwänzelnden Gang eines gewieften Kellners zwischen den Gästen hindurchschlängelte und Bellini kredenzte, kleine Appetithappen anreichte und routiniert beim Einschenken half. Erst später erfuhr ich, wer der ältere Aushilfskellner war: Besitzer nicht nur dieses Hotels, sondern der ganzen Gruppe, zu der es gehörte. »Es tut mir gut, wenn ich merke, dass ich's noch nicht verlernt habe«, strahlte er auf mein Kompliment hin.

Sich an die eigenen Anfänge zu erinnern, verhindert Hochmut, befördert die Bereitschaft zu verstehen und zu loben. Ein Arzt, der wieder einmal Pflegeraufgaben übernimmt wie als Famulus, erkennt besser, was das Pflegepersonal leistet. Ewig ein Lehrling zu bleiben, sich immer neue Gebiete zu erschließen, immer wieder aus freien Stücken zum Anfänger zu werden war der Jungbrunnen, aus dem Goethe wie viele Genies vor und nach ihm schöpften. Doch auch weniger geniale Menschen wie unsereins können sich dieses Rezepts bedienen. Im Kloster war das jederzeit möglich. Wie vielfältig das Arbeitsangebot dort früher war, lässt sich bereits an einem berühmten Grundriss erkennen: dem Klosterplan von St. Gallen aus dem Jahr 820. Neben Refektorium, Bibliothek, Latrinen, Noviziat und einem eigenen Friedhof gibt es da einen Zubereitungsraum für Oblaten und Öl, eine Schreibstube, eine Pilgerherberge, Brauereien und Bäckereien, Schule, Gästehaus, Ärztehaus, Aderlasshaus, Kräutergarten, Hospital, Keller, Obstgarten, Gemüsegarten, Gänsezwinger, Hühnerzwinger, Kornscheune, Werkstätten, eine Mühle, eine Stampfe, eine Darre, eine Küferei, einen Stier- und Pferdestall, einen Schafstall, einen Ziegenstall, einen Kuhstall, eine Stuterei, einen Schweinestall.

Es gab zwar immer Orden und Klöster, in denen nicht nur die härtesten und schmutzigsten Aufgaben delegiert wurden an oftmals nicht geistliche Hilfskräfte, wo vielmehr generell die körperliche Arbeit keine Sache der Mönche und Nonnen war. Vielerorts waren die Arbeitsbereiche auch klar zugeteilt. Doch üblich war es, dass jeder mehreres übernehmen konnte, was der inneren Zufriedenheit wohl zuträglich war. Wer heute in einem Büroberuf arbeitet, kann das beim Gärtnern, beim Wändestreichen, beim Möbelrestaurieren, beim Holzhacken erleben.

Warum der Körper ein Freund auf dem spirituellen Weg ist

Wer möglichst jede physische Anstrengung an andere oder an Maschinen delegiert, begibt sich einer wertvollen Erfahrung.

Eine alte Frau kehrte in einem großen Garten die Blätter zusammen.
Der Garten war sehr groß und ihrem Rechen entging kein Blatt.
Da kam ein Besucher und fragte: »Wäre es nicht herrlich, wenn

du nur wünschen bräuchtest, und alle Blätter lägen auf einem
Haufen?«
»Kann ich«, sagte sie.
»Dann tu's«, sagte der Besucher.
»Auf den Haufen, ihr Blätter!«, befahl sie. Und rechte weiter und
weiter und weiter. Bis alle Blätter auf einem Haufen lagen.

Üblich ist seit langem, sich ungeliebte, monotone Arbeit durch Ablenkung wie Musikhören, Rauchen, den Fernseher im Hintergrund,
mittlerweile auch durch Telefonieren mit dem Mobiltelefon zu erleichtern. Doch wenn wir auch solche Arbeiten bewusst und konzentriert verrichten, können wir einen kontemplativen Zustand
erreichen, in dem wir Glücksgefühle erleben; japanische Zen-Mön-
che erreichten auf diese Weise *satori*, die plötzliche Erleuchtung.
Nicht, gar nicht mehr arbeiten zu müssen ist ein Traum derer, die
das niemals ausprobiert haben. Arbeit mag zuweilen eine Last
sein, doch ohne sie würden alle anderen Lasten unerträglich und
die meisten Freuden schal.

Ein Mann träumte, er sei gestorben und befinde sich in einem
herrlichen Land voller Bäume, bunter Blumen und anmutiger
Bäche. Er ließ sich nieder und ruhte sich aus. Dann überfiel ihn
die Langeweile und er rief: »Ist da jemand?«
Es erschien eine weißgekleidete Gestalt und fragte ihn, ob er
einen Wunsch habe. »Ich möchte etwas essen«, sprach der Mann.
Der Weißgekleidete stellte ihm ein köstliches Mahl zusammen
und servierte es ihm. Nachdem er gegessen hatte, schlenderte er
weiter, freute sich an der Pracht der Wiesen und rief erneut den
dienstbaren Geist: »Golf würde ich gerne spielen.«
Der Dienstbare führte ihn zu Schläger und Bällen.
Der Mann spielte, aß, wanderte, wünschte und erhielt alles, was
er wollte.

Eines Tages war alle Freude aus ihm gewichen. Er zitierte den
dienstbaren Geist herbei. »Ich habe das Leben hier satt. Gib mir
etwas zu tun!«
»Bedaure«, sagte der Dienstbare, »aber das ist das Einzige, was
ich dir nicht geben kann.«
»Dann verzichte ich auf das Ganze hier«, schrie der Mann.
»Schickt mich in die Hölle!«
Der andere lächelte. »Wo glauben Sie, dass Sie sind?«

Arbeit hilft, die Metaphysik des Alltäglichen und das Große in
den kleinen Dingen zu erfahren. Wer diese Erfahrung gemacht
hat, wird auf vieles verzichten, nur nicht auf Arbeit.

Arbeit kann auf verschiedene Weise sinnstiftend wirken. Was für
mich sinnvoll ist, kann für Sie ganz unwichtig sein und umgekehrt. Doch Viktor Frankl erkannte bereits drei Kategorien von
Sinnstiftern, die auch bei der Arbeit wesentlich sind.

- *Kreatives Handeln.* Damit ist gemeint, was bereits geschildert
  wurde: in einer gewohnten Arbeit immer wieder ungewohnte
  Wege zu gehen und aus freien Stücken zu verändern, zu erneuern, zu erfinden.

- *Soziales Erleben.* Das bedeutet, eine bestimmte Rolle in der Gemeinschaft, die einem liegt oder auch von anderen zugedacht
  wird, freudig anzunehmen. Kann sein, dass man Ihr Talent als
  seelische Betriebsklimaanlage erkennt, weil Sie gut schlichten
  können, kann sein, dass Sie zum Stimmungsaufheller ernannt
  werden, weil Sie meistens gute Laune mitbringen, mag sein,
  dass Sie geeignet sind, die Mutter der Kompanie zu spielen,
  weil Sie fürsorglich sind und empathiebegabt, kann auch sein,
  dass Sie der Zeremonienmeister werden, weil keiner Feste und
  Feiern so gekonnt plant wie Sie.

- *Ethische Einstellungen.* Sie zeigen sich darin, dass jemand sich
  besonders für die Probleme, Nöte und Rechte seiner Kollegen

oder auch seiner Angestellten einsetzt und das keineswegs als Last, sondern als Bereicherung empfindet. Die ethische Einstellung zur Arbeit meint, Lust an der Verantwortung zu haben.

Grundlage für alle drei Kategorien ist, dass Sie handeln, nicht theoretisieren. Verwirklichen wollen ist das Gemeinsame der sinnstiftenden Möglichkeiten.

Praktische Übungen zur Arbeit

- Stellen Sie sich selbst Fragen zu Ihrer Tätigkeit. Ist es nur ein Job oder ein Beruf? Hilft er Ihnen, Ihre Persönlichkeit auszudrücken? Haben Sie das Gefühl, sich durch Ihre Arbeit innerlich, menschlich weiterzuentwickeln?

- Verabschieden Sie sich von jeder Art Selbstmitleid. Ob Ihre Arbeit Nerven, Durchhaltevermögen, äußerste Disziplin, nie versiegende Kreativität oder endlose Geduld verlangt, ob Ihr Kollege oder Ihr Vorgesetzter schwierig ist: Verlassen Sie die Opferrolle, gestalten Sie.

- Wagen Sie es, in Konferenzen oder Betriebsversammlungen Ihre Meinung kundzutun. Das wirkt befreiend.

- Gleichgültig, wie viele Menschen unter Ihnen arbeiten: Denken Sie daran, wie wichtig ihnen Rückmeldung ist, und geben Sie die oft und aus freien Stücken. Feedback braucht es, um das Ziel der Arbeit zu kennen und ihren Sinn zu erkennen.

- Nehmen Sie die unvermeidbaren Schattenseiten Ihres Berufs, ob es die Arbeitszeiten sind oder die Umgebung, nicht seufzend hin, sondern an, im Hinblick auf die Sonnenseiten.

- Wer möchte, dass das vermeintlich Banale Sinn bekommt und Freude macht, wer das Zen des Zwiebelschneidens entdecken will, kann sich die klösterliche Tradition zum Vorbild nehmen, keine Tätigkeit als zu gering oder unwürdig abzulehnen. Bei allem mit Anfängergeist ganz und gar bei der Sache zu sein, das ist das Geheimnis.

Gehorsam

Als 1988 zum ersten Mal ein Grammy an die schottische Farmers-tochter Evelyn Glennie verliehen wird, ist sie gerade dreiund-zwanzig Jahre alt. Doch sie gilt bereits als eine der besten Perkus-sionistinnen der Welt, als eine begnadete Musikerin, die nicht nur durch ihr souveränes Können, sondern auch durch die Lebens-freude begeistert, die sich bei ihrem Spiel auf jeden Zuhörer über-trägt. Bei der Verleihungsfeier ist ein Gast zugegen, der die be-geisterten Worte der Laudatio nicht versteht: Evelyn Glennie. Denn zu diesem Zeitpunkt ist sie bereits seit zehn Jahren taub. Mit acht Jahren erfuhr sie, was ihr bevorstand, mit zwölf hörte sie gar nichts mehr. Zu Hause, auf der Farm ihrer Eltern in Aberdeen, machte niemand Musik. Und doch sah Evelyn ausgerechnet in der Musik ihre große Chance, glücklich zu werden und ihre Taub-heit zu vergessen. Sie studierte an der Royal Academy in London, und fröhlich sagt sie: »Ich bin nicht behindert, ich höre eben nur anders als die meisten Menschen. Ich fühle Töne durch meinen Körper. Wissen Sie, es ist keine Katastrophe, wenn man das Au-genlicht verliert oder nicht mehr hören kann. Alle übrigen Sinne können diesen einen, den man verloren hat, ersetzen.«

Das ist jener geheimnisvolle sechste Sinn, von dem man vorher gar nicht wusste, ob es ihn überhaupt gibt. Hören ist für Evelyn Glennie eine Form des Berührens, und damit berührt sie die Menschen.

Evelyn Glennie, seit 2007 *Dame Commander of the Order of the British Empire,* hat ihr Schicksal nicht nur hingenommen, sie hat es aktiv angenommen, als einen Hinweis, einen Auftrag, dem sie gehorchte; und sie führt vor, dass Gehorsam dann auch nicht als einengend empfunden wird. Doch das schaffen auch Genies nicht unbedingt, wie die Reaktion eines anderen Musikers belegt.

> *D*en Rahmen unseres Schicksals dürfen wir nicht wählen.
> Des Rahmens Inhalt aber geben wir.«
> *Dag Hammarskjöld*

Wie man Gehorsam aktiv motivieren kann

Er war etwa dreißig, als sein Gehör rapide nachließ, sechs Jahre später bereits verfasste er sein Testament, festgehalten in einem Brief an seine Brüder. Doch es ist kein gelassenes Vermächtnis, es ist eine bittere Klage, eine Anklage. »O ihr Menschen, die ihr mich für feindselig, störrisch oder misanthropisch haltet oder erkläret, wie unrecht tut ihr mir, ihr wisst nicht die geheime Ursache von dem, was euch so scheinet, mein Herz und mein Sinn waren von Kindheit an für das zarte Gefühl des Wohlwollens, selbst große Handlungen zu verrichten, dazu war ich immer aufgelegt, aber bedenket nur dass seit 6 Jahren ein heilloser Zustand mich befallen, durch unvernünftige Ärzte verschlimmert, von Jahr zu Jahr in der Hoffnung, gebessert zu werden, betrogen, endlich zu dem Überblick eines dauernden Übels (dessen Heilung vielleicht Jahre dauern oder gar unmöglich ist) gezwungen. Mit einem feurigen lebhaften Temperamente geboren, selbst empfänglich für die Zerstreuungen der Gesellschaft, musste ich früh mich absondern, einsam mein Leben zubringen, wollte ich auch zuweilen mich einmal über alles das hinaussetzen, o wie hart wurde ich durch die verdoppelte traurige Erfahrung meines schlechten Gehörs dann zurückgestoßen, und doch war's mir noch nicht möglich den Menschen zu sagen: sprecht lauter, schreit, denn ich bin taub, ach wie wär es möglich, dass ich dann die Schwäche eines Sinnes angeben sollte, der bei mir in einem vollkommenerem Grade als bei andern sein sollte, einen Sinn, den ich einst in der größten Vollkommenheit besaß, in einer Vollkommenheit, wie ihn wenige von meinem Fache gewiss haben noch gehabt haben – o ich kann es nicht, drum verzeiht, wenn ihr mich da zurückweichen sehen werdet, wo ich mich gerne unter euch mischte, doppelt wehe tut mir mein Unglück, indem ich dabei verkannt werden muss …« Und schließlich bricht es aus ihm heraus: »… wie ein Verbannter muss ich leben, nahe ich mich einer Gesellschaft, so überfällt mich eine heiße Ängstlichkeit, indem ich befürchte, in Gefahr gesetzt zu werden, meinen Zustand merken zu lassen …« Ein kurzer Nachtrag vier Tage später schließt mit den Worten »… o Vorsehung – lass einmal einen reinen Tag der Freude mir erscheinen – so lange schon ist der wahren Freude inniger Widerhall mir fremd – o wann – o wann o Gottheit – kann ich im Tempel der Natur und der Menschen ihn wieder fühlen, – Nie? – nein – o es wäre zu hart.«

Ein Vierteljahrhundert vor seinem Tod schrieb das Ludwig van Beethoven im sogenannten Heiligenstädter Testament, im Oktober 1802 in Heiligenstadt bei Wien verfasst und an seine Brüder adressiert, mit dem Auftrag, es nach seinem Tod zu lesen und zu vollziehen.

𝒟en Willigen führt das Schicksal, den Störrischen schleift es mit.«
Lucius Annaeus Seneca

Wie ein Verbannter, behauptete Beethoven, müsse er leben. Musste er? War es nicht eher so, dass er sich selbst verbannte? Widerwillig nahm er die Opferrolle an und gab es auf, sein Leben zu gestalten. Er misstraute seinen Mitmenschen und Gott, weil der es offenbar nicht gut mit ihm meinte. Er verbrauchte Energie und

Kraft für die Auflehnung gegen sein Schicksal, für das Sichver-
schanzen, für seine Wut. Vielleicht, weil ihm das fehlte, was das
andere große musikalische Genie der Wiener Klassik im Übermaß besaß: Humor und einen Glauben, der nicht erschüttert
wurde durch persönliche Schicksalsschläge. Es waren viele in Mozarts kurzem Dasein, er nahm sie an und beantwortete sie durch
seine, in seiner Musik. Es ist bekannt, dass er auf den üblen Mum-
menschanz des eitlen Auftraggebers, des Grafen Franz von Wal-
segg, hereinfiel, der sich mit einem von Mozart komponierten
Requiem als seinem eigenen Werk brüsten wollte und daher einen anonymen Boten sandte, der mit seinem düsteren Aussehen
und seinem geheimnisvollen Getue dem Komponisten seinen eigenen Tod anzukündigen schien. Der kränkelnde Mozart schrieb
die Totenmesse, als gehe es um seine eigene. Er nahm schaffend
an, was er als Ruf, als Auftrag zu vernehmen meinte und verabschiedete sich, noch keine sechsunddreißig Jahre alt, von der Welt
mit einem Ja zu Gott, ohne zu hadern. In jungen Jahren schon
hatte er ahnungsvoll dem Vater geschrieben, er habe gelernt, den
Tod als seinen Freund zu betrachten. Was aus dem Mund des
Mittzwanzigers befremdlich, für manche von uns vielleicht nicht
einmal glaubwürdig klingt, erwies sich als Wahrheit. Aktiv ein
Schicksal anzunehmen vermögen auch weniger begnadete Menschen, wenn sie imstande sind, zu sagen: Es ist, wie es ist – ohne
dabei zu resignieren.

*Karl Julius Weber erzählt in seinem »Demokritos« von einem
Gascogner, der im Krieg beide Beine verloren hat und mit Holz-
prothesen durch die Welt humpelt. »Mögen nun Mücken hinein-
stechen, Hunde hineinbeißen, ein Rad darübergehen – mir gilt's
gleich, wie Steine, Schnee, Kot, Dornen. Ich erspare Schuh und
Strümpfe, wofür ich trinken kann. Ja, die Holzfüße tragen mir
sogar Geld ein; denn nicht leicht werde ich von einer Tür abge-*

wiesen. Vor dem Podagra, Geschwülsten und vor allem, wozu man einen Feldscher braucht, kann ich außer Sorge sein. Denn diese Holzfüße sichern sogar meinen Kopf vor neuen Kugeln, und nie werden sie alt. Ich mache meine Nüsse mit dem Fuß auf, schüre mein Feuer damit, ich kann damit um mich schlagen und am Ende, wenn ich neue brauche, noch damit einheizen. Ja, ich erspare mir selbst die Hälfte meines Sarges.«

Ein Mann um die vierzig im Rollstuhl, den ich auf einem Empfang kennenlernte, bei dem wir vor dem Essen mit einer nicht enden wollenden Rede abgefüllt wurden, lächelte irgendwann in mein zunehmend verbissen werdendes Gesicht hinauf: »Sehen Sie, alle stehen sich hier die Beine in den Bauch, nur ich kann gemütlich sitzen.«

Ihn oder Evelyn Glennie als schicksalsergeben zu bezeichnen, wäre falsch, denn das hörte sich an wie das Sichergeben nach einer Niederlage. Schicksalshingegeben wäre passender. Doch wenn ich Ihnen erkläre, die Haltung der beiden sei am treffendsten mit Gehorsam zu bezeichnen, werden Sie vielleicht protestieren.

Verständlicherweise, denn das Wort hat einen schlechten Klang unter freien Geistern, besonders in Deutschland. Gehorsam zu sein ist seit der Zeit des Nationalsozialismus für viele gleichbedeutend mit Mangel an Zivilcourage und Kritikfähigkeit. »Die Deutschen gehorchen so gern«, hat Heinrich Böll 1964 geschrieben, »wie sie Gehorsam fordern.« Doch bevor der Gehorsam monströs entstellt wurde, haben deutsche Denker noch darauf hingewiesen, was gehorchen eigentlich bedeutet. »Geh, lerne gehorchen, dass du herrschen lernst«, ließ Goethe die Antiope in seinem *Elpenor* sagen. Und wenn es bei Homer in der *Ilias* heißt, »wer dem Gebot der Götter gehorcht, den hören sie wieder«, so wird darin angespielt auf den Sinn, der sich im Wort Gehorsam in fast allen Sprachen verbirgt: das Hören.

Wer gehorcht, hört auf das, was ihm gesagt wird

Entscheidend ist dabei, wer was aus welchen Motiven heraus sagt und warum derjenige, der Gehorsam leistet, das tut.

Auch die *oboedientia,* die in den lateinisch verfassten Klosterregeln gefordert wird, birgt die Vokabel *audire:* hören, zuhören. Dass in jedem Kloster von jeher Gehorsam verlangt wurde, hat unleugbar auch pragmatische Beweggründe. Es diente dazu, die Position des Klostervorstands zu festigen, der oft in einer sehr heterogenen Gemeinschaft die Disziplin aufrechterhalten musste. Das wird nicht direkt ausgesprochen, sondern hinter einem größeren Prinzip verborgen: Wer lernen wolle, sich dem göttlichen Willen zu unterwerfen, könne das durch den Gehorsam gegenüber dem Klostervorstand üben. Dahinter steht jedoch der richtige Gedanke, ein Mensch, der täglich übe, einem Ideal näherzukommen, lerne das auch ganz allmählich.

Die Zeit berichtete 2002 über eine Krankenschwester, die zu diesem Zeitpunkt bereits zwei Jahre als Novizin im Zisterzienserinnenkloster Marienstern lebte, eine Stunde von Dresden entfernt. Was sie darüber erzählte, wie sie von Katja Barner zu Schwester Johanna wurde und warum sie es werden wollte, dürfte manchen ansprechen, der sich in seinem weltlichen Leben innerlich verändern will, vielleicht aus ähnlichen Gründen wie diese Krankenschwester. Aufgewachsen in einer sozialistischen, atheistischen Umwelt mit pseudoreligiösen Riten wie der Namensgebung statt der Taufe, der Jugendweihe statt der Konfirmation, alleingelassen von den Eltern, die sich scheiden ließen, auf der Suche nach Halt, Trost, Wärme, Geborgenheit, war sie mit achtzehn zuerst der evangelischen Kirche beigetreten und dann 1998 zum katholischen Glauben konvertiert. Wer sie aus dem Berufsleben kannte, hätte auch damals noch nicht vermutet, dass diese Krankenschwester, lebenslustig, ehrgeizig und seit der Wende

177

auch konsumfreudig, mit neunundzwanzig beschließen würde, ins Kloster zu gehen.

Was sie über sich sagt, wird den meisten Sinnsuchenden vertraut vorkommen: Sie fühlte sich in ihrer Haut nicht wohl, konnte aber nicht aus ihr heraus. Sie fühlte sich einsam inmitten von Kollegen, sogar auf Partys. Sie spürte, dass sie gefangen war in ihrem Konkurrenzdenken. Sie registrierte, dass ihr Ehrgeiz zunahm, aber ihr beruflicher Eros, ihre Geduld und ihre Verständnisbereitschaft gegenüber den Alten, die sie pflegte, stetig abnahm.

Aber sie brauchte eine Krisensituation, um endlich den Entschluss zu fassen; da erhoben zwei Kolleginnen Vorwürfe gegen sie, die ausgereicht hätten, um Katja vom Dienst zu suspendieren. Was sie über diese schwierigste Situation ihres Lebens sagt, beschreibt den Gehorsam, den ich meine. »Ich musste alles aus der Hand geben und erkennen, nicht allein Macherin meines Lebens zu sein.«

Sie floh zuerst nach Erfurt und versprach Gott: »Mach mit mir, was du willst, ich werde dir folgen.«

Von da an verabschiedete sie sich zwei Jahre lang von allem, was sie als Macherin ausgezeichnet hatte. Von der Eitelkeit, von der Ungeduld, von Besitz, vom Bewirkenwollen, vom Fluchen. Ins Kloster eingetreten, wurde ihr klar: »Meine Vergangenheit zählte nicht mehr.« Es interessierte niemand, was sie geleistet hatte, was sie gelernt hatte. »Hier fing ich an wie ein kleines Kind.«

Doch niemand ging wie bei einem kleinen Kind auf ihre zahlreichen Fragen ein. Jedes »Warum?« wurde abgeschmettert. Anfangs litt sie darunter und meinte im Rückblick, da habe sie sich eben noch zu wichtig genommen. Sie lernte es, nicht aufzubegehren, Erniedrigungen zu ertragen und sich zu sagen, das alles sei notwendig, wenn ihre Hingabe ganz sein solle. Denn halbe Hingabe kann es nicht geben.

Hier könnten sich denen, die kritisch nachgedacht haben über die Gefahren der Folgsamkeit, die Nackenhaare aufstellen. Ist es nicht, wie die Katastrophe des Dritten Reichs beweist, ein Risiko, sich einer Idee bedingungslos zu verschreiben?

Wem dürfen wir eigentlich gehorchen?

Anders gesagt: Welches Kriterium ist ausschlaggebend dafür, ob das Gehorsamsein zum Guten oder zum Schlechten führt?

Die Antwort, ich gestehe es, hört sich ebenfalls riskant an: Letzte Instanz für den Gehorsam ist das Gewissen.

Hatten die Mitläufer der Nationalsozialisten, von den Tätern ganz zu schweigen, ein schlechtes Gewissen? Wer die glückstrahlenden Gesichter sieht, mit denen Hitler zum Beispiel bei seinem Einmarsch in Österreich begrüßt wurde, wird das kaum behaupten. War das, was das Gewissen sagte, bei diesen Menschen nicht mehr vernehmbar? Was hat es übertönt?

Sie haben nur noch auf die Stimmen von außen gehört, auf Befehle, Suggestionen, Behauptungen, Verschwörungstheorien. Demagogen tun sich leicht, die Stimme des Gewissens zu ersetzen, wenn die ethischen Werte erschüttert und fragwürdig geworden sind durch Katastrophen wie den Ersten Weltkrieg und die Wirtschaftskrise, wenn das entsteht, was der Dramatiker Ernst Toller hellsichtig schon vor Beginn des Dritten Reichs »die ethische Lücke« nannte. Dieses Defizit erzeugt den Gehorsam gefolgschaftstreuer Jasager, die nur hoffen, an einem Aufstieg teilzuhaben, an Macht, Triumph, Sieg, sie wollen zu den Gewinnern gehören. Dagegen ist es den Menschen, die einen spirituellen Weg gehen wollen, ein natürliches Bedürfnis, einem Menschen zu folgen, der voranschreitet, einem Lehrer, einem Meister, einem Vollendeten, gleich welchen Geschlechts oder Alters. Sie hoffen nicht auf ein künftiges besseres Leben, sondern bewegen sich auf seinen Spuren ins Hier und Jetzt, in die Gegenwart. Der Gehorsam dieser Sinnsucher ist es, der aus Evelyn Glennie eine glückliche Frau gemacht hat. Sie hat das, was sich Schicksalsschlag nennt, nicht wie Beethoven als unverdiente Strafe erlebt, sondern als Chance. Beethoven begriff sich als gläubigen Menschen, das alleine aber hilft noch nicht weiter. Untersuchungen zur Krankheitsbewältigung bei Krebspatienten, die Sebastian Murken am Zentrum für Psychobiologie und Psychosomatik an der Universität Trier durchführte, weisen in diese Richtung. Der Religionspsychologe befragte knapp 200 Frauen mit Brustkrebs, welchen Stellenwert die Religion für sie habe, um diese Lebenskrise zu bewältigen. Durch Fragebögen und Interviews kam Murken zu dem Ergebnis, dass Dreiviertel der Patientinnen ihre Religiosität dafür einsetzten, mit der Krankheit fertig zu werden, aber mit unterschiedlichem Erfolg. Waren die Glaubensvorstellungen negativ geprägt, sah also eine Patientin in ihrer Krankheit eine Strafe Gottes, erschwerte ihr das den Umgang mit der Krankheit. Andere, die von ihrem Gott Hilfe erhofften, wurden durch das Gebet bereit, anzunehmen, was mit ihnen passierte. Wie immer man das bewerten mag: Studien in unterschiedlichem sozialem Umfeld belegen nur, dass Gebete nicht automatisch gesund machen, dass Glaube sich nicht instrumentalisieren lässt.

Was kann der Glaube bei Kranken bewirken?

Sicher kann er keine Wunder wirken, und das ist gut so. Er kann jedoch helfen, sich abzufinden mit dem Schicksal, ohne dabei zu resignieren oder gar zu verzweifeln. Wer das lernen will, sollte damit beginnen, sich vom Zweckdenken zu lösen. Menschen in Bedrängnis und Angst erfahren Erleichterung durch religiöse Versenkung, wenn sie nicht zielgerichtet ist. Der bereits erwähnte Biologe Jon Kabat-Zinn, Vertreter der sogenannten »Body-Mind-Medicine« und Begründer der Achtsamkeitsmeditation, erklärt deshalb von vornherein, bei ihm werde nicht meditiert, um

Schmerzen, Krankheiten oder Probleme zu beseitigen. »Der beste Weg, in der Meditation Ziele zu erreichen, ist, sie loszulassen. Die Entspannung entsteht als Nebenprodukt regelmäßiger Übung, ist aber nicht der Zweck.«

Gehorsam meint, sich von der Frage »Was bringt's?« zu verabschieden. Auch Erleuchtung kommt nach den Erfahrungen buddhistischer Mönche und Nonnen dann, wenn man nicht damit rechnet. Es ist wie in der Liebe: Jede Art des Berechnens steht der Hingabe im Wege. Und Hingabe rechnet nicht mit Rückgabe, sie gibt ohne Investmentdenken, sie überlegt nicht, was sich lohnen könnte und was nicht. Ein Gläubiger, der für sein gottgefälliges Leben einen Logenplatz im Jenseits erwartet oder seine Frömmigkeit bereits im Diesseits darin bestätigt sieht, dass er mehr Erfolg hat, mehr Glück, mehr Besitz, ist von der Hingabe recht weit entfernt.

Hingabe meint, Widerstand aufzugeben, und das fällt uns schwer. Sich zu wehren ist dagegen eine Grundhaltung, die uns früh beigebracht wird. »Wer sich nicht wehrt, lebt verkehrt« stand zur Zeit der Studentenrevolution auf vielen Toilettentüren und Hausmauern. Gerade in Deutschland ist die Ermutigung zum Widerspruch, zur Zivilcourage besonders nötig. Wir sind jedoch versucht, diese soziale Tugend auf das individuelle Dasein zu übertragen und allem den Kampf anzusagen, auch dem, was unvermeidbar ist. Es ist menschlich, die Diagnose nicht akzeptieren zu wollen, nur noch ein Jahr oder einen Monat leben zu dürfen, klug ist es nicht.

Sich zu fügen muss nicht Zeichen der Schwäche sein, im Gegenteil: Es erfordert zuweilen mehr Kraft als der Kampf. Doch wie angesichts einer entsetzlichen Wirklichkeit, einer Gegenwart der Kriege und Katastrophen, der Folter und des Mordens, sich fügen?

Wie können wir ja zum Schlechten in der Welt sagen?

Diese uralte Menschheitsfrage stellt sich uns zwangsläufig – ob uns das Schlechte nun persönlich trifft oder nicht. Was für einen Sinn sollen wir darin sehen?

Es gibt eine Welt, in der all diese Grausamkeiten vorkommen, und es sind keineswegs nur Menschen, die daran Schuld tragen, auch die Götter sind Übeltäter; sie lügen und betrügen, foltern, morden und stiften zu Gemetzeln an. Sogar untereinander schrecken sie vor kaum einer Schandtat zurück. Dennoch wirkt diese Welt schön: die Welt der homerischen Epen, die in der Zeit zwischen 750 und 650 vor unserer Zeitrechnung entstanden. Philosophen und Literaten haben versucht, jenes Geheimnis zu ergründen, herauszufinden, warum sie es als schön empfinden. Viele meinen: weil auch das Entsetzlichste noch in ein göttliches Licht getaucht sei. Homers Epen lehren uns, dass es nicht um das Schicksal des Einzelnen geht, egal ob dieser ein Gott, ein Halbgott oder ein Mensch ist, dass nicht sein grässliches oder glückliches Schicksal wesentlich ist, sondern seine Rolle im Weltgeschehen. Und die heißt es nicht allein, demütig anzunehmen. Es heißt auch, sie zu formen, etwas aus ihr zu machen.

Es lebt mit den Göttern zusammen, wer ihnen fortgesetzt seine Seele zeigt, wie sie über das Zugeteilte zufrieden ist.«
Marc Aurel

Wer diese Rolle ganz ausfüllt, mit allem, was ihm an Kräften und Gaben zur Verfügung steht, erfüllt seine Bestimmung in jener langen Erzählung von der Welt. Dieser Gedanke half den Menschen der Antike wohl, sich abzufinden mit ihrem Geschick, nicht etwa gleichgültig, sondern engagiert, nicht willig, sondern wollend. Dass es den Göttern, von der Unsterblichkeit abgesehen, nicht besser ging als ihnen, dass sie ebenfalls von Neid und Eifersucht, von Hass und Verzweiflung, von Schmerz und Trauer, von Leiden und Leidenschaft gepackt waren, dass sie nicht von oben herab regierten, sondern mittendrin agierten, führte den Menschen vor, dass Götter – wie sie selbst auch – ihren Platz, ihre Funktion in jener endlosen Geschichte hatten, deren Urheber wohl nicht einmal die Unsterblichen erahnen konnten. Es musste etwas geben, was auch dem vermeintlich Sinnlosen seine Bedeutung verlieh, sonst hätten die Götter nicht mitgespielt – nur waren die Menschen nicht imstande, diese Bedeutung zu erkennen. Es schien jedoch, und das meint jenes göttliche Licht, durch alles hindurch, und es kam darauf an, dieses Licht wahrzunehmen. Die Bereitschaft, den Göttern alles zu überlassen, ganz wunschlos zu werden und das eigene Geschick in ihre Hände zu legen, hinzunehmen, was geschieht, ohne Widerstand, ohne Widerspruch, wurde in der Antike bereits vollendet formuliert von den Stoikern, wie ein Gebet des Kleanthes belegt:

> »*Führ mich, o Zeus, und du, gewaltiges Schicksal,*
> *Wohin auch immer ich von euch bestimmt bin;*
> *Ich folge ohne Zögern; wenn ich auch nicht will*
> *In meiner Bosheit, folgen muss ich dennoch.*«

Sich einem höheren Willen zu fügen, kann nicht nur Resignation bedeuten, sondern ein gelassenes Einverständnis. Was daraus hervorgeht ist eine Haltung, die der Philosoph Peter Strasser in dem Satz zusammengefasst hat: »Es ist, wie es ist, und es ist gut.«

Gehorsam im Sinn jenes Annehmens zu leisten ist besonders schwer, wenn es um das Altern und den Tod geht. Unsere Verdrängungsmechanismen funktionieren kurzgefasst so, wie das

Woody Allen formuliert hat: »Ich habe keine Angst vor dem Sterben, ich möchte bloß nicht dabei sein, wenn es passiert.«

Zwar widmen sich große alte Dichter wie Louis Begley oder Philip Roth vermehrt diesem Thema, offenbaren in ihrem literarischen Ich jedoch auch, dass sie diesen Gedanken gerne entkommen, indem sie sich an der Seite einer jungen Frau ihrer inneren Jugendlichkeit zu versichern suchen. Sie folgen darin Groucho Marx, der meinte, ein Mann sei nur so alt wie die Frau, die er fühlt. Und Roth spricht in seinem *Jedermann* von einem »unerbittlichen Kampf«, den er führe. Auch das erfolgreiche Erinnerungsbuch von Hellmuth Karasek verrät bereits im Titel, welcher Ton dort angeschlagen wird: *Süßer Vogel Jugend oder: Der Abend wirft längere Schatten.* So gelungen die Komik ist, die er dem Alter in vielen Passagen abgewinnt, so souverän er über sich selber zu lachen und lästern vermag, bleibt doch spürbar, dass er den Fluch des Alterns nur aufseufzend zum Segen erklärt. Ganz anders der alte Risach in Stifters *Nachsommer,* der nicht ankämpft gegen den Verfall und das nahende Ende, wie das Roth tut, sondern eine Haltung sucht, die sich in »Ergebung, Vertrauen, Warten« äußert. Geistesverwandt ist er hierin Friedrich Schleiermacher, der angesichts der Erkenntnis, dass der Tod notwendig sei, meint, eben »der Notwendigkeit mich nahezubringen, sei der Freiheit Werk und Sterbenwollenkönnen mein höchstes Ziel«. Das ist ein Gehorsam, der sich darin zu erkennen gibt, dass er für die Anstrengungen, die er kostet, etwas schenkt: Gelassenheit.

Worin sich der Gehorsam des Mystikers zeigt

Egal, ob es sich um einen jüdischen, christlichen, hinduistischen, buddhistischen oder muslimischen handelt, es drängt ihn, einen Meister, einen Guru, einen Lehrer zu finden, dem er gehorcht, selbst wenn ihm die Anweisung des Meisters zuerst unsinnig erscheint.

Um die Bedingungslosigkeit dieses Gehorsams zu prüfen, geben die Zen-Meister seit dem 10. Jahrhundert ihren Schülern ein *Köan* auf. Das *Köan* ist, auch wenn es oft so bezeichnet wird, kein Rätsel, vielmehr ist das *Köan* ein Paradoxon, ein Satz, der sich selbst widerspricht. Ein berühmtes *Köan* lautet: »Wie klingt das Klatschen der einen Hand?« Nur wenn sich ein Schüler dieser der Vernunft nicht zugänglichen Aufgabe ganz hingibt, kann ihn das auf den Weg zu einer Lösung führen. Die Lösung liegt außerhalb der Logik, und der Schüler kann dorthin nur gelangen durch einen Sprung heraus aus den gewohnten Dimensionen des Denkens, auf eine andere Ebene des Begreifens. Damit er diesen Sprung macht, ist dem Meister alles erlaubt. Er darf den Schüler verächtlich behandeln, unerwartet angreifen, schlagen, sogar körperlich verletzen. Der Gehorsam des Schülers zeigt sich darin, dass er dem Meister Folge leistet, egal wie unerbittlich, hart, sogar grausam der ist.

Suigan begab sich zu Meister Jimyō. Jimyō fragte: »Was ist die genaue Bedeutung des Buddha-Gesetzes?«
Suigan gab zur Antwort: »Wenn über den Gipfeln keine Wolken sind, fällt der Mond ins Herz der Wellen.«
Jimyō sagte verächtlich: »Bis dein Haupt weiß und deine Zähne gelb geworden sind, wirst du dieser Ansicht bleiben.«
Suigan strömte der Schweiß aus allen Poren und alles Leben wich aus ihm. Da sagte Jimyō : »Nun frage du mich, ich werde es dir erklären.«
Suigan fragte: »Was ist die genaue Bedeutung des Buddha-Gesetzes?«
Und die Antwort war: »Wenn über den Gipfeln keine Wolken sind, fällt der Mond ins Herz der Wellen.«
Da wurde Suigan erleuchtet.

»Was feststeht, muss umgeworfen werden«, schreibt der Zen-Spe-
zialist und Psychologe Karlfried Graf Dürckheim. »Worauf man
glaubt, Anspruch zu haben, wird abgelehnt. Woran man klebt, wird
einem entrissen. Worauf man sich etwas einbildet, wird lächerlich
gemacht. Was man zu sein meint, wird entlarvt. Was man zu wissen glaubt, wird ad absurdum geführt.« Der Gehorsam im Geiste
des Zen meint, sämtliche Gewissheiten aufzugeben, auch den
Glauben an die Verstandesmacht. »*Sune warumbe*«, ohne Warum
anzunehmen, wie es auch beim Mystiker Meister Eckhart heißt.

*W*issenschaftliche Argumente führen zu diametral entgegengesetzten
Schlussfolgerungen.«
Leo Tolstoi

In unserem Alltag bedeutet das nicht, sich einem selbsternannten
Guru oder Coach auszuliefern, der seine Raffgier philosophisch
verbrämt, sondern dass wir uns von der Idee lösen, als fertig Aus-
gebildete, Graduierte, Diplomierte, Promovierte keinen Lehrer
mehr zu benötigen. In jedem Leben gibt es Situationen, in denen
es uns nur weiterhilft, wenn wir uns einen Meister oder eine Meisterin wählen, einen Menschen, dem wir zuhören, von dem wir
alles annehmen können, weil wir ihn als größer, wichtiger und
weiser anerkennen als uns selbst. Und zwar auch dann, wenn dieser Mensch weniger Wissen, weniger äußeren Erfolg oder akade-
mische Grade vorzuweisen hat, sogar wenn er weniger Lebens-
erfahrung besitzt. Der Topos vom weisen Kind hat einen wahren
Kern, zumal das Kind nicht über jene Wunderwaffe verfügt, die
wir Erwachsenen letztlich gegen uns selbst richten, überzeugt, sie
nutze der Verteidigung: die Rhetorik. Je schwächer die Argumente sind, desto schlagkräftiger werden unsere Worte. Wer seinem
Meister gegenübersitzt, kann sich das schenken.

Der Meister oder die Meisterin muss nicht reden, nicht erklären, nur zeigen. Er kann sich unter Künstlern finden oder unter Pennern, es kann ein arbeitsloser Musiker sein oder ein Physiker, der die Grenzen seiner Physik eingesehen hat. Mit dem Meister wird nicht argumentiert, denn der Verstandesgläubigkeit soll gerade eine Absage erteilt werden, weil dann das Verständnis viel weiter reichen kann.

Nicht, um in esoterischen Nebeln zu versinken, sondern um andere Möglichkeiten des Verstehens kennenzulernen, die nicht an die Gesetzmäßigkeiten der Logik und an wissenschaftliche Plausibilität geknüpft sind. Es gibt Wahrheiten, die wir nur empfinden, nicht erklären können. Sich aus der Maschinerie der Schlussfolgerungen zu befreien und ganz auf die innere Wahrnehmung zu verlassen, nicht auf Heilsgewissheiten zu vertrauen, sondern nur dem Augenblick, verlangt Mut. Es ist ein Sprung ins Leere. Freier Fall. Abwarten, was geschieht.

> *D*er gesunde Menschenverstand ist oft eine der
> ungesundesten Verständnislosigkeiten.«
> *Ludwig Marcuse*

Wir Sinnsucher haben oft das Problem, in der Suche zu erstarren. Gehorsam zu sein meint, sich immer wieder dem Augenblick vollständig auszuliefern und aufzugehen in dem Gefühl: Es wird sich finden. Wer diese Art des Gehorsams gelernt hat, gewinnt an innerer Freiheit, weil er sich nicht im Mittelpunkt der Welt, seiner Welt sieht, vielmehr als Diener einer großen Ordnung. Das zeigt sich in der Fähigkeit zur Versöhnung. Ein gehorsamer Mensch versöhnt sich mit seinen äußeren Lebensbedingungen, seinen vermeintlichen Feinden und Benachteiligungen, mit der Natur, dem Altern und dem Tod.

- Wenn Sie etwas verloren haben, Geld, ein Schmuckstück, irgendetwas, was objektiv oder subjektiv wertvoll für Sie war, trauern Sie dem nicht nach. Fügen Sie sich nicht nur in den Verlust, stellen Sie sich vor, wie jemand sich an diesem Zufallsfund freuen wird.

- Geht Ihnen, jemandem aus Ihrer Familie oder einem Gast etwas zu Bruch, hadern Sie nicht, schimpfen Sie nicht, sondern üben Sie, dankbar zu sein, dass keinem Menschen etwas passiert ist.

- Achten Sie darauf, zu unterscheiden, zu welcher Art von Resignation Sie neigen. Früh aufzugeben und dabei in Selbstmitleid zu zerfließen, ist naheliegend, macht aber nur unglücklich. Heiter loszulassen und die Hände aus dem Spiel zu nehmen, zeigt Größe und schenkt Lebensfreude.

- Wenn Sie eine schlimme Diagnose mitgeteilt bekommen, geben Sie nicht auf, aber machen Sie sich klar, bis wohin Sie kämpfen wollen und ab wo Sie Ihre Existenz entwürdigend fänden und lieber Abschied nehmen wollen. »Wenn ich nicht mehr allein aufs Klo gehen kann«, hat meine verehrte alte Blumenhändlerin gesagt, »dann möchte ich gern sterben.« Sie hat sich daran gehalten.

- Wenn ich von meinem geliebten Menschen verlassen werde, wenn einer der Nächsten schwer erkrankt, ein Verkehrsunfall passiert oder das Haus abbrennt, lautet die häufigste Reaktion darauf: »Warum passiert das ausgerechnet mir?« Dieser Satz meint eigentlich: »Warum tut Gott mir das an, wo ich doch besser bin als andere, denen nichts Schlimmes widerfährt!« Damit macht man Gott klein und sich selbst groß, was menschlich ist, aber nichts bringt. Weiter führt es, sich zu fragen: »Was kann ich und soll ich nun ändern?«

- Der Verlust von Fähigkeiten muss nicht in die Verzweiflung führen, er kann zum Umlernen verlocken. Der Maler Edgar Degas

188

erblindete mit Mitte fünfzig, auf dem Höhepunkt seines Erfolges; das Malen musste er aufgeben, nicht aber die künstlerische Arbeit. Er begann, sich mit Bildhauerei zu beschäftigen, schuf Pferde, Frauenakte, Tänzerinnen und wird heute für dieses plastische Werk ebenso gefeiert wie für das malerische. Im Harmloseren kann das bedeuten: Haben Sie als Rechtshänder Ihre rechte Hand verletzt, verfluchen Sie nicht die Schwierigkeiten, die dadurch vorübergehend entstehen, begrüßen Sie die Chance, nun endlich die Linke zu trainieren und damit ihre rechte Hirnhälfte besser in Schwung zu bringen. Die ist nämlich fürs Kreative zuständig.

- Gehorsam lässt sich auch am Spielen trainieren. Versuchen Sie, beim Schach oder beim Skat, beim Kegeln oder beim Tennis ein guter Verlierer zu sein.

- Ein kurzer Satz für den Schreibtisch: Auftreten heißt nicht aufstampfen.

Die Gemeinschaft

Der Bewerber begeisterte den Abteilungsleiter: rhetorisch begabt, charismatisch, selbstsicher und souverän und was er von seiner beruflichen Vergangenheit erzählte, war beeindruckend. Sofort bekam er die Stelle und fand innerhalb kürzester Zeit heraus, wer in diesem Unternehmen etwas zu sagen hatte, schloss Freundschaften mit den einen, grenzte sich ab von den anderen. Der Chef war stolz, einen Golfer mit einem solchen Handicap als seinen jungen Freund vorzuführen, und die Freundin des Chefs, zugleich seine Assistentin, war beglückt, von dem Neuen behandelt zu werden, als sei sie bereits die Ehefrau des Chefs, obwohl der noch brav verheiratet war. Über andere Mitarbeiter allerdings zog der Neue her, obwohl sie bis dahin ausgezeichnete Arbeit geleistet hatten. Die Geschmähten spürten, dass er offenbar gezielt Fehlinformationen streute, Misstrauen säte, Intrigen spann, Menschen gegeneinander ausspielte, aber beweisen konnten sie das nicht und ihn stellen ebenso wenig, denn bei größeren Meetings ließ er sich generell entschuldigen. Manche, denen er anfangs um den Bart oder die Bäckchen gegangen war, verloren schlagartig seine Gunst, sobald er entdeckt hatte, dass sie doch nicht so einflussreich waren, wie er gedacht hatte.

Als der Neue schließlich ebenjenen Abteilungsleiter entthronte, der ihn dereinst eingestellt hatte, fing der an, nachzudenken über seine damalige Entscheidung. Er landete bei mir mit seinen Sorgen, vor allem aber der Frage, wie er sich davor hüten könne, sich noch einmal derartig zu irren. »Was stimmt nicht mit diesem Mann? Dem fehlte doch eigentlich nichts.« Meine Antwort hörte sich vermutlich für einen Wirtschaftsexperten rührselig an. Ich sagte ihm, dem Mann fehle die Fähigkeit zum Mitgefühl. Es handle sich um einen Fall, der früher Psychopath genannt worden wäre und heute politisch korrekt als dissoziale Persönlichkeit bezeichnet werde. Erkennungsmerkmale solcher Menschen: Sie halten Skrupel, Mitleid, Einfühlung, Verantwortungsbewusstsein und Gewissen für altmodischen Ballast auf dem Weg nach oben, und Reue können sie nicht buchstabieren. Und wo immer sie auftauchen, wird früher oder später klar, dass jemand ohne Empathie nicht gemeinschaftsfähig ist.

»Wer nicht in Gemeinschaft leben kann oder, weil er sich selbst genügt, einer solchen nicht bedarf, der ist entweder ein Tier oder ein Gott«, erkannte bereits Aristoteles.

Es gibt seit längerem Intelligenztests, Tests, die die nervliche Belastbarkeit oder die Motivation ausloten. Auf die Idee, Gemeinschaftsfähigkeit zu überprüfen, sind Forscher jedoch erst in jüngster Zeit verfallen.

Der kanadische Psychologe Robert Hare oder der englische Neurologe Ray Dolan, die über Jahre hinweg Fälle von gemeinschaftsunfähigen Existenzen beobachtet haben, fanden allerdings, dass sich manche gebärdeten, als wären sie Götter. Sie missachteten soziale Regeln und Verpflichtungen, hatten ein übersteigertes Bild von sich selbst, verspürten niemals Schuldgefühle, gestanden fast niemals Fehler ein und bevorzugten einen parasitären Lebensstil, weil sie der Ansicht waren, für sie müsse eben gesorgt werden. Und Dolan konnte bei diesen dissozialen Persönlichkeiten abweichende Hirnfunktionen nachweisen: Zeigt man ihnen Bilder von Leidenden, Gequälten, Gefolterten, wird bei ihnen nicht wie bei anderen Menschen die Amygdala im Gehirn aktiviert.

Ohne Mitgefühl funktioniert aber keine menschliche Gemeinschaft, ob in einem Betrieb oder in der Familie, in einer Schulklasse oder einem Gefangenenlager, einem Altersheim, einer Werbeagentur oder einem Krankenhaus. Als das den Neurowissenschaftlern bewusst wurde, begannen die einen, Testverfahren zu entwickeln, um Menschen ohne Mitgefühl frühzeitig zu entlarven und die Gemeinschaft vor ihnen zu bewahren, die anderen versuchten, die Aufgabe der Empathie näher zu bestimmen.

Wie Mitgefühl funktioniert und was es bringt

Es war keine romantische Situation, in der das Liebespaar sich befand. Die Versuchsanordnung hätte für einen Außenstehenden sogar wie Folter aussehen können.

Die Frau lag im Magnetresonanztomographen, ihr Freund saß daneben auf einem Stuhl. Ihre rechte Hand lag wie seine Rechte auf einem Bord, das die Frau im Tomographen durch ein Spiegelsystem sehen konnte. An beiden Händen klebten Elektroden, durch die schwächere und stärkere Stromstöße geschickt wurden. Die stärkeren taten weh, etwa wie der Stich einer Wespe, dauerten aber nur eine Sekunde, dann war der Schmerz verschwunden. Auf einem Monitor konnte die Frau erkennen, ob sie oder ihr Liebster gleich einen Stromstoß abbekäme und wie schmerzhaft der sein würde. Sein Gesicht jedoch sah sie nicht, nur die Symbolbilder sagten ihr, dass ihr Freund nun etwas Schmerzhaftes erleiden müsse.

Wurde der Frau selbst ein leichter Stromstoß versetzt, dann wurde in ihrem Gehirn das Netzwerk der Schmerzverarbeitung erregt, vor allem die Insula (Inselrinde), der primäre und der sekundäre sensorische Kortex und bestimmte andere Regionen. Als jedoch ihrem Liebsten Schmerzreize zugefügt wurden, wurden die meisten dieser Regionen ebenfalls aktiv, vor allem solche, die als emotionsrelevant gelten.

Weitere Experimente in dieser Anordnung zeigten es eindeutig: Das Gehirn schien die Leiden des nahen Menschen mitzufühlen, umso mehr, je einfühlungsfähiger die Person sich schon vorher in einem Testfragebogen zu erkennen gegeben hatte.

In anderen Untersuchungen verstärkte sich die Aktivität der anterioren Inselrinde bei den Mitleidenden bereits, wenn sie nur darüber informiert wurden, dass ihrem Partner Leid zugefügt werden sollte.

Das Fazit jener Versuche, mit denen die Psychologin Tania Singer Aufsehen erregte, ist sicher eines der schönsten, die jemals in der Forschung gezogen werden konnten: Wir sind zum Mitgefühl gemacht. Und Mitgefühl kann sich gerade dann offenbaren, wenn wir in einer Gemeinschaft leben und uns den anderen zuwenden.

Manche klösterlichen Gemeinschaften machten aus dem Mitfühlen eine zentrale Aufgabe. So haben sich die Barmherzigen Brüder und Barmherzigen Schwestern als Angehörige unterschiedlicher Ordensgemeinschaften der Pflege von Kranken und Behinderten verschrieben. Barmherzigkeit heißt im Lateinischen *misericordia*, zusammengesetzt aus *miser*, arm, und *cor*, das Herz. Und *barmen* bedeutete im Mittelalter nichts anderes als Mitgefühl empfinden für die Elenden. Doch das Gute muss sich erweisen. Theoretisch gut zu sein, wirkt nicht, nur praktisch Gutes zu tun kann Armut verhindern und Menschen verbinden.

*Es ist unmöglich, dass der Mensch gut sei,
außer er stehe im rechten Bezug zum Gemeinwohl.«*
Thomas von Aquin

Die sogenannten Dritten Orden tragen bis heute die Hauptverantwortung für gelebte Barmherzigkeit und praktizieren ihr Mitgefühl höchst professionell, wie das hohe Niveau ihrer Krankenhäuser beweist. Mitglieder der Dritten Orden haben nicht unbedingt ein Gelübde abzulegen, in dem sie sich zu klösterlichem Leben verpflichten; das gilt nur für die Regulierten. Die Weltlichen hingegen verpflichten sich zwar nach einem Noviziat auf lebenslange Zugehörigkeit, nicht aber zu einem Dasein hinter Klostermauern. Begarden wie Beginen lebten schon im Hochmittelalter ein Dasein zwischen Ordens- und Laienstand. Die Beginenhöfe, in denen die Frauen unter einer Meisterin, *magistra* genannt, zusammenlebten, waren keineswegs klösterlich abgeschlossen. Sie boten Jungfrauen, aber auch Witwen die Gelegenheit, ein selbstbestimmtes, sozial engagiertes Leben zu führen: Sie waren aktiv in der Krankenpflege, der Totenbestattung, im Unterrichten von Mädchen, und sie verdienten ihren Unterhalt durch Handarbeiten. Entstanden aus der mittelalterlichen Armutsbewegung, suchten die Gemeinschaften der Begarden und Beginen in Frankreich, Deutschland, den Niederlanden und Belgien nach einer Möglichkeit, ihr Leben nach dem Evangelium auszurichten, dabei aber eingebunden zu bleiben in die weltlichen Zusammenhänge. Dieses Bedürfnis, spirituelle Ausrichtung und den Einsatz für andere im alltäglichen Leben zu verbinden, kennen auch heutige Sinnsucher. Weshalb sollte das Heil in der Einsamkeit liegen?

Was bringt uns auf die Idee, nur im Abseits, ob klösterlich oder einsiedlerisch, sei ein geistig orientiertes Dasein möglich?

Es sieht zwar so aus, als habe Epikur sich mit seinen an Politik so völlig desinteressierten Freunden im Garten verborgen, um das Leben auszukosten, als sei Platon ins Reich der Ideen geflohen und als hätten die Stoiker lebensfern nichts als Schicksalsergebenheit gepredigt. Aber die Ansicht, dass Weisheit, Erkenntnis, Erleuchtung nur in völliger Abgeschiedenheit gedeihen kann und bereits die griechischen Philosophen zum großen Teil aus der Wirklichkeit geflohen seien, entpuppt sich bei näherer Betrachtung als irrig. Die Philosophie war bereits in der Antike Lebenskunst, die mitten im Leben gedacht, gelehrt, diskutiert wurde. Die Philosophenschule in Epikurs Garten mitten in Athen stand jedem offen, die Kyniker (Zyniker) versammelten sich auf dem

Ringplatz von Kynosarges, einem Vorort Athens, die Stoiker kamen regelmäßig in der *stoa poikile,* der bunten Halle in Athen, zusammen. Auch die christlichen Mystiker begriffen sich niemals als Aussteiger, die auf andere aus der Höhe der Erkenntnis herabschauen. »Das kann man nicht durch Fliehen lernen«, meinte Meister Eckhart zum richtigen Weg, Gott zu erfahren, »indem man vor den Dingen flüchtet und sich äußerlich in die Einsamkeit kehrt; der Mensch muss vielmehr eine innere Einsamkeit lernen, wo und bei wem er auch sei. Er muss lernen, die Dinge zu durchbrechen und seinen Gott darin zu begreifen.«

Viele christliche Klöster siedelten sich bewusst am Rande in der Einsamkeit an, aber von der Welt verabschiedet haben sie sich deswegen beileibe nicht. Sie standen mitten im Leben und wirkten am Fortschritt der Zeit mit, waren im Mittelalter mit ihren Bibliotheken, Skriptorien und Schulen die wichtigsten Bildungsstätten bis zur Gründung der ersten Universitäten, pflegten die Heilkunde und führten landwirtschaftliche Musterbetriebe. Je weiter weg sie aber von den Bedürftigen waren, desto weniger konnten sie der größeren Gemeinschaft jenen Dienst erweisen, der als die Entsprechung zur Liebe Gottes gilt: die selbstlose, fraglos gebende, bedingungslose Liebe. Das, was bei den Griechen als *agape* bezeichnet wurde. Das Verb *agapon,* das sich darin verbirgt, meint auf der einen Seite, sich selbst mit etwas zufriedenzugeben, andererseits aber, jemand anderen mit Achtung und besonderer Aufmerksamkeit zu behandeln. Bei Plotin wird mit *agape* jene Art der Liebe bezeichnet, die frei, ohne gefordert zu werden, von einem Menschen ausgeht und das Geringere, Ärmere erhöht.

Sie wurde schon erwähnt, trotzdem soll die Klosterregel des Benedikt, die das deutlich formuliert, hier noch einmal zitiert werden: »Mit besonderer Sorgfalt nehme man die Armen und Fremden auf; denn vornehmlich in ihrer Person wird Christus aufgenommen.«

Die *agape* teilt. Sie ist *tätige* Nächstenliebe, denn wenn diese nur darin besteht, nichts Böses zu tun, ist sie von der Faulheit schwer zu unterscheiden. Das Teilenwollen ist Voraussetzung für das Gemeinschaftsgefühl, und es zeigt sich beim Teilen von Nahrungsmitteln.

Das hat Paulus, nicht eben für vorsichtige Formulierungen bekannt, in seinem ersten Brief an die Korinther (1 Kor 11,20 ff.) deutlich kundgetan. Die hatten sich angewöhnt, zur Liebesmahlfeier, einer Vorform der Eucharistie, die sich *agape* nannte, jeder ein eigenes Picknickpäckchen mitzubringen und es zwar in Gesellschaft, aber jeder für sich zu verzehren. Natürlich war unübersehbar, wer hier mehr und wer weniger Geld für Essen und Wein ausgeben konnte. »Wenn ihr also gemeinsam zusammenkommt«, schimpfte Paulus »so ist das nicht mehr ein Essen des Herrenmahls. Denn ein jeder nimmt beim Essen seine eigene Mahlzeit vorweg, und der eine hungert, indes der andere betrunken ist. Habt ihr denn nicht Häuser zum Essen und Trinken? Oder verachtet ihr die Gemeinde Gottes und beschämt jene, die nichts haben?« Paulus wird so heftig, weil er überzeugt ist: »Eure Zusammenkünfte gereichen nicht zum Segen, sondern zum Schaden«, und damit auch jeder kapiert, was er meint, erklärt er am Schluss des Briefes: »Wenn ihr euch versammelt zum Essen, so wartet aufeinander. Hat aber jemand Hunger, so esse er zu Haus.«

Warum wir gemeinsam essen sollten

Die gemeinsame Mahlzeit, die im Refektorium eingenommen wird, ist in den meisten Klöstern bis heute üblich, denn auch dort verbindet dieses Erlebnis. Ein englischer Ethnologe stellte nach jahrzehntelangen, weltweiten Untersuchungen fest, dass überall als das am meisten beglückende Erlebnis ein gemeinsames Essen gilt. Dabei widerspricht es eigentlich dem angeborenen Egoismus und Überlebenstrieb, ausgerechnet das Essen zu teilen. In der Tierwelt füttern zwar Eltern ihre Jungen, Partner aber teilen nur in Ausnahmefällen und dann keineswegs aus altruistischen Beweggründen: Schimpansen, fanden Forscher heraus, geben nur etwas ab, damit sie selber in Ruhe essen können. Georg Simmel, der große deutsche Soziologe, formulierte das schonungslos. »Von allem nun, was den Menschen gemeinsam ist, ist das Gemeinsamste: dass sie essen und trinken müssen. Und gerade dieses ist eigentümlicherweise das Egoistischste, am unbedingtesten und unmittelbarsten auf das Individuum Beschränkte: was ich denke, kann ich andere wissen lassen; was ich sehe, kann ich sie sehen lassen; was ich rede, können Hunderte hören – aber was der Einzelne isst, kann unter keinen Umständen ein anderer essen.«

Ernähren müssen wir uns, aber wir müssen es doch nicht in Gemeinschaft tun. Schließlich befriedigen wir andere Grundbedürfnisse auch ungern in großer Gesellschaft, ob es ums Schlafen, die Körperreinigung oder die Körperentleerung geht. Anders gesagt: Der Futterneid ist natürlich, und es müsste uns eigentlich Überwindung kosten, mit anderen zusammen zu tafeln und mit ihnen zu teilen. Kein Zufall also, sondern erzieherische Absicht, dass das kultische Mahl, auch das der Eucharistie, Gemeinschaft verlangt. Liturgie kommt vom griechischen *leitourgia*, was ursprünglich eine Leistung oder Stiftung für die Volksgemeinschaft bezeichnete, dann jedoch bald vor allem verwendet wurde für gemeinsame, in einer geregelten Form verlaufende Gottesdienste, deren unverzichtbarer Bestandteil es war, gemeinsam, wie Christus mit den Jüngern beim Abendmahl, Brot und Wein zu konsumieren. Anteilnahme beginnt, wie der Begriff sagt, mit dem Teilen, ob es um Essen, Besitz, Erfahrungen oder Empfindungen geht. Im Kloster bekommt dabei nicht jeder das Gleiche, sondern das, was er braucht; Fleisch ist in vielen Orden den Kranken und

Rekonvaleszenten vorbehalten. Gemeinschaftssinn offenbart sich aber nicht im Teilen an sich, er zeigt sich darin, dass wir gerne teilen. Ich habe schon Paare beobachtet, die sich im Restaurant ein Gericht teilen oder auf halber Strecke die Teller tauschen, damit jeder beides probieren kann. Wenn sie dann plötzlich einen eigentümlichen Futterneid an den Tag legen und jeder meint, der andere habe sich zu viel genommen, notiere ich mir im Kopf »Prognose ungünstig«.

Das gemeinsame Essen im Refektorium gehört in fast allen Orden – bei den Zisterziensern und Kartäusern nur an Sonn- und Feiertagen – zu den täglichen Riten des Klosterlebens, auch bei Buddhisten oder Sufis, weil das Gemeinschaftsbildende dieses Brauchs auf der Hand liegt. Vor Jahren haben Wissenschaftlerinnen und Wissenschaftler des Frankfurter Instituts für sozial-ökologische Forschung (ISOE) innerhalb des Projekts »Ernährungswende« untersucht, wie der Ernährungsalltag der Deutschen aussieht; das Ergebnis überraschte. Auch die Forscher hatten damit gerechnet, dass sich der Trend, alleine vor dem Kühlschrank oder dem Fernseher die sogenannte Mahlzeit einzunehmen, fortgesetzt habe. »Die Deutschen«, erklärte Doris Hayn vom ISOE, »sind keineswegs zu situativen Einzelessern geworden, wie schon vor zehn Jahren prophezeit wurde. Im Gegenteil.« Zwar sei, so Hayn, bei den »desinteressierten Fast-Foodern«, von denen zwei Drittel Singles sind, das Bedürfnis nach flexiblen Mahlzeiten und Außer-Haus-Essen stark ausgeprägt, doch sogar sie gaben unumwunden ihren Wunsch zu, lieber gemeinsam mit anderen zu essen. Fast 50 Prozent der Deutschen essen allabendlich in Gesellschaft, das heißt, auch ein beachtlicher Teil der Alleinlebenden trifft sich abends mit Freunden oder Bekannten. Das Modell der Wahlverwandtschaft, einer Familie aus Freunden, macht zunehmend Schule. Es geht dabei nicht darum, jeden Abend ein großes Menü zu zelebrieren, sondern der Nahrungsaufnahme etwas Ritualhaftes zu geben, eine unaufgesetzte Festlichkeit, die ihre Vorteile hat. In Gemeinschaft lassen sich die Menschen nachweislich mehr Zeit für das Essen und neigen weniger dazu, über die Stränge zu schlagen. Fiebrige Maßlosigkeit kennzeichnet alle, die an Essstörungen leiden. Bulimiker stopfen sich aber nicht in Gesellschaft voll, das praktizieren sie alleine. In der Traditionellen Chinesischen Medizin (TCM) wird seit jeher empfohlen, Mahlzeiten möglichst nicht alleine einzunehmen, sondern in Gesellschaft, und die Tischgespräche sollen angenehm und heiter sein, keine ernsten Themen und kontroversen Diskussionen beinhalten. Wer ganz alleine isst, wird nebenher zu leicht ins Nachdenken und Grübeln kommen, was aus Sicht der TCM den Funktionskreis »Magen–Milz/Pankreas« belastet und Verdauungsprobleme beschert.

Wie Gemeinschaft gesund und gelöst macht

Sich aus der Gesellschaft zurückzuziehen in die Einsamkeit, wie es die Anachoreten, die Eremiten in der Frühzeit des Mönchtums, taten, ist nicht notwendig für den, der sich auf einen spirituellen Weg begeben will, im Gegenteil. Echte mystische Erfahrung führt zurück ins alltägliche Leben. Dort, wo ein Mensch hingestellt ist, in seiner Familie, seinem Arbeitsumfeld, seinem Freundeskreis kann er sich, soll er sich bewähren. Empathie und Mitfühlen als Ergebnis mystischer Erfahrung lässt sich nur in der Gemeinschaft erleben. Die Fähigkeit, sich in Mitmenschen hineinversetzen zu können, ist ja Voraussetzung für den Zusammenhalt einer Gemeinschaft. Wenn wir die Wünsche eines anderen heraushören, seine Absichten erraten, seine Gedanken nachvollziehen, dann können wir das in unserem Verhalten berücksichtigen. In den 90er Jahren erschienen erstmals Forschungsergebnisse über das »soziale Gehirn«, doch erst seit der Jahrtausendwende verstärkte sich das Interesse der Neurowissenschaft an diesem Aspekt.

2001 kamen Soziologen, Psychologen, Ökonomen, Sozialwissenschaftler und Hirnforscher auf der ersten Konferenz einer neuen Forschungsdisziplin, der *Social Cognitive Neuroscience* (SCN), zusammen. Ziel ist es, herauszufinden, wie die wirkliche oder die imaginierte Anwesenheit anderer Menschen uns im Denken, Fühlen und Handeln beeinflusst. Dabei werden bildgebende Verfahren wie die funktionelle Kernspintomographie (fMRT) eingesetzt, um experimentell zu klären, was neurobiologisch in uns vorgeht, wenn wir mit unseren Mitmenschen verkehren. Einige Experten der SCN sind überzeugt, dass bestimmte kognitive Talente des Homo sapiens nur entstanden sind, weil er in sehr komplexen Gemeinschaften lebt. Dort gilt es, sein soziales Verhalten bestmöglich anzupassen, und die notwendige Kommunikation und Interaktion hat wesentlich zur Entwicklung des Gehirns beigetragen und den Menschen evolutionär in vieler Hinsicht weitergebracht. Offenbar ist unser Organismus auf ein Leben in Gemeinschaft programmiert, denn das beschert, richtig verstanden, Lebensglück und Gesundheit. Besonders genau wissen das die Menschen, die in Roseto, Pennsylvania, leben.

Ursprünglich waren die Einwohner der italoamerikanischen Stadt den Forschern aufgefallen, weil sie sensationell gesund waren, deutlich gesünder als die Bewohner der benachbarten Städte Bangor und Nazareth, obwohl dort die Risikofaktoren nicht höher waren und die medizinische Versorgung vergleichbar. Warum also, fragten sich die Wissenschaftler, starben in Roseto deutlich weniger Menschen an Herzinfarkt? Die Besonderheit dieser Stadt: Alle Einwohner waren dereinst gleichzeitig aus Italien in die USA eingewandert und hatten das heimatliche Modell der Großfamilie, bei der drei Generationen unter einem Dach leben, genauso fortgesetzt wie die intensive Pflege der weiteren familiären Bindungen und die enge soziale Vernetzung. Tradition und Religion hatten bei den Leuten von Roseto einen eminent hohen Stellenwert.

Über fünfzig Jahre hinweg beobachteten die Wissenschaftler die Leute von Roseto und mussten eine traurige Feststellung machen: Nach wenigen Jahrzehnten nahm das Herzinfarktrisiko auch in Roseto zu und pendelte sich schließlich auf dem Niveau der Nachbarstädte ein. Gleichzeitig mit dieser Verschlechterung hatte sich in Roseto vieles dramatisch verändert. Die Großfamilien waren zersplittert, das soziale Engagement und das Interesse an den Mitmenschen hatte drastisch abgenommen, der Zusammenhalt in der Gemeinschaft zählte nicht mehr viel. Tradition und Religion hatten an Bedeutung verloren, weshalb auch nur noch wenige Feste gemeinsam gefeiert wurden. In der Roseto-Studie, 1992 veröffentlicht, zogen die Forscher den logischen Schluss: Ein ausgeprägtes Zusammengehörigkeits- und Gemeinschaftsgefühl stabilisiert die Gesundheit, umgekehrt erhöht dessen Vernachlässigung eindeutig das Risiko, zu erkranken.

Ähnlich wie die Bewohner Rosetos durch ihre Gesundheit den Wissenschaftlern aufgefallen waren, rückte bereits in den 50er und 60er Jahren die mediterrane Ernährung, die Mittelmeerkost ins Blickfeld der Epidemiologen. In der sogenannten Sieben-Länder-Studie (USA, Finnland, Niederlande, Italien, ehemaliges Jugoslawien, Griechenland und Japan) wurden etwa 13 000 Männer über fünfzehn Jahre hinweg beobachtet. In diesem Zeitraum war die Sterberate an koronarer Herzkrankheit (KHK) in den beiden nordeuropäischen Ländern (Finnland, Niederlande) dreimal so hoch wie in den drei untersuchten Mittelmeerländern (Italien, ehemaliges Jugoslawien und Griechenland). Es zeigte sich, dass dabei die Zusammensetzung der Nahrungsfette eine große Rolle spielte und kaltgepresstes Olivenöl mit seinem hohen Gehalt an ungesättigten Fettsäuren, Vitamin E und anderen Inhaltsstoffen vor Herzkrankheiten schützte. In anderen, später durchgeführten Studien fand sich in Frankreich im Vergleich mit Ländern wie Großbritannien eine deutlich niedrigere KHK-Sterblichkeit trotz vergleichbarer täglicher Fettaufnahme. Dafür wurde nun der unterschiedliche Alkoholkonsum verantwortlich gemacht: Während in Frankreich sowie in den Mittelmeerländern Spanien, Italien und Griechenland regelmäßig Wein in kleinen Mengen konsumiert wird, ist in Nordeuropa ein Besäufnis mit Bier und Spirituosen an wenigen Tagen der Woche üblicher. Wenn man noch weitere Nahrungsbestandteile berücksichtigt, Omega-Fettsäuren, Folsäure und sekundäre Pflanzeninhaltsstoffe wie die Flavonoide, dann landet man bei der Empfehlung der mediterranen Ernährungsweise: viel Obst, Gemüse und Brot, regelmäßig Fisch, wenig Fleisch (Rind, Lamm und Schwein durch fettarmes Geflügel ersetzen), Olivenöl statt Butter, moderater Rotweinkonsum. Da diese Kost typisch ist für die ländlichen Gegenden auf Kreta und die dortige Bevölkerung mit großem Abstand die gesündeste im internationalen Vergleich, wurde die »Kreta-Diät« rasch populär. Es waren aber wohl nicht nur diätetische Faktoren ausschlaggebend für die guten Ergebnisse der Kreter, sondern ihre ganze Lebensweise, die langsamer, gelassener und geselliger ist als üblich. Wie früher in Roseto werden die sozialen und familiären Bindungen sorgsam gepflegt, und seit Jahrzehnten erlauben die Kreter nur demjenigen den Erwerb von Grundbesitz auf ihrer Insel, der mindestens ein kretisches Elternteil nachweisen kann.

Das Gute also des Vernunftwesens ist die Gemeinschaft.
Denn dass wir zur Gemeinschaft geboren sind, ist längst bewiesen.«
Marc Aurel

Wie stark das Gefühl, eingebunden zu sein in eine Gemeinschaft, die Gesundheit stabilisiert, konnten auch der Mediziner Thomas Oxman und seine Kollegen von der University of Texas feststellen, die im Jahr 1995 Frauen und Männer nach einer Herzoperation (Bypass oder Aortenklappe oder beides) ein halbes Jahr lang beobachteten. Von denjenigen, die vor der Operation angegeben hatten, regelmäßig an organisierten Gruppentreffen teilzunehmen, zum Beispiel in einem Verein, in der Synagoge, Kirche, Moschee oder einer anderen sozialen Gemeinschaft, überlebten viermal so viele den sechsmonatigen Zeitraum der Studie wie die Einzelgänger, die solche Ansammlungen mieden.

Das Verblüffende bei all diesen Untersuchungen: Der positive Effekt der sozialen Einbindung ist stärker als der negative von ungesunden Gewohnheiten wie Rauchen, unkluger Ernährung, zu hohem Alkoholkonsum oder Bewegungsmangel.

Doch auch ohne Vereinszugehörigkeit ist gelebte Gemeinschaft für den Organismus ein Gewinn. Die amerikanischen Medizinsoziologen John Wilson und Marc Musick führten eine breitangelegte Studie durch, in der sie Lebensdauer und Gesundheit von ehrenamtlich engagierten Menschen verglichen mit anderen, die sich außerhalb ihres Berufs nicht sozial einsetzten. Das Resümee: Wer ehrenamtlich arbeitet, wird seltener ernsthaft krank und lebt länger. Der Grund: Die starke Vernetzung mit der Gemeinschaft und das Gefühl, gebraucht zu werden, reduzieren den negativen Stress. Allan Luks, ein bekannter Gesundheitsexperte in den USA, führte ebenfalls eine Studie mit Freizeithelfern durch. Nachdem er 3500 Menschen befragt und untersucht hatte, war unwiderlegbar, dass uns die Körperchemie zu Helfern machen *will*, denn das Hochgefühl, das fast alle beschrieben hatten, wird ausgelöst durch Endorphine, also körpereigene Opiate, die nicht allein für eine gute Stimmung sorgen, sondern auch das Immunsystem stärken. Als »Helper's High« bezeichnete Luks das Glücksgefühl der Helfer, ein High, das keine Drogen braucht. Aus dieser Sicht könnte natürlich Hilfsbereitschaft und Selbstlosigkeit, Verantwortungsbewusstsein und Gemeinschaftssinn als maskierter Egoismus gedeutet werden: Ich helfe, weil es mich high macht, ich suche Nähe, weil es dem Herzinfarkt vorbeugt, ich verhalte mich sozial, weil ich dann ein längeres Leben zu erwarten habe. Da ist es wichtig, zu erkennen, dass wir keineswegs als Egoisten zur Welt kommen – auch wenn uns das derzeit vermittelt werden soll.

Warum Egoismus nicht angeboren ist

Ein Bestsellerautor wie der britische Evolutionsbiologe Richard Dawkins hat reißenden Absatz gefunden für seine These vom egoistischen Gen; selbstloses Handeln wird ihm zufolge nur genutzt, um die Verbreitung der eigenen Spezies zu optimieren, und auch das, was wir Liebe nennen, ist für Dawkins nur ein Selbsterhaltungsprogramm. Wir seien, behauptet er, »Überlebensmaschinen, Roboter, blind programmiert zur Erhaltung der selbstsüchtigen Moleküle, die Gene genannt werden«.

Wenig besser lassen die Soziobiologen unser angeblich selbstloses Verhalten dastehen, denn ihre Theorie vom reziproken Altruismus besagt, Menschen gingen meistens nach dem Prinzip vor, eine Hand wasche die andere. Und ihre zweite Erklärung dafür, dass wir uns altruistisch benehmen, hört sich nur wenig sympathischer an: Es gehe uns um den guten Ruf, mit guten Taten polierten wir nur unser Image auf, wovon wir zwar nicht sofort, aber langfristig profitierten. Es dürfte also keine wahrlich barmherzigen Samariter geben, sondern nur kühl berechnende. Tröstlicherweise gibt es aber schlagende Gegenbeweise, die zeigen, dass es beim Homo sapiens echte Selbstlosigkeit gibt. Sie stammen zum Beispiel aus der experimentellen Ökonomie, einem noch jungen Forschungszweig.

Das Institut für Empirische Wirtschaftsforschung der Universität Zürich führte 2002 ein sogenanntes Bestrafungsexperiment mit 240 Studentinnen und Studenten durch, in dem es darum ging, ob – und wenn ja – wie die Gemeinschaft mit Menschen umgeht, die sich dem Gebot des Teilens und der Selbstlosigkeit verweigern. Alle Teilnehmer bekamen ein virtuelles Startkapital, das sie in ein gemeinsames Projekt stecken konnten, das »öffentliche Gut«. So bezeichnen Ökonomen eine gesellschaftliche Einrichtung, von der alle profitieren, auch diejenigen, die überhaupt nichts dazu beigetragen haben, sondern als Trittbrettfahrer nur darauf spekulieren, dass andere alles Notwendige erledigen, ehrlich sind, solidarisch und arbeitsam.

In unserem Dasein sind solche Trittbrettfahrer an der Tagesordnung; Steuerhinterzieher, die dennoch alle mit Steuern finanzierten Einrichtungen nutzen, sind das einfachste Beispiel. Aber auch Klimaschutzabkommen oder Vereinbarungen zum Schutz der Meere vor Überfischung werden auch denen zum Vorteil gereichen, die gegen sie verstoßen.

Wie man sich das Rauchen und andere Unsitten abgewöhnen kann, kann man sich auch den Egoismus abgewöhnen.«
Leo Tolstoi

Den Teilnehmern im Züricher Experiment wurde nicht gesagt, worin das öffentliche Gut bestehen sollte, doch sie erfuhren von seiner Wirkung. Der Leiter des Experiments erhöhte den Gesamtbetrag, den eine der immer wieder neu zusammengesetzten Vierergruppen leistete, in jeder Runde um 60 Prozent und verteilte ihn dann zu gleichen Teilen an die vier Mitspieler, unabhängig davon, wie viel einer zuvor investiert hatte.

Zehnmal wurde dieses Experiment durchgeführt und lieferte ein verblüffendes Ergebnis, das die Theorie vom kühl und nüchtern berechnenden Homo sapiens widerlegt: Schmarotzer wurden auch dann ausgegrenzt und bestraft, wenn die anderen keinen Vorteil davon hatten, im Gegenteil selber dabei draufzahlen mussten.

Die Gruppe war sich bewusst, wie wesentlich Vertrauen und Altruismus für die Gemeinschaft sind und wie stark sie durch Profiteure beschädigt und damit gefährdet werden. Der Altruismus, der sich in diesem Verhalten zeigt, wird starker oder echter Altruismus genannt, um ihn vom schwachen abzugrenzen, der auf Eigennutz schielt, wie es in vielen Seilschaften und in der Vetternwirtschaft der Fall ist.

Wo überall die Sehnsucht nach Wahlfamilien lebt

Menschen, die täglich stundenlang im Internet Chatrooms besuchen, werden leicht als vereinsamte, neurotische Egomanen abqualifiziert, die nicht mehr fähig zur Gemeinschaft sind oder die zumindest nicht daran interessiert sind. Vor allem gegen Onlinespiele im Endlosformat richtet sich die Kritik. ARD und ZDF gaben 2004 bei einem Institut für Medien- und Marketingforschung eine Studie in Auftrag, die sich mit Internetnutzern beschäftigte, die ständig online spielen und Chatrooms besuchen, darunter auch sogenannte »Heavy Gamer«. Gerit Götzenbrucker von der Universität Wien befragte vierzig Intensivspieler ausführlich nach ihren persönlichen Erfahrungen im Netz. Das Ergebnis verblüffte: Allen war das Wichtigste der Zusammenhalt in der Gemeinschaft. Sie bildeten Wahlfamilien, die gemeinsam trainierten.
Bei den Mehrpersonen-Onlinespielen, erklärten sie übereinstimmend, komme es nicht auf Wettbewerb an, es gebe kein Konkurrenzdenken, sondern wesentlich sei das gemeinsame Erkunden noch unbekannter sozialer Rollen, die Geselligkeit, das gemeinsame Erschaffen von virtuellen Welten und Zeremonien und das Helfen: Dem anderen auf seiner Baustelle zur Seite zu stehen, empfanden sie als besonders beglückend an ihrer Passion. Vor allem blieb es keineswegs bei virtuellen Begegnungen; die Internetfamilien trafen sich auch in der Pizzeria, der Eisdiele oder im

Biergarten, viele hatten Stammtische eingerichtet. Auch in der Internetwelt geht es also um Anteilnahme.

> *A*lles, was an einem Gemeinsamen Anteil hat,
> strebt zum Verwandten.«
> *Marc Aurel*

Anteilnahme ist die emotionalisierte Version des Interesses. Und Interesse, wörtlich: das Dazwischensein, spielt sich in den Zwischenräumen ab. Zwischen Menschen, zwischen Mensch und Natur, zwischen Mensch und Buch, zwischen Mensch und Gott.

Anteilnahme äußert sich im Berühren. Wer an eine klösterliche Gemeinschaft denkt, dem fällt mit Sicherheit nicht als Erstes Berührung ein. Und doch spielt sie eine wesentliche Rolle, denn Berührung ist in der Doppelbedeutung dieses Wortes nicht nur körperlich erfahrbar. Berührt werden, physisch oder psychisch, bedeutet: zu fühlen und auch sich Zeit zu lassen. Es ist sicher kein Zufall, dass uns in der Musik die langsamen Sätze stärker berühren als die schnellen und uns auch im Film nicht die Actionszenen ergreifen, sondern solche, die sich Zeit nehmen.

In der Berührung ist die Distanz aufgehoben. Eben das geschah in den Klöstern von jeher. Das Klosterleben nivelliert den Abstand in vielerlei Hinsicht. Ob ein Bruder oder eine Schwester vorher im Beruf erfolgreich war oder das, was unsere Gesellschaft als Versager bezeichnet, ist so unwesentlich wie die finanziellen Verhältnisse seiner Herkunftsfamilie. Klosterleben nivelliert die sichtbaren Unterschiede durch die Ordenstracht. Es nivelliert den Abstand zwischen den Beschäftigungen, jeder hat sich der geistigen wie der praktischen zu widmen. Und es nivelliert den Abstand zwischen dem Hohen und dem Niederen. Im chinesischen Chan-Buddhismus gab es die sogenannte Südliche Tradition im

Kloster in Guangdong, wo man sich der Erleuchtung nicht stufenweise durch Meditation näherte, sondern das plötzliche Erleuchtungserlebnis bei gewöhnlicher, niedriger Alltagsarbeit erwartete. Der Begründer dieser Schule war Meister Huineng, der täglich für Hunderte Mönche den Reis geschält hatte, ehe er zum sechsten Patriarchen des Chan-Buddhismus ernannt wurde.

Gleichheit ist Ausdruck einer selbstverständlichen Demut. Wenn wir in einem Stau stehen, wo keiner mehr weiterkommt, erleben wir zuweilen unerwartete und beglückende Dinge. Da werden Decken ausgeliehen, Getränke geteilt, Erfahrungen ausgetauscht, entnervte Kinder von anderen getröstet. Warum? Weil wir schlagartig kapieren, dass wir alle gleich sind, dass es keine Rolle spielt, ob ich mit einem Porsche oder dem kleinsten Fiat im Stau stehe.

Gemeinschaft ist jedoch auch von großer Bedeutung für unser Zeiterleben. »Erst im Miteinander«, sagt der Hirnforscher Ernst Pöppel, »stellt der Mensch Gegenwart her, im Gespräch, beim gemeinsamen Feiern. Das gerät bei unserer auf Effizienz gepolten Zeit leicht aus dem Blick.«

Gemeinschaft macht Lust aufs Geben, sogar aufs Verzichten, wenn Selbstlosigkeit als Glück empfunden wird; wen sie quält, der macht etwas falsch. Die Hausfrau, die, wenn ihr nach dem Essen die Tischgesellschaft dankt, seufzt, das sei schließlich ihre verdammte Pflicht und Schuldigkeit, fühlt sich als Opfer. Und die Opferrolle ist keine, die beglückt.

»Die hauptsächlichste Gefahr der Ehe«, hat der eleganteste aller Zyniker, Oscar Wilde, gesagt, »liegt darin, dass man selbstlos wird. Selbstlose Leute sind farblos.« Und ein nachgeborener Geistesverwandter, der Schriftsteller Walter Serner, erklärte: »Exzessive Uneigennützigkeit wirkt demoralisierend.« Vielleicht hatte er die Geschichte von Herrn Bermann vor Augen, der beim Begräbnis seiner Frau heftig weint. Aber Herr Knipis, seit Jahren Untermieter der Bermanns, weint noch heftiger. Schließlich hält der Witwer das Wehklagen von Knipis nicht mehr aus. Er legt den Arm um die Schultern des Schluchzenden. »Knipis, nehmen Sie's doch nicht so schwer. Ich werde bestimmt wieder heiraten.«

Praktische Übungen zur Gemeinschaft

- Empathie ist in gewisser Hinsicht lehrbar und lernbar. Programme zur Gewaltprävention basieren auf dieser Erfahrung. »Faustlos«, das deutschlandweit am besten evaluierte Trainingsprogramm für Kindergärten und Grundschulen, erzieht Kinder dazu, gewaltfrei miteinander umzugehen. Dort wird das Verständnis kleiner Kinder dafür geweckt, was ein anderer will, was er braucht. Zum Beispiel mit Handpuppen: eine ein Hund, die andere eine Schnecke. Beide haben Geburtstag, beide bekommen ein Geschenk: der Hund ein Salatblatt, die Schnecke einen Ball. Keiner freut sich, die Schnecke zieht die Fühler ein, der Hund beachtet sein Geschenk gar nicht. Wenn die Kinder rufen: »Warum tauschen sie denn nicht?«, greift das Programm, das auch bei vielen Erwachsenen noch vonnöten wäre. Sein Erfolg zeigt sich auch im Wortschatz. Eine Sonderschulleiterin, die Erstklässler gefragt hatte, welche Gefühle sie kennen, bekam nur zwei Antworten: »Wenn man sich küsst und wenn man wütend wird.« Seit den Empathiekursen von »Faustlos« ist der Wortschatz für Empfindungen gewachsen.

- Die Klostergemeinschaften bieten Menschen Geborgenheit, wie sie früher die Großfamilien gewährleisteten: Hier muss ich nicht der Gewinner sein und dauernd Stärke demonstrieren, hier darf ich schwächer werden, krank sein, sterben. Doch dieses Gefühl kann ebenso gut eine Wahlfamilie aus engen Freunden vermitteln. Besuche am Krankenbett zu Hause oder in der Klinik, ein langer gemeinsamer Spaziergang, wenn einer nicht mehr weiß, wohin mit Fragen und Sorgen, vertiefen Freundschaften zuverlässig. Sie müssen keine Patentrezepte wissen, nur da sein. Sie müssen keine genialen Lösungen finden, nur zuhören.

- Es gibt immer geübte und mit vielen Requisiten ausgestattete Gastgeber, die meist auch eine große Wohnung haben, und es gibt wunderbare »Gastnehmer«, denen es an Tellern, Gläsern und Erfahrung für eine große Party fehlt. Haben Sie Freunde, die ein möbliertes Bad bewohnen, die einen Anlass zu feiern haben, nicht aber das Geld, es in einem Restaurant zu tun, ist es für die Gastgeberroutiniers eine Chance, dem anderen zu helfen und das Fest seiner Träume zu gestalten – die Materialien und Getränke bezahlen zu lassen ist ja nicht verboten. Des Gastgebers Lust: Es entstehen viele neue Verbindungen, sogar Freundschaften mit Menschen, die bisher noch nicht zum inneren Kreis gehörten.

- Wenn Sie selbst Schwierigkeiten haben, Anschluss zu finden, und es Ihnen vor Flirtkursen und Singlebörsen graut, gehen Sie dorthin, wo aus Interesse am Lernen oder an der Bewegung gemeinsame Sache gemacht wird. Besuchen Sie einen Kochkurs eines Spitzenkochs oder eines guten Italieners, gehen Sie auf eine Weindegustation. Treten Sie einem Chor bei oder einem der zahlreichen Wandervereine, denn dort kommen Gespräche leicht zustande. Oder machen Sie mit bei einer kulturellen Führung durch Ihre eigene Stadt, zum Beispiel mit dem Thema: Wer wohnte wo? Auch da entstehen sofort Kontakte ohne angestrengte Peinlichkeit.

- Fehlt Ihnen zum Gastgeben die Muße, verabreden Sie sich mit Freunden ins Kino, ins Theater oder ins Konzert zu gehen und hinterdrein noch auf ein Glas miteinander. Das braucht kein Jour fixe zu sein, aber eine liebe Angewohnheit könnte es werden.

Die Rituale

Die beiden jungen Ingenieure wissen, was auf sie zukommt. Für die Zeit, die sie nun im Auftrag ihrer Regierung in der Sahara arbeiten sollen – ein paar Monate, hat es geheißen, aber bei den Vorgängern sind es fast zwei Jahre geworden –, bekommen sie zwar gutes Geld, aber sie sind von ihren jungen Frauen getrennt und kennen die Risiken dieser angeblich ehrenvollen Abordnung. Was hilft es da, hinterdrein befördert zu werden? Sie haben gesehen, was das Camp in der Wüste aus den anderen Ingenieuren gemacht hat. Als Wracks sind sie nach Hause zurückgekehrt: ungepflegt, alkoholsüchtig, nikotinsüchtig und außerstande, wieder in ihr bürgerliches Leben einzusteigen oder sich auch nur angemessen um Frau und Kinder zu kümmern.

Die beiden Freunde schließen einen Pakt. Und sie halten sich über den gesamten Zeitraum an ihn, obwohl die anderen im Camp ihre Witze darüber reißen.

Jeden Abend nach der Arbeit waschen sie sich gründlich, rasieren sich, gönnen sich Rasierwasser, ziehen frische Unterwäsche, frische Socken, ein frisches Hemd und eine Krawatte an, bevor sie zum Essen gehen. Und während die anderen dann ihre letzten Whiskys kippen und den käuflichen Damen einen ausgeben, spielen sie Tavli. Sie genießen es, wie schnell sie die Steine übers Brett schnippen und fühlen sich wie zu Hause in einem Kafenion.

Als die beiden Ingenieure nach vierzehn Monaten wieder in Athen sind, gibt es keine Wiedereingewöhnungsprobleme. Das abendliche Ritual hat sie gerettet.

Diese beiden Griechen hatten ihr Ritual damals in den 60er Jahren ganz bewusst inszeniert. Doch üblicherweise sind sie uns im Augenblick ihres Vollzugs gar nicht klar, und auch die meisten festlichen Rituale zelebrieren wir automatisch, ohne über ihren Sinn und ihren Inhalt nachzudenken. Dennoch strukturieren sie und stabilisieren sie unser Dasein. Wir brauchen nicht unbedingt zu wissen, was sich hinter unseren Oster- oder Weihnachtsbräuchen verbirgt, dass der Osterhase Fruchtbarkeit bedeutet und das Tier der Aphrodite war, dass unser Heiliger Abend an die höchst unheiligen winterlichen Sonnwendfeiern erinnert, dass der Neujahrskarpfen ein altes Glückssymbol ist, dass die Linsen der Norddeutschen Neujahrssuppe für Geldmünzen stehen und die sieben klassischen Zutaten des Heringssalats für die magische Sieben als Zahl der Vollkommenheit stehen. Wenngleich es die Erfahrung vertieft, die Provenienz solcher Rituale und ihre eigentliche Bedeutung zu kennen: Ihre Kraft liegt nicht im Wissen, sondern in der Gewissenhaftigkeit, mit der wir sie zelebrieren.

Die Taufe ist ein Initiationsritual, das wie die Beschneidung eine Einweihung markiert.

Das Zähneputzen ist ein Reinigungsritual, das Kindern den Übergang zur Nacht erleichtert.

Die Schultüte ist äußeres Zeichen für das Kind, einer Institution anzugehören und einer neuen Gruppe.

Das Familienfrühstück ist dazu da, Eltern und Kinder ihrer Gemeinschaft zu versichern.

Die Einstandsfeier für den neuen Kollegen zeigt ihm, dass er nun aufgenommen wird in einen neuen Kreis.

Der Junggesellenabschied führt dem werdenden Ehemann vor, dass er die Welt der Bindungslosen nun verlässt.

So gesehen fordern Rituale auch *askesis* in ihrer eigentlichen Bedeutung: die Ausdauer, Abläufe immer wieder durchzuspielen, bis sie sitzen. Das gilt für die feiertäglichen wie für die alltäglichen Rituale.

Kinder brauchen Märchen überschrieb der Psychoanalytiker und Kinderpsychologe Bruno Bettelheim 1976 ein Buch, das zum Weltbestseller avancieren sollte. Kinder brauchen Rituale, wissen seine Kollegen heute. Und sie brauchen sie mehr denn je, weil ihre nächste und weitere Umwelt von Verunsicherung gekennzeichnet sind. Die wackelnde oder zerbrechende Ehe der Eltern, Umzüge, die den Verlust von Freunden und Freundinnen bedeuten, ständige technische Neuerungen in der Kommunikationstechnik, die kurzen Produktzyklen, die uns Erwachsene ebenfalls entnerven. Auch von den schlimmen Nachrichten aus aller Welt, die Kinder früher gar nicht mitbekamen, werden sie heute nicht verschont, können sie kaum verschont werden.

Sicher gibt es Pädagogen, die es lächerlich, unaufrichtig, vielleicht sogar verlogen finden, einem Kind, das seine Milchzähne verliert, die Geschichte von der Zahnfee zu erzählen, die nachts die ausgefallenen Beißer aus der Schachtel auf dem Nachttisch nimmt und durch eine kleine Überraschung ersetzt. Aber wir erinnern uns doch selbst, wie erschrocken wir waren, als die Zähne ausgingen, hässliche Lücken klafften, das Kauen schwerfiel und wir uns Sorgen machten, ob die Zähne auch wirklich nachwachsen würden, schließlich kannten wir alte Leute, Großeltern oder Urgroßeltern, deren falsche Zähne nachts in ein Glas kamen.

Wie alle Rituale hat auch der im Namen der Zahnfee einen psychologischen und einen mythologischen Hintergrund. *The Tooth Fairy* ist zwar keine mythische Feengestalt – 1927 wurde ein Schauspiel dieses Titels erstmals aufgeführt, 1949 erschien die erste gedruckte Geschichte über sie –, doch wie das Sandmännchen, das erst in den 50er Jahren berühmt wurde, hat die Idee der

Zahnfee alte Wurzeln. Diese Fabelgestalt, die ausgefallene Zähne sammelt, als wären sie etwas Kostbares, hat Vorgängerinnen in jenen Hexen, für die Zähne wie auch Haare oder Fingernägel Objekte waren, mit denen sie Macht über den Menschen gewinnen konnten, von dem sie stammten. Und vom Sandmann erzählten, bevor er zum Rundfunkstar der 60er Jahre wurde, schon E. T. A. Hoffmann und Hans Christian Andersen als einer überkommenen Märchenfigur. Rituelle Gestalten begleiten Menschen in Situationen, die sie ängstigen, sie helfen ihnen durch Stadien, in denen sie sich hilflos oder verlassen fühlen. Kindern helfen Gutenachtgeschichten, die Angst vor der Nacht zu überwinden, die für sie Dunkelheit, Trennung, bedrängende Träume bedeutet. Wer Kindern solche Rituale vorenthält, versagt ihnen ein wesentliches Überlebensmittel.

Als *Rites de passage*, also Durchgangs- oder Übergangsriten werden in der Volkskunde und der Religionswissenschaft zeremonielle Handlungen bezeichnet, die vollzogen werden, wenn ein Mensch in eine neue Gemeinschaft, eine neue Lebensstufe oder einen neuen Reifezustand eintritt. *Rites de passage* begleiten den Übergang vom Tag in die Nacht, vom Singledasein zur Ehe, von der Ausbildung in den Beruf, vom Leben in den Tod. Firmung, Konfirmation, Bat Mizwa und Bar Mizwa markieren den Übergang vom Kindesalter zum jungen Erwachsenen augenfällig. Unauffällig, aber nicht weniger wichtig sind ganz alltägliche Rituale, die das Gleiche bedeuten.

Kathrin Audehm vom Arbeitsbereich Anthropologie an der FU Berlin hat ihre Doktorarbeit über »Erziehung bei Tisch. Zur sozialen Magie eines Familienrituals« verfasst. Darin führt sie zum Beispiel aus, dass es wichtig ist, wenn eine Mutter zwar noch die Frühstücksbrote für ihre Kinder schmiert, diese ihre Pausenbrote aber selbst herrichten. Indem die Kinder so »Selbstversorgung für die für sie relevante Institution lernen, werden sie ein Stück weit mehr zu Erwachsenen«, erklärt Kathrin Audehm. Die vermeintlich banale Handlung ist nichts anderes als ein Übergangsritual, das täglich geübt wird. Gerade Essensrituale helfen dabei, Kindern ein korrektes Verhalten beizubringen, das sie mit anderen verbindet, die alle dasselbe Ziel haben, nämlich ihren Hunger und ihren Durst zu stillen.

Warum Rituale immer wichtiger werden

Je weniger die gemeinsamen Mahlzeiten in den Familien eine Rolle spielen, desto wichtiger wird es, an die Unverzichtbarkeit dieser Rituale zu erinnern. Das Interesse der Forscher an den Ritualen des Alltags ist erstaunlicherweise dennoch erst in den letzten beiden Jahrzehnten erwacht. In Heidelberg haben sich fünfzig Wissenschaftler aus fünfzehn Fächern zum Sonderforschungsbereich Ritualdynamik zusammengetan, auch an der Universität Mainz, an Lehr- und Forschungsinstituten in Frankreich, der Schweiz und in den USA ist die Beobachtung und Erkundung von Ritualen, die sich hinter alltäglichen Gewohnheiten und Verrichtungen verbergen, auf einmal aktuell. Die meisten Alltagsrituale passen sich derart unauffällig den praktischen Notwendigkeiten an, dass wir ihrer oft erst gewahr werden, wenn sie ausfallen. Wenn eine Hand nicht gereicht wird, der Gutenachtkuss nicht auf die Wange gedrückt wird, der gewohnte Small Talk nicht stattfindet. »Ohne Rituale«, so der Berliner Anthropologe Christoph Wulf, »wäre Gemeinschaft gar nicht möglich.«
Das gilt nicht allein für die menschliche, sondern, wie jetzt erst entdeckt wird, auch für die tierische. Lange waren die Wissenschaftler der Überzeugung, Kultur, Rituale und soziale Bräuche seien ein Vorrecht des Homo sapiens. Doch auch bei Schimpansen und Weißschulter-Kapuzineraffen konnten eindeutig rituelle Handlungen beobachtet werden, die vieles über den Sinn der

Rituale verdeutlichen. Die Tiere überprüfen damit ihre soziale Bindung, sie testen, wie gut ihre Beziehungen untereinander sind, wie sehr sie einander vertrauen können. Nur guteingespielte Paare lassen es zu, dass der andere sie auf eine Weise berührt, die bei mangelnder Vorsicht Schaden zufügen könnte. Die Rituale der Kapuzineraffen schaffen wie die menschlichen soziale Traditionen, bilden Koalitionen und festigen den Zusammenhalt.

Und diese Funktion der Rituale ist genauso für uns Menschen wichtig. Sie sind der Kitt des Lebens, verbinden Individuen miteinander, aber auch Lebensstadien, sie bilden ein Kontinuum, das uns Sicherheit und Geborgenheit vermittelt. Die Regeln der Rituale – ob es sich um bestimmte Worte, Gesten oder Aktionen handelt – sind zwar festgelegt, dennoch können sie weitgehend unabhängig von räumlichen oder zeitlichen Umständen zelebriert werden. Ob diese Zeremonien nun mehr oder weniger feierlich sind, ob sie zeremonielles Gerät, festliche Gewänder und Requisiten brauchen oder nicht, sie wirken einheitsstiftend.

Ihre Überzeugungs- und Wirkungskraft ist der Tatsache zu verdanken, dass sie aus archteypischen Erfahrungen erwachsen. Rituale sind niemals Kopfgeburten, sie wurden und werden aus Bedürfnissen, Ängsten, Sehnsüchten entwickelt, die alle Menschen teilen. Sie vermögen zu beruhigen und zu stabilisieren, sie sorgen für Licht in dunklen Zeiten und für Hoffnung in hoffnungslosen, für Trost in trostlosen, für Sicherheit in unsicheren. Das macht sie überlebensfähig und unverzichtbar in allen Kulturen zu allen Zeiten.

Als ich die Selbstachtung verloren hatte und mich der Verneinung der guten Eigenschaften und der Verleugnung meiner Menschenwürde überließ, da war dennoch so gut wie alles schon verloren, und so konnte er denn kommen, der Sturz, der unvermeidliche.«
Fjodor M. Dostojewski in »Arme Leute«

Rituale können uns helfen, unsere Würde zu wahren, auch unter entwürdigenden Bedingungen.

Aus den Berichten vieler KZ-Überlebender geht hervor, dass sie das allmorgendliche Waschen, noch in der rostigsten Brühe, das abendliche Gebet, das Tagebuchschreiben, manchmal auch das abendliche Rezitieren eines Gedichtes, und sei es nur inwendig, brauchten, um ihre Selbstachtung zu retten; sie erlebten, wie Rituale zu Refugien werden können. Das ist möglich, weil Rituale virtuelle Räume schaffen, die, wo auch immer wir uns real aufhalten, einen Rückzug erlauben. Sie stellen ein Kontinuum her, das uns birgt, auch verbirgt. Was zählt ist, dass wir sie als symbolisch, als sinnstiftend empfinden und spüren, dass diese Handlungen über sich hinausweisen und uns einbinden in eine große Schicksalsgemeinschaft. Das kann diejenige sein, in der wir leben, aber auch die der Gestorbenen und der noch nicht Geborenen. Aber nicht nur die kollektiven Rituale, auch und gerade die ganz privaten, selbst erfundenen können das leisten.

Weshalb wir bei vielen Ritualen willig leiden

Richard Sosis, Anthropologe an der University of Connecticut, erforscht seit langem die Evolution der Zusammenarbeit, die Idee utopischer Gesellschaften und die Verhaltensökologie der Religionen. Dabei beschäftigte er sich auch mit dem Sinn und Zweck der Rituale, ob religiöser oder profaner Natur. Die Frage, die er sich stellt, lautet: Warum unterwerfen sich Menschen unangenehmen, schmerzhaften Initiationsriten, um zu einer Gemeinschaft, insbesondere einer religiösen dazuzugehören? Die Evolution hat offenbar einen Glauben an das Übernatürliche gefördert, denn religiöse Überzeugungen und Institutionen sind auf der ganzen Welt essentieller Bestandteil der Kultur. Aber weshalb verschwendet eine Gesellschaft Zeit und Energie mit Ritualen, die dem Einzelnen persönliche Opfer abverlangen, aber eigentlich keinen Vorteil in der Gruppenselektion bringen. Kollegen von Sosis hatten schon vor ein paar Jahren herausgefunden, dass das Außergewöhnliche religiöser Praktiken und der hohe Aufwand der Rituale den Erfolg einer Religion ausmachen. Sosis aber geht noch weiter. Er ist der Überzeugung, die Härte und der Anspruch der Rituale seien Garanten für die Langlebigkeit einer religiösen Gruppe.

William Irons, Verhaltensökologe von der North Western University in Evanston, vermutet, der Evolutionsvorteil der Religion mit strengen Ritualen und Zeremonien liege darin, dass sie Kooperationen aufrechterhalten und Gewinnler aussondern, die von den sozialen Vorteilen der Gemeinschaft nur schmarotzen wollen. Sie ersparen es den Gruppenmitgliedern, einander zu überwachen, denn schmerzhafte Rituale und Verpflichtungen werden selbst zur Kontrollinstanz. Je mehr ein Ritual demjenigen, der es vollzieht, abverlangt, desto mehr Gewicht bekommt sein Versprechen, sich der Gruppe gegenüber loyal zu verhalten. Gerade Initiationsrituale oder schmerzhafte Zeremonien zeigen, wenngleich sie uns oft grausam oder monströs erscheinen, dass derjenige, der sie freiwillig erduldet, sich mit seiner Gruppe, seiner Glaubensgemeinschaft identifiziert. Sosis schließt daraus in seiner »Theorie der teuren Rituale«: Glaubensgemeinschaften halten umso besser, je strenger die Verhaltensregeln und Rituale sind, die sie ihren Anhängern auferlegen, weil dann nur die Engagiertesten bereit sind, sich derart abzugrenzen. Klösterliche Riten wie die nächtlichen Vigilien haben eben darin ihren Sinn, aber ebenso das Fasten, der zeitweise oder völlige Verzicht auf Alkohol, Tabak oder Fleisch in vielen Glaubensgemeinschaften. Es gibt viele Verpflichtungen, die den Mitgliedern ein sichtbares Bekenntnis zur Gemeinschaft abfordern: die Probezeit, ob das ein Noviziat ist oder wie im Modell Mondo X eine lange Phase, in der die Mitglieder eines säkularen Klosters keinen Kontakt zur Familie haben dürfen, das Lernen bestimmter Texte oder oft sehr komplizierter Zeremonien, das Tragen einer vorgeschriebenen Kleidung, von der Kutte und Ordenstracht christlicher Klosterbrüder und -schwestern bis zu der farbenfrohen Kluft buddhistischer Mönche oder das Einverständnis, sich den Schädel kahlzuscheren. Das bindet die Beteiligten eng zusammen, es gab allerdings schon bei den antiken Mysterienkulten die extreme Abgrenzung der Eingeweihten, die geradezu paranoid die Weitergabe ihrer Geheimnisse nach außen oder die unerlaubte Teilnahme eines Uneingeweihten mit dem Tod bestraften.

Ich würde niemals einem Verein beitreten,
der mich als Mitglied aufnähme.«
Groucho Marx

Auch im weltlichen Kontext lässt sich beobachten, dass eine Mitgliedschaft umso begehrenswerter erscheint, je härter der Initiationsritus, je größer das verlangte Opfer ist. Der Golfclub mit den höchsten Beitrittsgebühren und Mitgliedsbeiträgen, die Schule und die Universität mit den anspruchvollsten Aufnahmebedingungen gelten als besonders interessant. Auch hier dienen die teuren Rituale nicht nur der Abgrenzung nach außen, sie stärken auch die Verbundenheit der Gruppenmitglieder untereinander. Ob das der gemeinsame Verzicht, das gemeinsame Opfer, der gemeinsame Beitrag oder die gemeinsam durchstandene Strapaze ist. Ein Feldversuch, bei dem Probanden viel dafür leisten mussten, um an einem bestimmten Seminar teilnehmen zu können, zeigte: Je größer die Anstrengung war, umso höher schätzten die Seminarteilnehmer hinterher die Qualität des Seminars ein, unabhängig davon, ob das objektiv zutraf oder nicht. Selbst langweilige Seminare wurden, waren die Teilnahmebedingungen schwierig, als interessant befunden. Grund dafür ist ein Phänomen, das sich »kognitive Dissonanz« nennt. Damit wird ein Zustand unangenehmer Erregung bezeichnet, die entsteht, wenn wir wider unsere eigene Bequemlichkeit, gegen unsere Überzeugung oder unsere Bedürfnisse handeln. Um sie zu rechtfertigen, brauchen wir eine Erklärung von außen – und die liefern wir uns selbst, indem wir das, wozu wir uns genötigt und überwunden haben, für besonders gewinnbringend erklären. Doch neben jenem sozialen Sinn der Rituale gibt es auch einen geistigen.

Nach dem Kultur- und Religionssoziologen Friedhelm Kröll vertritt der darstellende Ritus in der Gruppe ursprünglich den bei wildlebenden Tieren vorhandenen Instinkt in Situationen mit Alarmcharakter, für die kein Verhaltensrepertoire vorhanden ist. Durch das Nachspielen im Ritus sollen unvorhergesehene traumatische oder auch chronisch nicht erklärbare Phänomene, wie das Geheimnis Tod, fiktiv gebannt und verarbeitet werden. Die chronisch prekäre Situation des Überlebens, die ständige Improvisation erfordert, wird durch Rhythmisierung, durch Strukturierung der Zeit in der Gruppe stabilisiert. Rituale, die sich über Jahre, Jahrzehnte, Jahrhunderte oder sogar Jahrtausende wiederholen, beziehen uns ein in ein zyklisches Geschehen: Wir gehören zu einer großen langen Geschichte dazu, zu einer Gemeinschaft, die überlebt, die nicht mit dem Tod des Einzelnen endet. Religiöse Rituale entlasten, sie haben ihren eigenen sakralen Raum und ihre eigene Zeit, die vom profanen Alltag getrennt ist. Aus Riten entstehen Institutionen und den Tod überdauernde Wahrzeichen wie Tempel, Synagogen, Moscheen, Klöster und Kirchen. Dass es uns beruhigt, wenn wir das Pantheon in Rom betreten, hat ebendarin seinen Grund: Es umfängt uns eine Art von Ewigkeit, die uns die Angst vor dem subjektiven Ende nimmt.

Was Rituale kostbar macht

Keineswegs materielle Werte, sondern ideelle zeichnen Rituale aus. So gehört zu feierlichen Ritualen zwar das Wiederverwenden ritueller Gegenstände, die aber nicht unbedingt objektiv, sondern subjektiv kostbar sind, also mit besonderer Sorgfalt behandelt und gepflegt werden müssen. Das gilt nicht nur für Kelch, Patene, Weihrauchfass und Kerzen in der katholischen Messe, es gilt ebenso für die Gerätschaften der Teezeremonie oder für die unverzichtbaren Bestandteile eines Festes. An jedem Sabbat wird derselbe Leuchter mit Kerzen bestückt, an jedem Seder, dem Vorabend von Pessach, werden die gleichen Dinge auf demselben Geschirr aufgetischt und dieselben Textstellen aus dem *Exodus* verlesen.

Es ist zur Mode geworden, Christbäume je nach Trend jedes Jahr anders zu dekorieren, aber damit bekommt das Fest etwas Trendhöriges – und Trends sind bekanntlich flüchtig. Ebenjenes »alle Jahre wieder« gibt dem Fest die Feierlichkeit, derer wir durch das Abwechseln verlustig gehen. Dieselben Kugeln, Engelchen, Sterne hervorzuholen ist ein Ritus, dessen Kraft darin besteht, dass er unverändert bleibt. Auch die Vorbereitung als mentale Einstimmung ist ein Bestandteil alles Rituellen: Das Warten bereits wertet die Zeremonie, und sei sie noch so armselig, zu etwas Kostbarem auf. Wie sehr es darauf ankommt, etwas zu erwarten, gar nicht so sehr, etwas zu bekommen, belegt eine grandiose Erzählung von Wolfdietrich Schnurre, eine Geschichte aus Zeiten der Not, Teil des Romans *Als Vaters Bart noch rot war*.

Der verwitwete, arbeitslose Vater, dessen Geld nur für Malzkaffee reicht, erklärt seinem Sohn Bruno, er wolle ihm zu Ostern das schönste Osterei schenken, das man sich vorstellen könne, gefüllt mit allem, wovon er träume. Gemeinsam denken, erfinden und zeichnen sie es, tagelang verbessern und verfeinern sie die Entwürfe. Dann kommt der Ostersonntag. Er beginnt bei einem feierlichen Osterfrühstück mit wildem Schnittlauch auf dem Brot. Auf dem Osterspaziergang mit Vaters Freundin und seinem Bruder werden Frühlingslieder von Löns zur Gitarre gesungen und es wird das wunderbarste aller Schokoladeneier versteckt; zweieinhalb Stunden lang sucht der Sohn danach – vergeblich. Offenbar hat der Vater das Ei zu gut versteckt, weiß selbst nicht mehr genau, wo es nun liegt. Bis die Dunkelheit hereinbricht, durchforsten alle vier systematisch jedes Grasbüschel, jeden Klettenbusch, jeden Holunderstrauch, drehen rostige Eimer und alte Matratzen um, greifen in Kaninchenlöcher und tasten barfuß den Bachgrund ab, ohne fündig zu werden. Huckepack trägt der Vater den müden Buben heim, der einschläft und davon aufwacht, dass der Vater redet. »Wenn es das Ei auch nicht gab«, hört er ihn sagen, »es war wirklicher als ein wirkliches Ei. Man hat ja schon fast selbst dran geglaubt.« Der Sohn ist erschüttert und meint zuerst, er müsse sich für immer auf- und davonmachen, egal wohin, nur weg von diesem verlogenen Vater. Dann aber sagt der: »Ihr werdet sehen, Bruno denkt noch an dieses Ei, wenn ein sogenanntes ›normales‹ seine Kraft zu erinnern schon hundertfach eingebüßt hat.« Und er weiß, dass der Vater recht hat. »Wunschbilder«, erklärt der Vater, »die nicht in Erfüllung gehen, machen die wahre Glückseligkeit aus.«

Rituale helfen, das Dasein zu begreifen, wenn wir trainieren, sie zu verstehen und zu interpretieren. »Man muss bereit sein«, sagt der Ritualexperte Christoph Wulf, »eine soziale Handlung oder eine Körperbewegung als ein Zeichen zu sehen, das etwas anderes bedeuten kann. Dann lässt sich die Welt wie ein Text lesen. Zwischen den Zeilen sind Botschaften versteckt.«

Für alle Riten werden jedoch Menschen gebraucht, die ihre Gesetzmäßigkeiten weitergeben; auch das rituelle Essen kann nicht tradiert werden, wenn keiner mehr den Ablauf, die Zutaten, die Rezepte kennt und weiß, wie das Ganze inszeniert werden muss.

Was der Niedergang unserer Fest- und Schenkkultur verrät

Selbst vermeintlich einfache Rituale bedürfen der Übung. Man kann das Schenken ebenso verlernen wie das Feiern.

Regelmäßig ziehen zwar Geistliche wie Zeitgeistliche, Umweltschützer und Lebensweise gegen den Konsumterror des Schenkens zu Felde, zumal die Besorgung den meisten mehr Last als Lust ist, doch das vermag nichts daran zu ändern, dass die Bescherung für viele den Höhepunkt des Weihnachtsfestes bedeutet. Sozialwissenschaftler finden das keineswegs materialistisch, sondern durchaus sozial, denn im Ritual des Schenkens sehen sie die Grundlage unserer sozialen Beziehungen.

*Ein Geschenk ist genau so viel wert wie die Liebe,
mit der es ausgewählt wurde.«
Thyde Monnier*

Geschenke sind von jeher Mittel gewesen, Beziehungen zu knüpfen oder auch zu beenden. In jeder Kultur existieren andere Schenksitten, und in manchen geht es dabei keineswegs darum, jemandem etwas zu geben, das er behalten darf. Anfang des 20. Jahrhunderts entdeckte der polnische Ethnologe Bronislaw Malinowski unter den Völkern Malinesiens im Südpazifik ein Ritual, das die Einwohner durchaus als Schenken begriffen, auch wenn es sich nach unseren Begriffen eher um einen Tausch handelte: Sie tauschten nach einem festen Muster Halsketten gegen Armreife. Die Halsketten wurden im Uhrzeigersinn, die Armreifen im Gegenuhrzeigersinn auf dem Archipel weitergegeben. Immer wieder durchliefen sie diesen Kreislauf. Alle Schmuckstücke waren nur aus Muscheln gefertigt, doch sie besaßen einen ganz unterschiedlichen Wert. Je länger sie bereits von Hand zu

Hand gewandert waren, desto kostbarer waren sie in den Augen der Beteiligten. Keiner behielt ein Stück, aber bereits der vorübergehende Besitz steigerte sein Ansehen. Nahm einer eines dieser Geschenke an, verpflichtete er sich damit, innerhalb einer bestimmten Frist dem Schenkenden ein gleichwertiges zu überreichen.

Jedes wahre Geheimnis muss die Profanen von selbst ausschließen. Wer es versteht, ist von selbst, mit Recht Eingeweihter.«
Novalis

In unserem Kulturkreis dient Schenken ebenfalls dazu, Kontakte zu knüpfen, vor allem aber ist es eine Form der Kommunikation. Mit einem Geschenk gestehen wir unsere Liebe oder unsere Dankbarkeit, bitten um Verzeihung oder um Geduld. Wie bei den Malinesiern gilt aber auch bei uns: Auf ein unerwartetes Geschenk ohne Anlass wird im Allgemeinen eine Gegenleistung in angemessenem Wert erwartet; den abzuschätzen setzt die Schenkenden bei uns unter Druck und stresst sie, nicht nur zur Weihnachtszeit. Ein Geschenk sagt etwas darüber aus, wie viel mir der Beschenkte bedeutet, nicht so sehr im materiellen Sinn, sondern im Sinn der Aufmerksamkeit. Schenkt ein Mann seiner Frau zu Weihnachten ein Parfum, das sie nie benutzt hat und auch nie benutzen würde, mit der Bemerkung, sie könne es ja am nächsten Werktag umtauschen, kann das ebenso verletzen wie ein Pullover in der absolut falschen Farbe, denn beides verrät mangelndes Interesse für den anderen. Um Enttäuschungen und Anhäufungen von Designer-Wasserkochern, Toaströstern oder Woks zu vermeiden, haben sich längst Hochzeitslisten durchgesetzt; die wiederum geben den Schenkenden oft ein schales Gefühl, denn sie nehmen dem Ritual des Schenkens die Grandezza der Freiwilligkeit. Und die Entzauberung von Ritualen kann durch Argumente der Vernunft nicht ausgeglichen werden, was in religiösen Zusammenhängen besonders deutlich wird. Dass der Text der katholischen Messe seit den 60er Jahren deutsch gesprochen wurde, nicht mehr lateinisch, war durchaus überlegt, sollten die Gemeindemitglieder doch alle verstehen, was gesagt wurde, und wie viele können schon Latein? In einem aufsehenerregenden Erlass hat Papst Benedikt XVI. nun verkündet, dass katholische Gottesdienste wieder häufiger auf Latein gehalten werden können, obwohl nur eine Minderheit den alten Ritus bevorzugt, bei dem der Priester mit dem Rücken zu den Gläubigen steht. Die Gründe derer, die eine Rückkehr zur sogenannten Tridentinischen Messe befürworten, sind teils fragwürdig, die Rückkehr selbst ist riskant, weil sie ein Gebet enthält zur Bekehrung der Juden, »die im Dunkeln wandeln«. Nachvollziehbar scheint denen, die die Reform bejahen, jedoch oft ein Argument: Dem ursprünglichen Ritual sei damals die Feierlichkeit genommen worden.

Das Nicht-Rationale, Nicht-Zweckorientierte, das Dunkle oder zumindest Geheimnisvolle empfinden Gläubige als unverzichtbaren Bestandteil der religiösen rituellen Handlung, und sie wollen in diesem Fall nicht ernüchtert werden. Es fragt sich allerdings, ob das nicht von einem recht eingeschränkten Begriff von Geheimnis zeugt.

In nichts offenbart sich die herzlose Maschinenhaftigkeit der Neuern mehr als in der Dürre ihrer Feste.«
Jean Paul

Wir brauchen Rituale, wenngleich es um die Pflege der weltlichen nicht zum Besten bestellt ist. »Ein Leben ohne Feste«, heißt es in den Fragmenten des Demokrit, »ist wie ein langer Weg ohne Einkehr.« Und ein Fest unterscheidet sich von jener Menschenansammlung samt Food & Beverage, die sich Party nennt.

Eine Party ist ein Event, ein Fest ist eine Feier. Ein Event ist eine Veranstaltung, deren symbolische Form das Häppchen ist. Und das Glück besteht darin, denen, die nicht dabei waren, zu sagen: Ich war übrigens dabei. Ein Fest ist etwas, wo jeder das Glück genießt, dabei zu sein.

»Nichts und niemand droht«, hat Elias Canetti in *Masse und Macht* über das Fest geschrieben, »nichts treibt in die Flucht, Leben und Genuss während des Festes sind gesichert. Viele Verbote und Trennungen sind aufgehoben, ganz ungewohnte Annäherungen werden begünstigt. Die Atmosphäre für den Einzelnen ist eine der Lockerung, nicht der Entladung.«

Auch darin unterscheidet sich das Fest vom Event, von der Party, wo sich jeder entladen darf, ob er seinen Frust, seine Gier, seine Neugier oder Klatschsucht entlädt. Bei Events hat der Veranstalter das Ziel, sich möglichst ökonomisch vieler Sozialverbindlichkeiten auf einmal zu entledigen und einen größtmöglichen PR-Effekt zu erreichen. Beim Fest sieht das anders aus. »Es gibt«, schreibt Canetti, »kein Ziel, das für alle dasselbe ist und das alle zusammen zu erlangen hätten. Das Fest ist das Ziel und man hat es erreicht.« Hinter einem Fest stehen keine Veranstalter, hinter ihm stehen Gastgeber; sie geben freudig, freiwillig und ohne zu überlegen, welche Gegenleistungen zu erwarten sind. Ökonomisches Denken ist hier fehl am Platz. Wer den Gegenwert der Bewirtung als Gastgeschenk erwartet, sollte das Festefeiern ebenso bleiben lassen wie einer, der auf Gegeneinladungen spekuliert.

Das Wort Fest kommt vom lateinischen *festum*, was eine religiöse Feier bezeichnet hat, und etwas davon haftet einem Fest an, wenn es zu Recht so genannt werden möchte. Es kennt wie jede Feier Rituale, mehr oder weniger offensichtliche Zeremonien, es hat eine innere Ordnung. Auch wenn der Ausdruck Festgemeinde sich für manchen bedrängend und betulich anhört, meint er doch etwas Richtiges, denn ein Fest ist eben nicht nur ein geselliges Beisammensein; der Festcharakter offenbart sich in einem Gefühl der Zusammengehörigkeit.

Gerade Festrituale, die auf längst vergessene oder lange vergangene Anlässe zum Feiern zurückgehen, wie gemeinsam überstandene traumatische Ereignisse, besitzen ein ungeheures Beharrungsvermögen und eine besondere Bedeutung. Kriegskameraden, Kumpel, die einmal verschüttet waren, Menschen, die zusammen in Seenot gerieten oder den Absturz eines Flugzeugs überlebten, haben den starken Drang, mit einem wiederkehrenden Ritual zu feiern: Wir sind noch einmal davongekommen.

Wenn ein Leben ohne Feste, wie Demokrit gesagt hat, einer weiten Reise ohne Einkehr gleicht, dann ist ein Leben ohne Rituale eine Welt ohne jene Inseln der Sicherheit, die wir zum Überleben brauchen.

Praktische Übungen zu den Ritualen

- Pflegen Sie Ihre ganz kleinen persönlichen Rituale. Jeden Morgen als Erstes am offenen Fenster ganz bewusst durchzuatmen, beim Joggen an einer besonders schönen Stelle immer kurz zu verharren und den Ausblick zu genießen, bei der Mahlzeit allein zu Hause den Tisch so schön zu decken wie für einen Gast, das sind Rituale, die die Dankbarkeit für das Leben steigern können.

- Eines der wichtigsten Rituale für ein Paar oder eine Familie ist die gemeinsame Mahlzeit. Dass sie Zeit braucht, steckt schon in dem Wort, Rituale lassen sich nicht unter Zeitdruck »durchziehen«. Leider ist es in vielen Haushalten üblich geworden, sich das Essen gedankenlos, schnell und stumm reinzustopfen, weil bereits der Fernseher läuft. Oder jeder verschwindet gar mit seinem Teller in seinem Zimmer. Damit wird die Chance vertan, sich auszutauschen, über die kleinen Erlebnisse des Tages ebenso wie über größere oder wichtige gemeinsame Themen. Und wenn jeder vom anderen immer weniger weiß und sich lieber woanders ausspricht, schwindet der Zusammenhalt, man wird sich fremd. So kann ich aus der Schilderung der häuslichen Mahlzeiten meiner Patienten recht gut das drohende Schicksal der Beziehung oder der Familie vorhersagen. Deshalb: Die tägliche gemeinsame Mahlzeit kultivieren, bei der alle mithelfen, dass sie zu einem kleinen festlichen Ritual wird.

- Neben den Ritualen, die wir vom Brauchtum übernehmen, sind die selbsterdachten wichtig, weil sie dazu dienen, innezuhalten, sich über seine Gefühle klarzuwerden, sich einer Bindung, einer Liebe bewusstzuwerden. Salvador Dalí hat mit seiner Gala mehrmals eine aufwendige Hochzeitszeremonie wiederholt. Und was ich selber praktiziere, empfehle ich oft meinen Patienten: dass sie mit ihrem Partner jeden Monat das Tagesdatum, an dem die beiden sich kennengelernt oder ineinander verliebt haben, mit einem Liebestag feiern.

- Trauerrituale helfen; sie abzuschaffen mag vielleicht modern sein, beraubt aber die Hinterbliebenen einer großen Unterstützung bei dem, was sich seit Sigmund Freud »Trauerarbeit« nennt – bei der Auseinandersetzung mit den schmerzhaften Gefühlen, die uns erst befähigt, das Verschwinden des anderen anzunehmen und uns von ihm zu lösen.
Als ein allseits bekannter Münchner Schriftsteller begraben wurde, gab es auf dem Friedhof einen großen Auflauf der deutschen Geisteselite. Schriftsteller, Verleger, Philosophen beiderlei Geschlechts. Alle waren viel zu intellektuell, um an so etwas wie einen Pfarrer, Gebete oder Rituale zu denken, zumal das dem Verstorbenen zu entsprechen schien, der über die Kirche nur ge-

spöttelt hatte. Als der Sarg versenkt war, machte sich Ratlosigkeit breit. Jeder wartete, dass irgendwer irgendetwas sagte. Das Schweigen wurde quälend, die Stimmung konfus. Schließlich bat eine der jüngeren Frauen den weisen Nestor, ein paar Worte zu sagen. Da erst bekam man das Gefühl, es finde hier etwas Feierliches statt und konnte dem Toten wirklich adieu sagen.

- Es gibt kollektive Trauerrituale, bei denen mit lauten Klagen Mitleid bekundet wird, und solche, in denen die Anteilnahme still ist. Das Wesentliche ist, dass die Hinterbliebenen sich durch solche gemeinsamen Zeremonien verstanden und aufgefangen fühlen, von den Mitleidsbekundungen bis zum sogenannten Leichenschmaus. Haben Sie keine Hemmungen, Ihre Empathie zu zeigen; es kann nicht falsch sein, wenn es echt empfunden ist.

Das Gebet

Die US-Regierung setzte auf diese Studie, insbesondere Präsident George W. Bush persönlich. 2,4 Millionen Dollar wurden investiert, um endlich den wissenschaftlichen Nachweis für eine preiswerte, überall und ohne jedes technische Gerät zu praktizierende Heilmethode zu erbringen. In einem Land, das bis heute keine Krankenversicherungspflicht kennt, ein nachvollziehbares Interesse. Nicht verwunderlich, dass Zeitungen wie die *New York Times* sich dieser Untersuchung ausgiebig widmeten. Mehr als 1800 Patienten, die eine Bypass-Operation an den Herzkranzgefäßen hinter sich hatten, wurden an sechs Kliniken der USA von den Forschern beobachtet. Sie hatten die Operierten in drei Gruppen eingeteilt. Die erste wusste, dass fremde Menschen für ihre Gesundung beteten, der zweiten wurde gesagt, es könne sein, dass Mitglieder einer ihnen unbekannten Gemeinde für sie beten würden. Die dritte wusste, dass sie ganz ohne den Beistand durch Gebete auskommen musste.

Alle Betenden durften beten wie sie wollten, mussten aber auch die Bitte an Gott richten, »für eine erfolgreiche Operation mit einer schnellen gesundheitlichen Erholung und keinen Komplikationen«. Dreißig Tage nach der Operation konnten die Forscher um den Kardiologen Herbert Benson vom Mind/Body Medical Institute bei Boston im Heilungsverlauf keine Unterschiede feststellen. Jedoch wurden bei der Gruppe, die wusste, dass sich andere ihretwegen an Gott gewandt hatten, mehr Komplikationen wie Herzrhythmus-Störungen registriert. Und bei denen, die wussten, dass für sie nicht gebetet wurde, waren schwerwiegende Komplikationen wie Herzinfarkte oder Schlaganfälle am seltensten. Etwas kleinlaut meinten die gläubigen Wissenschaftler hinterdrein, dass die Rolle, die das Wissen um das Gebet anderer Menschen hat, genauer untersucht werden müsse. Auch sei nicht bekannt, in welchem Ausmaß Familienmitglieder und Freunde, die an der Studie gar nicht teilgenommen hatten, für die Patienten gebetet hatten. Zudem könnten Menschen, die ohne genaue Adressaten sozusagen blindlings tagtäglich für Kranke beten, das Ergebnis verfälscht haben, meinten die Forscher – das hätten sie allerdings auch vor Beginn dieser Studie mit der Bezeichnung STEP (*Study of the Therapeutical Effects of intercessory Prayer*) wissen können.

Plausibler erscheint mir die Erklärung, dass die Patienten, denen gesagt wurde, dass für sie gebetet werde, daraus negative Rückschlüsse auf ihren Zustand und das Operationsrisiko zogen, deswegen angespannter, ängstlicher und gestresster waren und Komplikationen geradezu erwarteten, was durchaus deren Wahrscheinlichkeit erhöhen kann. So stellte Hagen Rudolph in der *Ärzte Zeitung* nicht zu Unrecht die Frage: »Richten Gebete für kranke Menschen Schaden an?«

Was Beten bewirken kann

Fast jeder kennt aus seinem privaten Umkreis Beispiele für die Wirksamkeit von Gebeten, oder er hat zumindest davon gelesen. Ein prominenter Arzt namens Jürgen Bier, Chef der Berliner Charité, griff zur Bibel und begann zu beten, als seine Frau Angelika nach einer schweren Infektion ins Koma fiel. Der 61-jährige Chirurg »kam mit Gott ins Gespräch«, wie er sagt, und als seine Frau gesund wurde, sah er darin wohl einen Zusammenhang, denn seither liegt in jedem Krankenzimmer der Charité eine Bibel bereit. Auch der ehemalige argentinische Fußballspieler Diego Maradona, der im Frühjahr 2004 wegen einer lebensgefährlichen

Herzerkrankung auf die Intensivstation eingeliefert und dort künstlich beatmet wurde, ist der Ansicht, Beten wirke. Denn als sich sein Zustand dramatisch verschlechterte, forderten seine engsten Vertrauten in einer E-Mail-Aktion 20 000 seiner Fans auf, für ihn zu beten. Nachdem er wieder auf die Beine kam, dankte er ihnen: »Gott hat euch erhört.«

Da dieser Gott jedoch täglich Millionen, vielleicht Milliarden von Gebeten keineswegs mit einem solchen Sensationserfolg belohnt, ist es ratsam, sich von einer derart simplen Effizienzvorstellung auch dann zu verabschieden, wenn man sich zu den Erhörten zählt. Ein Gebet, das am liebsten eine Erfolgsgarantie hätte, muss jedem nachdenklichen Menschen fragwürdig vorkommen, denn ihm fehlt jede Demut. Denn es verlangt ja eigentlich, dass die Geschehnisse nicht ihren zwangsläufigen weiteren Verlauf nehmen, sondern davon abweichen, dass die Gesetze des Universums zu seinen privaten, persönlichen Gunsten außer Kraft gesetzt werden.

> *B*ei einem gerechten Gott ist die beste Art, etwas zu verlangen, wenn man verdient, es zu erhalten.«
> Jean-Jacques Rousseau

Not lehre beten, heißt es. Daher werden die Betenden nie ausgehen – und dass sie in den letzten Jahren mehr geworden sind, sollte so gesehen auch Anlass zur Sorge sein. Vier Milliarden Menschen, schätzt eine US-amerikanische Studie, also ungefähr zwei Drittel der Weltbevölkerung, beten gelegentlich oder täglich zu ihrem Gott, ihren Göttern. Im Juni 2005 pilgerten über 800 000 bekennende Christen nach Köln zu einem Massenbeten. In den USA ist das Gebet seit einigen Jahren bereits das am häufigsten angewandte Heilmittel der alternativen Medizin. Ihnen allen soll durch die Enttäuschung des Herbert Benson keinesfalls das Gebet vermiest werden, denn seine heilende Kraft braucht sich nicht in einer ans Wunderbare grenzenden Genesung zu erweisen. Wenn die AOK Berlin ihren Mitgliedern empfiehlt, regelmäßig zu beten, hat das andere Gründe: »Wer betet«, steht da, »tut Körper und Seele etwas Gutes. Der Atem verlangsamt sich, wird aber gleichmäßig und sorgt so für einen Einklang zwischen den wichtigsten Körperfunktionen. Der Blutdruck wird gesenkt, das Gefühl von Ruhe und Entspannung tritt ein. Besonders bei Depressionen, aber auch bei Abhängigkeit hilft Beten, das innere Gleichgewicht wiederzuerlangen.« Das leistet auch jede Meditation, ohne dass es dazu einen Gott bräuchte.

Wie Religiosität die Gesundheit beeinflusst

Dazu wurden Hunderte von Studien durchgeführt, die mehrheitlich einen positiven Zusammenhang feststellten, aber methodisch teilweise fragwürdig sind. In einer amerikanischen Untersuchung mit mehr als 5000 Menschen lag in einem Zeitraum von drei Jahrzehnten bei den häufigen Kirchgängern die Sterberate bei 64 Prozent der Mortalität von seltenen Kirchgängern. In einer weiteren Studie mit über 21 000 US-Bürgern zeigte sich bei denen, die mehr als einmal pro Woche in die Kirche gingen, eine um sieben Jahre höhere Lebenserwartung als bei denen, die niemals in eine Kirche gingen. Der Kirchgang war somit wichtiger als andere Faktoren wie starkes Rauchen, Übergewicht, starker Alkoholkonsum oder völlige Alkoholabstinenz. Dass Letztere ebenfalls mit einer etwas geringeren Lebenserwartung einhergeht, könnte auf den Einfluss sozialer Faktoren hinweisen: Unter den strengen Antialkoholikern sind möglicherweise auch weniger gesellige Menschen. Und auch der Kirchgang hat ja einen sozialen Aspekt, die Zugehörigkeit zu einer Gemeinde gibt ein Gemeinschaftsgefühl. Mit Spiritualität korreliert der Kirchgang dagegen nur sehr wenig.

Der amerikanische Verhaltensgenetiker Dean Hamer hat am National Institute of Mental Health festgestellt, dass Menschen mit einer bestimmten Gen-Variante auf Chromosom 10 signifikant häufiger in einem Persönlichkeitsfragebogen zu »Selbsttranszendenz« neigen. Damit sind spirituelle Gefühle gemeint, die unabhängig sind von traditioneller Religiosität und nicht auf dem Glauben an einen bestimmten Gott beruhen. Trotzdem nannte Dean Hamer seine Entdeckung »das Gottes-Gen« und schrieb unter diesem Titel einen Bestseller. Religiosität kann jedenfalls seelische Ausgeglichenheit und körperliche Gesundheit fördern. Das bestätigte 1995 der Forscher Thomas Oxman, heute an der Dortmouth Medical School in Hanover, New Hampshire. In der bereits erwähnten Studie hat er mit seinen Kollegen auch untersucht, welche Beziehung zwischen Religiosität und Sterblichkeitsrate von Männern und Frauen in den sechs Monaten nach einer Herzoperation besteht. Vor der Operation wurde den Patienten die Frage gestellt: »Finden Sie Kraft und Trost in Ihrem religiösen oder spirituellen Glauben (unabhängig davon, um welche Religion oder welchen spirituellen Glauben es sich dabei handelt)?« Von denjenigen, die das verneint hatten, starben in den sechs Monaten nach der Operation dreimal so viele wie von der Gruppe der Gläubigen. Für die, die weder durch regelmäßige organisierte Gruppentreffen eine Stütze in einer Gemeinschaft noch Trost in einer Religion fanden, war die Wahrscheinlichkeit, innerhalb von sechs Monaten zu sterben, siebenmal so hoch wie bei denen, die auf die genannte Art sozial und religiös eingebunden waren.

Aber nicht nur, wer durch eine schwere Krankheit mit der Nichtigkeit und Hinfälligkeit seiner Existenz konfrontiert wird, sondern jeder, der sich die Frage nach dem Sinn des Lebens oder nach dem Grund für die Existenz des ganzen Kosmos stellt, braucht einen transzendenten Überbau, der sich über das triviale alltägliche Leben erhebt. Für viele ist das die Religiosität, die sich nicht zuletzt im Beten ausdrückt.

Was das Gebet ursprünglich wollte

Seit Jahrtausenden beten Menschen auf verschiedene Weise und mit unterschiedlichen Vorstellungen. Die Erwartungen der Forscher in Mr. President's Namen waren durchaus denen verwandt, mit denen bereits die sogenannten Primitiven beteten. Ihr Gebet war eine magische Anrufung. Der Zauberspruch, der vor dem erbrachten Opfer gesprochen wurde, war ein Versuch, die Götter zu beschwören und zu beschwichtigen. Die Menschen beteten, weil sie von Gott oder den Göttern eine Gegenleistung erwarteten zur Bereicherung ihres Lebens: Gesundheit, eine gute Ernte, Reichtum oder Sieg über ihre Feinde. Der anthropomorphe Realismus des primitiven Betens, die Vorstellung, dass Gott das Gebet sinnlich wie ein Mensch hören und erhören wird, hat sich im Christentum und den anderen Hochreligionen erhalten. Wie das Experiment mit der Gesundbeterei zeigt, ist diese naive, ursprüngliche Form des Betens nach wie vor verbreitet. »Die Irrationalität der Religion, ja des Lebens überhaupt, tritt uns nirgends so gewaltig vor Augen wie im Gebet«, schrieb der Theologe Friedrich Heiler.

Leistung erfordert bekanntlich Gegenleistung, und Beten analog zu irdischem Geschäftsgebaren wird in vielen Religionen durchaus gerechtfertigt; so steht im 50. Psalm des Alten Testaments ausdrücklich: »... rufe mich an in der Not, so will ich dich erretten, und du sollst mich preisen«. Wer in den Besucherbüchern in christlichen Kirchen blättert, in denen Frauen bitten, Gott möge ihren Ehemann wieder treu machen, Schulkinder um das Bestehen von Prüfungen, Eltern um die Genesung ihrer Kinder, dann entspricht das ganz jener ursprünglichen Art des Betens. Die meisten Verfasser solcher Einträge fänden es dagegen erheiternd, dass ein Dakota-Indianer sich im Gebet an eine Wiesenmaus wendet: »Du, die du heilig bist, habe Mitleid und hilf mir.« Der deutsche Religionswissenschaftler Bernhard Lang zitiert es in seiner Sammlung *Erhelle meine Nacht. Die 100 schönsten Gebete der Menschheit.* Doch sie sind in ihrer Erwartungshaltung miteinander verwandt, denn der Dakota-Indianer sieht allen Grund, die Wiesenmaus zu preisen: Er plündert die Bohnenvorräte, die von den emsigen Mäusen angelegt werden, und erhofft sich vom Gebet, dass sie es weiterhin tun.

Wer bettelnd betet, schwächt seine Kraft.«
Ludwig Marcuse

Dass aus philosophischer wie aus mystischer Sicht der Zweck das Mittel entheiligt, durch das Instrumentalisieren das Gebet also kleingemacht wird, ist vielen nicht nachvollziehbar. Über dem Bitten um Hilfe aber könnten wir vergessen, womit und wie wir uns selbst helfen können.

Der Sepp, ein armer Schlucker, geht in die Kirche und betet.
»Lieber Gott, du bist so ungerecht. Da bet ich und bet ich um einen Haupttreffer in der Lotterie und du weißt, wie nötig ich den hätt. Und was machst du? Lässt meinen reichen Nachbarn gewinnen, der nicht einmal fromm ist.«
Eine Woche später geht der Sepp wieder in die Kirche, betet und beschwert sich noch bitterlicher als beim ersten Mal. Wieder hat ein anderer gewonnen, der eh schon alles hat.
Als er zum dritten Mal in der Kirche kniet und betend jammert, ertönt eine Stimme von ganz oben: »Sepp, gib mir eine Chance. Kauf dir ein Los!«

Wer aber im Erfolg des Gebets den Beweis für Gottes Liebe sieht, wird im Fall der Erfolglosigkeit – also dem Regelfall – möglicherweise in Zweifel an seinem Gott geraten. Das philosophische Gebet setzt sich diesem Risiko nicht aus. Mystiker und Philosophen belächeln die Naivität, Gott in seiner Größe in die Niederungen privater Nöte herabziehen zu wollen. Epiktet, der große Stoiker, befand, im Gebet um irdische Güter zu bitten, sei eines nachdenkenden Menschen nicht würdig. »Nicht was du begehrst erbitte von den Göttern«, riet er, »sondern dass du frei werdest von allem Begehren, das erflehe von ihnen. Dann werden dich die Götter erhören, wenn du nicht um das Angenehme, sondern um das Wertvolle betest.«

So beten die neuen Heiden, die sich *Pagans* und *Wiccas* nennen und großenteils einen intellektuellen Hintergrund besitzen. Auch sie bitten in ihren Ritualen um etwas; zwar nicht um gute Noten im Examen, sondern um Toleranz und Frieden in der Welt. Doch auch wenn es überindividuelle, nicht eigennützige Ziele sind, sie machen das Gebet zu einem Antrag, einem Gesuch. Und so wie Lebenskluge sich nicht in Debatten verstricken, ob Akupunktur oder Homöopathie wirksam sei oder nicht, so gilt wohl auch, dass jedes Gebet seine Berechtigung besitzt, wenn es dem Betenden in irgendeiner Weise hilft. Mag sein, dass sich im Bittgebet bei manchen nicht so sehr die Zuversicht ausdrückt, die Bitte werde erfüllt, als die Hoffnung, es gebe einen Ausweg, und als ein Versuch, innehaltend diesen Weg zu erkennen. Hoffnung zu haben heißt, noch eine Perspektive zu besitzen, also nicht zu verzweifeln. Als »Tröstung einer kranken Seele« hat Seneca das Gebet bezeichnet. Wenn es das zu leisten vermag, ist es gut und richtig.

Doch die Geschichte des Gebetes beginnt Jahrtausende vor Seneca. Sie niederzuschreiben ist ein schwindelerregendes Vorhaben, das dem Münchner Religionswissenschaftler Friedrich Heiler bereits vor über neunzig Jahren gelang mit seinem Buch *Das*

Gebet. Eine religionsgeschichtliche und religionspsychologische Untersuchung. Dieser Grenzgänger zwischen Katholizismus und Protestantismus, engagiert für die Ökumene, verheiratet mit einer Politikerin und als Dekan und Professor an der LMU München tätig, schuf ein Werk, das bei aller Gelehrtheit durchaus pragmatisch und bestechend übersichtlich ist. Heiler macht uns klar, wie mannigfaltig in der Geschichte der Religionen gebetet wird: »als stille Sammlung einer frommen Einzelseele und als feierliche Liturgie einer großen Gemeinde, als originäre Schöpfung eines religiösen Genius und als Nachahmung eines einfältigen Durchschnittsfrommen; als spontaner Ausdruck quellender religiöser Erlebnisse und als mechanisches Rezitieren einer unverstandenen Formel; ... als lautes Rufen und Schreien und als stille, schweigende Versunkenheit; ... als schlichte Bitte um das tägliche Brot und als verzehrende Sehnsucht nach Gott selber; ... als ein Gott-Umstimmenwollen im Sinne der eigenen kleinen Wünsche und als selbstvergessenes Schauen und Sichhingeben an das höchste Gut; ... als demütige Bitte des Knechtes zum mächtigen Herrn und als trunkenes Liebesgespräch der Braut mit dem himmlischen Bräutigam.«

Die Vielfalt der Gebetsformen

Heiler, der selbst nicht nur Geschichte und Theologie, sondern auch Philosophie studiert hatte, legt dar, wie sehr gerade Philosophen oft der Überzeugung sind, was dem Gläubigen das Beten sei, sei für sie das Denken. Und Not kann ja nicht nur beten, sondern auch denken lehren.

Ein gutes Beispiel für einen, der das Gebet für entbehrlich hält, ist Immanuel Kant; er versucht, jene Seelennöte, die Menschen zum Beten bringen, nüchtern zu klären. Warum beten sie überhaupt? Aus Verzweiflung, erklärt er.

Das aber ist für ihn keineswegs ein Beweggrund, zu glauben. »Die Verzweifelung [sic]«, schreibt er in seinem »Versuch über die Krankheiten des Kopfes«, »ist ein vorübergehender Unsinn eines Hoffnungslosen«, wie ein Gewitter verziehe sie sich auch wieder. Auch im Beten sieht er nur einen provisorischen und recht erbärmlichen Versuch, Probleme zu lösen, weil es dabei nur um die privaten Querelen gehe. Mit Sittlichkeit oder Weisheit, wie er sie versteht, habe das übliche Beten gar nichts zu tun, im Gegenteil: Beten zur privaten Wunscherfüllung ist aus seiner Sicht sogar unmoralisch. Erstrebens- und lobenswert ist für ihn nur, die Redlichkeit zur ersten Maxime zu machen; und wer das geschafft habe, könne ohnehin aufhören zu beten.

Kant war kein Atheist, doch ein typischer Vertreter der idealistischen Philosophie, die versuchte, Religion durch Ethos zu ersetzen. Das hieß auch, jeglichen Opferkult zugunsten sittlicher Werte aufzugeben, sich von dem bärtigen Gottvater, von der Idee des Menschensohns Jesus zu verabschieden und die Gottesvorstellung zu befreien von allen anthropomorphen Zügen. Sein Kollege Johann Gottlieb Fichte befand, nach sittlicher Vollkommenheit zu streben, sei bereits die Seligkeit selbst. Sich ethisch selbst, wie es damals hieß, zu veredeln, modern gesagt: moralisch zu verbessern, habe das wichtigste Anliegen des Einzelnen und der Gesellschaft zu sein. Verantwortung und Selbstverantwortlichkeit werden im Idealismus zu den zentralen Werten. Beten, was in Kants und Fichtes Interpretation eher ein Nachdenken ist, hat nur dann einen Sinn, wenn der Betende danach ein besserer Mensch ist. Und zwar als einer, der sich aus eigener Kraft verbessert hat.

Das Gebet als Do-it-yourself-Läuterung – das hört sich zeitgemäß und erfrischend pathosbereinigt an, bringt aber ein Problem mit: Es bedeutet nämlich, dass der Betende nicht mehr sein Herz vor Gott ausschütten kann – und schon gar nicht hoffen darf, auf ihn einwirken zu können; »... aus dem Gebetszwiegespräch wird ein

Selbstgespräch, aus dem lebendigen Umgang und Austausch mit Gott ein bloßes Denken an Gott und über Gott, aus einem Rufen zu Gott die Meditation über die Rätsel des Daseins, über die idealen Werte und sittlichen Ziele des Lebens«, diagnostiziert Heiler diese Entwicklung.

Die idealistische Einstellung mag ja hochherzig und edel sein und das Gebet als Selbstreflexion ein Zeichen geistiger Souveränität, aber dem Großteil der betenden vier Milliarden Menschen wird daran die Tiefe fehlen, das Lebendige, Leidenschaftliche, das Tröstliche.

Die mystische Leidenschaft im Gebet

Wie die Mystiker im Gebet zu einem Du sprechen – das liegt den meisten von uns als Idee vom Beten näher. Mystiker, ob jüdischen, christlichen oder muslimischen Glaubens, wollen im Gebet und der Kontemplation Gott unmittelbar und intuitiv erleben. Doch der Weg dahin ist weit und mühevoll. Und doch existieren in den mystischen Traditionen der unterschiedlichen Religionen Gemeinsamkeiten, die gerade im Gebet zum Ausdruck kommen.

> *J*eder Mensch hat ein Gebet, das ihm allein gehört, wie er eine Seele hat, die ihm allein gehört. So wie es dem Menschen schwerfällt, seine Seele zu finden, so fällt es ihm auch schwer, sein Gebet zu finden. Die meisten Menschen leben mit Seelen und sprechen Gebete, die nicht die ihren sind.«
> *Elie Wiesel*

»Mystik ist das Einssein mit allem«, hat es der Theologe Georg Schmid formuliert. »Sie ist das Hingehaltenwerden und das Aufgehen im Nichts. […] Mystik ist eine Art heiliger Selbstverständlichkeit, das Bereitwerden fürs Nächstliegende, der Sinn für die unendlich nahe Wahrheit. Mystik ist das Sichhineinsteigern des Menschen in Gott, das Sichausweiten des Ichs, bis es den ganzen Kosmos umspannt. [...] Sie ist der einzig wirklich tragfähige Impuls zu sozialem Engagement und politischem Handeln. Der Weg nach innen und der Weg nach außen sind nur scheinbar zwei Wege. [...] Mystik ist der Kern und die Quelle aller Religion.«

Dass in jüngster Zeit das Interesse an Mystik stark zugenommen hat, ist nicht erstaunlich. Wo es viele bedrückt, anstatt des verheißenen friedfertigen Wassermannzeitalters zu erleben, wie sich Glaubenskriege verschärfen, zeigt sich hier die Möglichkeit der Verständigung. Schmid macht deutlich, wie leichtfüßig Mystik sich über konfessionelle Schranken hinwegsetzt und ebendarin ihre verbindende Kraft beweist. Über die Mystik konnte ins Christentum der Neoplatonismus ebenso eindringen wie der Yoga oder der Zen-Buddhismus.

Welcher Konfession sie auch immer angehören, suchen die Mystiker nach ihrem ganz eigenen Gebet, nach ihren Worten, ihren Metaphern, um ihre Sehnsucht nach der Rückkehr zu Gott, zum Göttlichen auszudrücken. Dagegen sind die vorgeschriebenen, formelhaften, oft gedankenlos gesprochenen Gebetsworte der Durchschnittsfrommen in den Offenbarungsreligionen vom spontanen und freien Beten der Mystiker weit entfernt.

Zwei Grundformen kennt die Mystik – und damit auch zwei Grundhaltungen beim Gebet –, die unterschiedliche Seelentemperaturen haben: kühl die eine, warm, oft brennend vor Leidenschaft die andere, wobei es in beiden Fällen um Grenzauflösung und Verschmelzung geht. Was kühl und verhalten anmutet, ist die Unendlichkeitsmystik. Sie sucht den Weg der Erkenntnis im Sinne von Wissen, das aber nicht intellektuell ist. So ist in der Vorstellung indischer Mystiker das Ziel des Gebets oder der Versenkung, dass die Einzelseele, *atman,* völlig in einem nicht persönlichen

Göttlichen, *brahman* aufgeht, als Verwehen im Absoluten, Allum-fassenden. Die Idee des deutschen Mystikers Meister Eckhart, dass sich der Seelenfunken, ein Abglanz des Göttlichen im Men-schen, bei der Versenkung wieder mit diesem Göttlichen vereint, ist sehr ähnlich. Dennoch ist der Ton Meister Eckharts bereits deutlich emotionaler.

Zum anderen gibt es die warme, gefühlshafte, personale Gottes-mystik. Sie geht den Weg der liebenden Hingabe, wie er von den frühen Sufis, den mittelalterlichen christlichen Mystikern und auch den indischen Yogis beschritten wurde, wobei die »Hingabe an den Herrn« bei Letzteren wegen des unklaren Gottesbegriffes unterschiedlich verstanden wird.

Bei diesen Mystikern steigert sich die Gottessehnsucht zu einer brennenden und leidenschaftlichen religiösen Liebe (griechisch *eros; bhakti* in der indischen *Bhagavadgita)*, und ihr Streben nach dem Höchsten erfordert es, sich von den Verstrickungen in die Welt zu lösen. Je inniger sie sich ihm verbunden fühlen, desto leichter können sie annehmen, was dieser Geliebte an Opfern ver-langt; die Intimität macht den Gehorsam leichter.

Die Versenkung im Gebet: eine mystische Erfahrung

Wenn Betende mit Gott verschmelzen wollen, müssen sie sich also freimachen von Eigensucht und sinnlichem Begehren und alles Verlangen zu einem Strom bedingungsloser Hingabe an Gott vereinen.

Den Weg zur Erlösung hat für die christlichen Mystiker im 5. Jahrhundert Dionysius Areopagita formuliert, und die Über-einstimmungen mit der Mystik der Sufis und der indischen Mys-tik im Yoga und Buddhismus sind augenfällig. Der erste Teil des Wegs ist die Reinigung *(via purgativa)*, das heißt die Askese. Dann folgt der Weg in die Erleuchtung *(via illuminativa)*, das heißt Meditation und Gebet. Der letzte Schritt ist das Erlebnis der Vereinigung mit Gott *(via unitiva)*.

Beim Gebet oder bei der Meditation der Mystiker gibt es verschiedene Stufen. Es beginnt mit der bewussten und willkürlichen Konzentration der Aufmerksamkeit auf eine religiöse Vorstellung oder einen Gegenstand, bisweilen noch mit diskursivem Denken verbunden; manche nennen es auch Sammlung oder Meditation. Auf der zweiten Gebetsstufe kommt es zu einer sinnenden, kontemplativen Schau seines eigentlichen Wesens, bis die Aufmerksamkeitsspannung und die konkreten Vorstellungen verschwinden und eine sanfte, lustvolle, tiefe Ruhe entsteht. Die Intensität der Freude, der Wonne verstärkt sich noch auf der dritten Stufe. Die Bezeichnungen für diesen Zustand sind unterschiedlich; Bernhard von Clairvaux bezeichnet eben das mit Kontemplation. In der buddhistischen Versenkung findet auf der dritten Stufe das Gegenteil statt, kein gesteigertes Wonnegefühl, sondern eine völlige Affektlosigkeit, ein leidloser und freudloser Gleichmut. Wer dort ankommt, ist von gelassener Gleichgültigkeit gegen die Welt und sich selbst, verspürt weder Liebe noch Hass. Er ist bereit zum Eintritt ins Nirwana.

Auf der obersten Stufe schließlich findet die ekstatische Vereinigung der Seele mit Gott statt. Ob das Erlebnis nun *samadhi* heißt wie im Yoga oder *unio mystica* wie bei den Christen: Das Bewusstsein des eigenen Ich und seiner Grenzen schwindet; Meister Eckhart spricht vom »Entwerden«. Unter diesem Aspekt ist die *unio mystica* dem buddhistischen seligen Verwehen im Nirwana wiederum nicht unähnlich.

In der völligen Gottergebenheit ist das Beten der Mystiker dem Ideal der Stoiker verwandt, alles gleichmütig zu ertragen. Sie wiederholten wörtlich den Kernsatz des Epiktet: »Tu mit mir, was du willst, dein Wille ist mein Wille.« Dennoch ist die Stimmung der mystischen Beter eine andere als die der stoischen Denker. Bei

Meister Eckhart, Ignatius von Loyola, Thomas von Kempen oder Madame Guyon liegt in diesen Worten eine Intimität mit Gott, die eine rein philosophische Kontemplation nicht kennt.

ebet ist eine innige Freundschaft, ein häufiges Zwiegespräch mit dem Geliebten.«
Theresa von Avila

Die Worte der Mystiker hören sich zuweilen an wie Liebesgedichte, trunken, verzückt, verliebt. Das gilt für die Lyrik des Sufi-Dichters Dschalal ad-Din Rumi ebenso wie für die der Mechthild von Magdeburg, der Hildegard von Bingen oder für das Hohe Lied Salomons, wenngleich sich bei Letzterem die Geister scheiden, ob diese hinreißende Beschwörung des Eros nicht vielleicht erst später religiös gedeutet wurde und ursprünglich durchaus irdisch gemeint war. Sicher jedoch ist, dass die Gebete der großen Mystiker in ihrer Innigkeit und Intimität, Freude und Poesie auch für Nichtmystiker einen großen Reiz haben.

Wenn ich scheine, musst du leuchten,
wenn ich fließe, musst du schäumen,
wenn du seufzt, ziehst du mein göttliches Herz in dich hinein.
Und weinst du nach mir, nehm ich dich sanft in meinen Arm.
Doch wenn du mich lieb hast, dann sind wir zwei eins,
und wenn wir zwei eins sind, kann nichts mehr uns scheiden,
mehr als endloses Glück wohnt zwischen uns beiden.
Herr, so harre ich deiner mit Hunger und Durst,
gehetzt und mit Lust,
bis zur erlösenden Stunde,
da aus deinem göttlichen Munde

strömt das erlösende Wort,
das niemand hört,
als die Seele allein,
die sich von der Erde befreit
und ihr Ohr legt an deinen göttlichen Mund –
ja, sie versteht unsern Liebesbund.

Mechthild von Magdeburg

Was der Mystik eine Anziehungskraft verleiht, auch für uns heute, ist, dass sie uns ermutigt: Trau dich, alles zu vergessen, was du weißt, weil dieses Wissen für eine mystische Erfahrung nicht taugt und eigentlich eine völlige Unwissenheit ist; und: Gib dich der Gegenwart hin und verschmelze mit ihr, weil der Augenblick die Ewigkeit ist und die Ewigkeit der Augenblick.

Die Mystiker waren von jeher so frei, zu sagen: Was der Versenkung hilft, ist gut. Und das kann durchaus auch die körperliche Haltung und Bewegung sein.

Die Rolle des Körpers beim Beten

Heute spielt der Körper in kaum einer Religion eine so geringe Rolle wie im Christentum, hier wurde das Gebet gewissermaßen »entkörperlicht«. Reglos sitzen Katholiken wie Protestanten auf den Bänken, mit Ausnahme des Aneinanderlegens oder Faltens der Hände und des Kniens der Katholiken geschieht nichts. Das aber war keineswegs immer so. Noch in den mittelalterlichen Gottesdiensten zuckten Gläubige erregt, schüttelten sich und reckten die Arme gen Himmel, wie das schon in den primitiven Kulturen oder in der Antike die Opfernden getan hatten. Die *unio*-Mystik war Ausdruck der Freude, auch in der Gemeinschaft. Die später heiliggesprochene Theresa von Avila hat im strengen, von ihr reformierten Karmeliterinnenkloster getanzt, das ist belegt.

Gebärden, Handbewegungen, Tanzschritte und Körperhaltungen gehörten schon in der Frühzeit zum Gebet dazu. Üblich war früher auch bei den Christen eine sehr viel intensivere Gebärde als das Händefalten: das Falten der Arme über der Brust, wobei sich die Handgelenke über dem Herzen kreuzten, als wollten sie es schützen, weil es der Sitz des Gefühls ist. Im Islam werfen sich die Gläubigen ebenso rückhaltlos zu Boden wie im Buddhismus. Eine besonders schöne Möglichkeit, den Körper als Hilfsmittel zur Versenkung und Konzentration einzusetzen, kultivieren die muslimischen Mystiker, die Sufis: Sie lassen im Kreiseltanz der Derwische den hochkonzentrierten mystischen Ausnahmezustand sichtbar werden. Auch die Chassidim, die jüdischen Mystiker, tanzen zur Musik, zuweilen ekstatisch.

Dass der Körper auf dem spirituellen Weg hilfreicher ist als der Intellekt, war auch die Erfahrung in der Tradition des Yoga. Der Körper und seine Bewegung unterstützen die Konzentration und auch die Erinnerung. Opernsänger singen spielend auswendig auf der Bühne; wenn sie dagegen bei einem Liederabend reglos dastehen, brauchen sie eher ihre Noten vor sich.

In vielen Gebetstraditionen verbirgt sich solche praktische Psychologie. Die Mantras der Buddhisten, der Rosenkranz und die Litaneien der Christen, Sutren und das *sekr* der Sufis, sie alle setzen auf die Kraft der Wiederholung. In der tantrischen *sadhana*-Übung werden Gottheiten angerufen und deren Bilder aktiv visualisiert; das führt zur Identifikation mit den geschauten Eigenschaften der angerufenen Gottheit. Außerdem kommt es zu einem leicht tranceartigen Zustand, der Körper wird zum Resonanzkörper, in dem Gott tönen, widerklingen kann.

Ein meditierender Mensch wirkt herausgehoben aus seiner Umgebung, wenngleich er reglos in ihr ruht. Um ihn herum kann alles in Bewegung sein, er aber wirkt unbewegt, denn Meditation bewirkt eine Kontrolle der Emotionen, die den Geist befreit.

Die Vorgänge im Gehirn während der Meditation

Die täglich mehrere Stunden meditierenden tibetischen Mönche, zu denen der Psychologe Richard Davidson reiste – es wurde im Kapitel zur Askese schon kurz erwähnt –, erschienen äußerlich besonders gleichmütig und gelassen und erklärten, wenig Trauer, Angst oder Wut zu empfinden, sondern vor allem mitfühlende Anteilnahme. Wie weit Meditation Emotionen, sogar Schmerz verdrängen kann, haben tibetische Mönche dereinst auf eine Weise vorgeführt, die jeden, der die heimlich gemachten Fotos und Filme aus den 60er und 70er Jahren heute sieht, noch immer entsetzt. Sie hatten sich, um den chinesischen Verfolgern und deren Folter zu entgehen, selbst verbrannt – mit einem Lächeln auf den Lippen.

Davidson wollte nun dieser vermeintlich übermenschlichen Gelassenheit auf die Spur kommen und zeichnete mit Hilfe des EEG die Gehirnströme von acht Mönchen auf, während sie in Meditationsübungen vertieft waren. Die EEG-Muster der Meditationserfahrenen verglich Davidson nun mit denen von Novizen, die erst ein einwöchiges Meditationstraining hinter sich hatten.

Die EEGs der Mönche zeigten deutlich höhere Anteile an Gamma-Wellen, die bei gesteigerter Aufmerksamkeit auftreten; es war ausführlich bereits im Kapitel zur Wachsamkeit davon die Rede. Besonders deutlich war das in zwei Bereichen des Frontalhirns, die an der Emotionsregulierung beteiligt sind. Die Gamma-Aktivität der Mönche, so Davidson, gehörte zu den stärksten, die jemals in der nichtpathologischen Literatur beschrieben worden sind. Nach seiner Ansicht belegten die Werte, wie stark die jahrelang geübte Fähigkeit der Mönche war, ihre Gedanken und Gefühle zu kontrollieren.

In der Meditation hören wir auf zu beobachten. Wer beobachtet, trennt zwischen sich als beobachtendem Subjekt und dem beobachteten Objekt. In der Kontemplation wird diese Trennung aufgehoben, so dass wir eins werden können mit dem Objekt. Kontemplation kommt vom lateinischen *contemplari*, betrachten. Betrachten ist etwas anderes als das aufmerksame Beobachten. Wer etwas betrachtet, im realen wie im geistigen Sinn, lässt sein Auge auf etwas ruhen, er verweilt. Betrachtet wird bei der Kontemplation nichts Konkretes, auch wenn ein Gegenstand die Kontemplation einleiten kann: ein Andachtsbild, eine Blume, ein Stein, die Natur, der Sonnenaufgang.

Die Zeit wird dabei in ihrer Bedeutung aufgehoben. Im Umgang mit der Zeit liegt das eigentliche Geheimnis der Meditation. Ein indischer Mythos macht deutlich, dass wir das Wesentliche nur verstehen, wenn wir hinter allem Zeitlichen das Ewige erkennen.

Narada, ein Sohn des Gottes Brahma, wollte von Gott Vishnu erfahren, worin das Geheimnis seiner Schöpferkraft liege und wie er das Universum in Gang halte. Er wollte das Rätsel der Zeit ergründen. Als er Vishnu befragte, befal der ihm, in einen magischen See zu springen. Als er im Begriff war aufzutauchen, war er eine Frau, die Prinzessin Sushila von Benares. Die heiratete den Prinzen des benachbarten Königreiches. An seiner Seite wurde sie Königin, hatte Kinder und Enkelkinder. Dann beendete ein Krieg zwischen dem Reiche ihres Vaters und dem ihres Mannes das Glück. Ihr Vater, ihr Mann, ihre Söhne, ihre Töchter wurden in diesem Krieg umgebracht. Sie selbst musste das Feuer anzünden, in dem die Toten verbrannt wurden. Das Feuer verwandelte sich in einen kühlen Wind, der Wind in das Wasser eines Sees und Sushila fand sich wieder als Narada, dem Vishnu die Hand reichte, um ihn aus dem Wasser zu ziehen. Alles, was Narada durchlebt hatte, hatte nur so lange gedauert, wie ein Körper braucht, um nach einem Sprung ins Wasser wieder aufzutauchen.

Es gibt in allen Kulturkreisen ähnliche Mythen, die uns verdeutlichen, dass aus einer höheren göttlichen Sicht das, was für uns nacheinander abläuft, gleichzeitig geschieht, dass hinter dem, was wir als Schicksal, als Geschichte erleben, eine höhere Gegenwart steht. Auch in der christlichen Religion findet sich dieser Gedanke: »Tausend Jahre sind vor Dir wie der Tag, der gestern vergangen ist«, heißt es in Psalm 90, Vers 4.

Eben dieses Überwinden der Zeitlichkeit geschieht in der Kontemplation. Ein Gefühl des Schwebens trägt den Meditierenden und diese Schwerelosigkeit beglückt ihn. In tiefer Meditation nimmt der Meditierende äußere Reize gar nicht mehr wahr. Könnte man dann nicht, so fragten sich findige Wissenschaftler, durch das Ausschalten aller äußeren Reize einen Menschen in einen meditativen Zustand versetzen?

Die künstlichen Wege der Forscher zur Meditation

Delphine, sagte John Cunningham Lilly, hätten ihn auf die Idee gebracht. Mit denen pflegte er intimeren Umgang als mit seinen Wissenschaftlerkollegen. Einige von denen hielten ihn schon lange für unseriös. Was hatte ein Mann, der neben dem Studium der Medizin auch noch eines in Biophysik und medizinischer Physik absolviert hatte, bei einem Sufimeister zu suchen? In den 50er Jahren gab es in den USA schließlich genügend Probleme, die Wissenschaftler forderten. Prof. Dr. Dr. John Cunningham Lilly dagegen zog sich splitternackt aus, legte seine Brille ab und stieg in eine Art Sarkophag, der mit körperwarmem Salzwasser gefüllt war, einer Lösung, die so stark gesättigt war wie das Wasser im Toten Meer. Er blieb darin liegen, abgeschottet von Licht und Geräuschen und wartete ab. Anfangs kreisten seine Gedanken noch um konkrete Dinge, versuchten, Lösungen zu finden, Bilder im Finsteren zu sehen. Er bemühte sich, sein Zeitempfinden zu schärfen. Wie lange lag er hier bereits? Zehn Minuten oder bereits eine Viertelstunde? Dann aber ließ der Drang, sich seiner selbst zu vergewissern, nach. In ihm war nur noch ein Gefühl, getragen zu werden, frei von Willen, Absichten, Zielen.

Als Lilly seinem Sarkophag entstieg, erfüllte ihn eine innere Ruhe, die er in diesem Ausmaß noch nie verspürt hatte.

Samadhi-Tank nannte er selbst seine Erfindung, eine Art zweischalige Badewanne, die völlig licht- und geräuschisoliert ist. *Samadhi* bezeichnet im Hinduismus den Bewusstseinszustand höchster Konzentration und meditativen Losgelöstseins. Die Bezeichnung *Satori*-Tank haben erst Lillys Nachfolger, vor allem die Anwender seiner Erfindung in Coaching-Kreisen eingeführt, und sie trifft nicht exakt; das *Satori*-Erlebnis der Buddhisten ist nur ein blitzartiger Moment. *Samadhi* meint jedoch, über einen längeren Zeitraum zu erfahren, wie das Denken aufhört. Wer das im Tank erlebt hat, schafft es meist nach einiger Zeit auch ohne jedes technische Hilfsmittel.

Die US-Regierung hatte Lilly dereinst beauftragt, etwas zu finden, was Menschen von seelischen Nöten befreit, weil vor Angst kranke Krieger schlechte Krieger sind. Sie hatte dafür keine lauteren Beweggründe. Aber beim Beten, bei der Versenkung, bei der Meditation geht es ja ebenfalls darum, uns das Loslassen zu erleichtern und so die Angst vor dem Tod zu nehmen. Doch was ein Mensch im *Samadhi*-Tank erlebt, muss er erst geistig verarbeiten, einbauen in einen Glaubenszusammenhang, damit es als Erfahrung sinnstiftend wirkt. Religiöse Inhalte kann ein Aufenthalt im *Samadhi*-Tank nicht ersetzen.

Matthieu Ricard alias Konchok Tenzin, früher Molekularbiologe an der Pariser Charité, seit den 70er Jahren Mönch in einem buddhistischen Kloster, ist heute Anfang sechzig. Er kennt viele Männer seiner Generation, die eine unklare Sehnsucht nach östlicher Weisheit in die Klöster der Hinduisten und Buddhisten trieb. Die meisten aber gaben auf, weil es zu anstrengend wurde, denn die buddhistischen Lamas sind, wie er sagt, »sehr bodenständig. Die wollen, dass du an dir arbeitest. Schnelle Ekstasen sind da nicht zu holen.« Wer in Ricards Sinn bodenständig ist, erkennt, dass er sich lange bemühen muss, um einfach zu werden. Und dass dieses Einfache die Mühen lohnt.

Um eben dieses Einfache ging es den Meistern der Meditation und Kontemplation von jeher. Die mittelalterliche Mystik hat sich nie entfernt von ganz alltäglichen Begriffen wie Licht und Dunkelheit, Nacht und Morgen, Himmel und Glut, Dämmerung und Tag, sie machte keine großen Worte und brauchte keine entlegenen Metaphern. Was uns die moderne Technik anbietet als Hilfsmittel für Kontemplation und Meditation, findet sich gratis in der Natur.

Das Naturerlebnis als kontemplativer Akt

Die Versenkung in die Natur als kontemplativer Vorgang hat daher eine lange Tradition; als Lobpreisungen und Lobgesänge, *Laudes*, auch in den christlichen Klöstern.

Eines der berühmtesten und schönsten Beispiele ist der »Sonnengesang« des heiligen Franz, entstanden im Spätherbst 1224, als er sterbenskrank in San Damiano niederlag. Laut seinem Biografen Thomas von Celano ließ Franz den Sonnengesang dann auch zwei Jahre später in seiner Todesstunde von den Brüdern singen.

Was den Menschen in allen Zeiten am »Sonnengesang« so gut gefiel, was ihm seine Modernität und Frische verleiht, ist zuerst einmal das Naturgefühl, das aus ihm spricht. Er macht uns bewusst, wie nahe wir daran sind, das zu zerstören, was früher so schön »Garten Gottes« genannt wurde und heute eher wie ein Müllplatz oder Parkplatz aussieht. Es ist ein Lobgesang, der mystisch ist und naturnah, der nur Dank ausdrückt, nicht Bitte oder Gottessehnsucht.

Erhabenster, allmächtiger, guter Herr,
dein sind der Lobpreis, die Herrlichkeit,
und die Ehre und jeglicher Lobpreis.
Dir allein, Erhabenster, gebühren sie,
und kein Mensch ist würdig, dich zu nennen.
Gepriesen seist du, mein Herr;
Mit allen deinen Geschöpfen,
zumal Bruder Sonne,
denn er ist der Tag,
und spendet das Licht uns durch sich.
Und er ist schön und strahlend in großem Glanz.
Dein Sinnbild trägt er, Erhabenster.
Gepriesen seist du, mein Herr,
durch Schwester Mond und die Sterne,
am Himmel hast du sie gebildet,
hell und leuchtend und kostbar und schön.
Gepriesen seist du, mein Herr,
durch Bruder Wind und durch Luft und Wolken
und heiteren Himmel und jegliches Wetter,
durch welches du deinen Geschöpfen den Unterhalt gibst.
Gepriesen seist du, mein Herr,
durch Schwester Wasser,
gar nützlich ist es
und demütig und kostbar und keusch.
Gepriesen seist du, mein Herr,
durch Bruder Feuer,
durch das du die Nacht erleuchtest;
und es ist schön und liebenswürdig
und kraftvoll und stark.
Gepriesen seist du, mein Herr,
durch unsere Schwester, Mutter Erde,
die uns ernährt und lenkt

und mannigfaltig Frucht hervorbringt
und bunte Blumen und Kräuter.
Gepriesen seist du, mein Herr,
durch jene, die verzeihen um deiner Liebe willen
und Schwachheit ertragen und Drangsal.
Selig jene, die solches ertragen in Frieden,
denn von dir, Erhabenster, werden sie gekrönt.
Gepriesen seist du, mein Herr,
durch unseren Bruder, den leiblichen Tod;
ihm kann kein Mensch lebend entrinnen.
Wehe jenen, die in schwerer Sünde sterben.
Selig jene, die sich in deinem allheiligen Willen finden,
denn der zweite Tod wird ihnen kein Leides tun.
Lobet und preiset meinen Herrn
und erweiset ihm Dank
und dient ihm mit großer Demut.

Franz von Assisi

Franziskus lebte vor, wie wichtig es ist, sich der Natur, egal, wie sie sich zeigt, anheimzustellen, sich ihr mit jenem Gehorsam zu fügen, den auch der Zen-Adept erwerben muss. Mit der Natur können wir nicht argumentieren. Sie ist der größte aller Meister. Sich ihren Ordnungen und Äußerungen zu fügen, ist bei Franziskus ein selbstverständlicher Akt der Demut und des Gehorsams. Doch der »Sonnengesang« ist eben auch Lobpreis, er ist erfüllt von tiefer Dankbarkeit. Und das Danken lassen uns diejenigen verlernen, die uns einflüstern: Das steht dir doch zu. Das gebührt dir. Das ist dein Anrecht.

Die Zuwendung der Eltern, die Geduld der Lehrer, die Liebe des Lebensgefährten, das Interesse der Freunde, der Aufstieg, die Freiheit: Sie sind doch selbstverständlich.

Wozu also danken?

Dankbarkeit, wie sie Franziskus bekennt und wie es jeder Buddhist lehrt, hilft dabei, mit dem Augenblick zu verschmelzen, weil sie nur eines sagt: Ja.

Alle fehlen wir darin alltäglich, dass wir Wohltaten und Freundlichkeiten aufschlucken wie ein sandiger Boden das Wasser. Das Bestreben, uns dankbar zu erweisen, ist keine Triebkraft in unserem gewöhnlichen Leben.«
Albert Schweitzer

Das meint, weder Vergangenheit noch Zukunft zu sein, weder zu hadern mit dem, was war, noch mit dem, was kommt. Wer immer zurück oder nach vorne denkt, verpasst sein Leben.

In den Tuschezeichnungen des Zen gibt es ein Symbol, das vollendet darstellt, was Kontemplation und Meditation ausmacht: den *Enso*, das ist ein Pinselschlag, der kreisförmig in sich selbst zurückkehrt. Er bedeutet den ganzen Kosmos und gleichzeitig die absolute Leere, das Nichts. Er ist Symbol des Absoluten. Nur wer innerlich im Gleichgewicht sei, sagen die Zen-Künstler, könne einen *Enso* malen. Er zeige, ob die Meditation ihre Wirkung gezeitigt hat, ob der Maler zu innerer Sammlung gefunden hat. Vielleicht ist es einen Versuch wert …

Praktische Übungen zu Gebet und Meditation

- Nehmen Sie sich an jedem Tag eine Zeit für sich, und wenn es nur zehn Minuten sind, und suchen Sie sich, egal wo in Ihrer Wohnung, einen bestimmten Ort, der zur Meditation geeignet ist. Setzen Sie sich dort auf eine Decke oder ein Kissen, es ist nicht wichtig, ob Sie den Lotussitz beherrschen, der Schneidersitz tut's auch, oder Sie setzen sich kniend auf Ihre Fersen oder einfach auf einen Stuhl, den Rücken gerade aufgerichtet, ohne ihn anzulehnen. Legen Sie die Hände vor dem Bauch ineinander und schauen Sie reglos auf einen Punkt etwa einen Meter vor sich auf dem Boden. Sie brauchen weder Meditationsmusik noch Räucherstäbchen. Konzentrieren Sie sich ganz einfach auf Ihre Atmung: wie die Bauchdecke sich beim Einatmen vorwölbt und beim Ausatmen wieder zurückgeht. Wenn Gedanken kommen und die Aufmerksamkeit abschweift, führen Sie sie geduldig immer wieder zurück zur Atmung. Lassen Sie den Kopf gedankenleer werden und ein Lächeln im Gesicht entstehen. Einfach so, ohne Grund. Sie werden staunen, wie sich das auswirkt.

- Wenn Sie Interesse bekommen haben an Meditationstechniken: Es gibt eine Fülle von Büchern mit Anleitungen, von der christlichen Andacht bis zum Zazen.

- Machen Sie wenigstens einmal im Jahr eine Wanderung zum Sonnenaufgang, vielleicht am 23. Dezember, dem Tag der Wintersonnwende. Wer dem Tag durch die Dunkelheit entgegengeht, erlebt den Sonnenaufgang als einen Akt von metaphysischer Macht.

- »Ich vergleiche den Genuss der edleren Kunstwerke dem Gebet«, heißt es in einem Hauptwerk der deutschen Romantik, in Wilhelm Heinrich Wackenroders *Herzensergießungen eines kunstliebenden Klosterbruders.* Entdecken Sie in einem Museum, einer Kirche, einer Galerie ein Bild, vor dem Sie andächtig werden.

- Entdecken Sie für sich eine Art von stillem »Tischgebet«, indem Sie sich bei jeder Mahlzeit dankbar bewusst werden, dass es nicht selbstverständlich ist, sich satt essen zu können.

Die Entscheidungsfähigkeit

Obwohl er jung ist, gilt dieser Mann bereits in ganz Griechenland als ein Star; ein gutaussehender Hüne, geschickter, gescheiter und stärker als sämtliche Altersgenossen. Sein Vater, mächtig, wichtig, aber berüchtigt als hemmungsloser Fremdgänger, hatte auch ihn außerehelich gezeugt und die anderweitig verheiratete Frau unter Vorspiegelung falscher Tatsachen schwängern können. Als Teenager benimmt sich der Sohn alles andere als vorbildlich. Weil er keine Lust hat, ein klassisches Instrument zu lernen, schlägt er seinem Musiklehrer mit selbigem den Schädel ein. Mit achtzehn, als er sich bereits zu einem allseits berühmten Kraftprotz entwickelt hat, ist er bei einem vermögenden Hausherrn zu Gast, der im Interesse seiner zahlreichen Töchter an das Erbgut des herkulischen Gastes herankommen will, und dieser macht es dem Gastgeber einfach: Jeden Abend ist er so berauscht vom vielen Wein, dass er gar nicht bemerkt, wie der Vater ihm Nacht für Nacht eine andere Tochter ins Bett legt, die der Kraftprotz, angeblich in der Meinung, es sei ein und dieselbe, sexuell beglückt und mit dem begehrten Material versorgt. Es sieht also ganz so aus, als habe dieser Sohn aus reichem Hause eine Karriere als skrupelloser Egoist vor sich. Doch immerhin macht er sich Gedanken über seine Zukunft, meistens auf einsamen Spaziergängen. Da trifft er an einer Weggabelung zwei Frauen, beide sind schön, jede will ihn überreden, sein Leben mit ihr zu verbringen. Die eine bietet an, sofort seine Bettfreundin zu werden, ihm den bequemen Weg in ein Leben zu zeigen, in dem Lust, Unterhaltung, Vergnügungen an der Tagesordnung seien und so unangenehme Dinge wie Anstrengung und Not nicht vorkämen. Die andere redet zwar auch von der Verehrung vieler Menschen, von Anerkennung, von Siegen und von der Liebe, aber sie erklärt ihm, dafür habe er zu kämpfen und sehr viel durchzustehen, geschenkt werde ihm leider nichts; trotzdem sei sie überzeugt, dieser Weg sei für ihn der richtige. Erstaunlicherweise entscheidet sich der junge Mann für die unbequeme Variante und macht eine beispiellose Karriere: Er wird unsterblich.

So erzählen Hesiod, Xenophon und Äsop die Geschichte von Herakles am Scheidewege. Ein Mythos abseits jeder Lebenswirklichkeit?

Die Schwierigkeit liegt nicht in dem Faktum, dass Gut und Böse ziemlich gleich verteilt ist, sondern hauptsächlich darin, dass die Menschen sich nicht klar sind, was gut und was böse ist.«
Gilbert Keith Chesterton

Auch wenn das Ende nicht immer so spektakulär aussieht wie bei Herakles, ist die Unterscheidung zwischen ethisch richtig und falsch eine, die ständig getroffen werden muss. Täglich heißt es, erkennen, welches der richtige Weg ist, selbst bei vermeintlich banalen Handlungen.

Was »Erkenntnis« heißen kann

Seit Jahrhunderten diskutieren Theologen und Philosophen darüber, was Erkennen-Können bedeutet und wie es zu interpretieren sei, dass Adam und Eva vom verbotenen Baum der Erkenntnis von Gut und Böse gegessen haben.

Darüber hat der streitbare Theologe Eugen Drewermann im ersten Band seiner Trilogie über *Die Strukturen des Bösen* nachgedacht und kristallisiert drei wesentliche Interpretationen der schicksalsträchtigen Apfelmahlzeit heraus.

1. Die Erkenntnis von Gut und Böse sei »der Erwerb des geschlechtlichen Verlangens«.
2. Es sei die »Erwerbung des sittlichen Bewusstseins«.
3. Gut und Böse bezeichne von den Endpolen her den gesamten Umfang des Wissbaren überhaupt und meine also die Allwissenheit.

Drewermann schließt sich mit der dritten Interpretation dem jüdischen Religionsgelehrten Martin Buber an, bei allen Vorbehalten, denn, so Drewermann, »sie besitzt von vornherein den großen Vorteil, dass sie verständlich macht, warum Gott den Menschen die Erkenntnis von Gut und Böse verweigert. […] Das, was der Mensch ist, ist für ihn gut, solange er mit Gott verbunden ist; es ist für ihn schlecht, sobald er von Gott getrennt ist. Dies zu wissen, ist die Erkenntnis von Gut und Böse, vor der Gott den Menschen bewahren wollte, weil sie nur durch den Abfall von Gott zu erwerben ist.« Mit der Übertretung seines Verbots haben sich Adam und Eva von Gott entfernt, und nun wird ihr Mangel offenbar. Sie schämen sich dessen, was sie ohne Gott sind: nicht notwendig, sinnlos, vom Tod bedroht.

Mit dem Preis der Erkenntnis befasst sich jedoch auch eine junge Disziplin, die sogenannte Neuroethik. Sie will die Moral der Neurowissenschaft ebenso ergründen wie die neurologischen Grundlagen der Moral. Die Diskussion begann bereits vor einigen Jahren, als die Forschungsergebnisse des Physiologen Benjamin Libet zu dem Schluss führten, es gebe keinen freien Willen. Libet hatte experimentell nachgewiesen, dass vermeintlich freie Willensakte bereits initiiert sind, bevor wir uns des Handlungswunsches bewusst werden. Diese Zeitdifferenz zwischen der nicht bewussten Entscheidung im Gehirn und der bewussten, die er »Mind Time« nannte, trat Diskussionen ungeheuren Ausmaßes los. Wollen und Müssen bekamen eine neue Bedeutung zugewiesen, und die Frage der Moral eroberte die Labore.

Fest steht jedenfalls: Für das, was unser Gehirn entscheidet, sind Prägungen zuständig, die weit zurückliegen können und nicht mehr zu löschen sind. Wir Menschen tun nicht, was wir wollen, sondern wir wollen, was wir tun, heißt die Quintessenz, die daraus gezogen wird. Wenn dieser Schluss dahingehend gedeutet wird, dass wir nicht frei entscheiden können, sondern alles vorbestimmt ist, wird die Geschichte von der Entscheidung des Herakles am Scheidewege zum Märchen, denn wer keinen freien Willen hat, hat auch keine Entscheidungsfreiheit. Das, was in den mönchischen Regeln *discretio* heißt, müsste eine Illusion sein, denn Herakles wäre wie jeder Mensch nach den Entdeckungen Libets durch die physiologischen Vorgänge im Gehirn festgelegt gewesen.

Was kann Willensfreiheit für uns noch bedeuten?

Entscheidungsfreiheit kann es nur geben, wenn es einen Wesenskern gibt, ein Selbst, das mich bestimmt, einen Urheber meiner Handlung. Und eines bleibt uns unbenommen: Wenn uns gesagt wird, das Gehirn entscheide, können wir darin ja auch eine Metapher sehen. Dann kollidiert die Hirnforschung auf einmal nicht mehr mit dem, was Theologen und Philosophen über Entscheidungen sagen.

Niemals entscheidet sich unser Leben in dem Moment, da wir zu wählen glauben; die wirklich schicksalshaften Augenblicke lassen nur sichtbar werden, was längst entschieden ist.«
Eugen Drewermann

Letztlich entscheidet jenes Selbst, wenngleich es das aufgrund neuronaler Vorgänge im Gehirn tut, solange es nicht von äußeren Zwängen beeinflusst wird oder alles dem Zufall überlässt. Das führt zur nächsten Frage, nämlich was dieses Selbst eigentlich sein soll.

Ich denke, es ist nichts anderes als die Gesamtheit von Persönlichkeitsmerkmalen aus Überzeugungen und Werten, die uns zur *discretio,* zur richtigen Entscheidung befähigt. *Discretio* bezeichnet im monastischen Kontext deshalb auch Klugheit, Menschenkenntnis und Umsicht, gebündelt zu der Fähigkeit, das Wesentliche vom Unwesentlichen zu unterscheiden – eine Eigenschaft, die vom Abt erwartet wird. Sie setzt nicht Wissen, aber Erfahrung voraus. Durch die *discretio* ist der Abt, wenn er Aufgaben verteilt, Strafen anordnet, Dispense erteilt, imstande, jeden Mönch gerecht zu beurteilen. Und sie ist es, die uns daran hindert, zu seelenlosen, egoistischen Automaten zu verkommen. Durch die Ergebnisse der Hirnforschung wird sie keineswegs außer Kraft gesetzt, sondern notwendiger denn je.

Wolf Singer, Direktor des Max-Planck-Instituts für Hirnforschung in Frankfurt, sieht in der Vorstellung vom freien Willen keineswegs nur eine nette Illusion. »Er wird von uns als Realität erlebt, und wir handeln und urteilen so, als gäbe es ihn. Der freie Wille, oder besser, die Erfahrung, einen solchen zu haben, ist somit etwas Reales, extrem Folgenreiches.«

Die neurowissenschaftliche Entdeckung, dass in uns entschieden wird, entbindet uns keineswegs von der Verantwortlichkeit. Wenn einige Hirnforscher die Schuldfähigkeit von Mördern generell in Frage stellen, weil die Entscheidung der Täter neurobiologisch vorherbestimmt sei, betreffen ihre Argumente allenfalls eine extreme pathologische Randgruppe. Ein durchschnittlich gesunder Mensch mit seinen Ängsten, Hemmungen, Verstimmungen und den üblichen Problemen ist imstande, sich verantwortlich für ein bestimmtes Verhalten zu entscheiden. Es gibt sogar Neurowissenschaftler, die uns erklären, durch die neurophysiologischen Tatsachen werde auch jede Vorstellung von einem Leben nach dem Tode ins Reich der Wunschträume verwiesen. Aber nur eine hochmütige Wissenschaft wird sich den Sinnsuchern überlegen fühlen, eine demütige nicht. Eine hochmütige wird uns mit Ausrufezeichen beliefern, eine demütige mit Fragezeichen versehen. Wolf Singer meinte dazu in einem Interview: »Der Mensch sollte sich erneut als geworfenes Wesen begreifen, das vielfältig bedingt ist und nur einen eng begrenzten Erkenntnisraum hat. Die Folge wäre dann, dass wir unser Leben mit sehr viel mehr Demut gestalten und uns gegenseitig nachsichtiger behandeln. Diese Utopie der Demut, diese Kultur der Solidarität untereinander, könnte das Maß der bisherigen, mythologisch verbrämten Utopien an Humanität übertreffen.«

Discretio setzt voraus, dass einem nie etwas gleich viel oder gleich wenig gilt wie das andere; sie wertet und bewertet, weil Werte entscheidend sind – zur Entscheidung notwendig.

Die Fähigkeit zur klugen Entscheidung wird aus dieser Sicht wichtiger denn je, denn sie ist in jeder Gemeinschaft, in der geschlossenen eines Klosters ebenso wie in unserer Gesellschaft, Grundvoraussetzung für verantwortliches Handeln.

Was der Philosoph Hans Jonas in seinem Hauptwerk als *Das Prinzip Verantwortung* beschrieb, bleibt unverzichtbar für das Funktionieren, für den Zusammenhalt der menschlichen Gemeinschaft. Dazu braucht es einen Orientierungsrahmen, ein Koordinatensystem von Werten, in das wir einordnen können, es braucht die kluge Entscheidung, weil wir uns ja nur für das verantwortlich erklären möchten, was gut ist.

Wer hilft uns dabei, Kriterien für Gut und Böse zu finden?

Zunehmend viele erhoffen sich das von irgendeiner religiösen Überzeugung. Einer Allensbach-Studie aus dem Jahr 2006 zufolge ist der Anteil der Deutschen, die sich als religiös bezeichnen, in den letzten zehn Jahren angestiegen, bei den 33- bis 44-Jährigen von 27 auf 34 Prozent. Dieselbe Studie zeigt auch, dass der Zusammenhalt der Gesellschaft gefährdet wäre, wenn es keinerlei religiöse Überzeugungen mehr gäbe: 43 Prozent der Dreißigjährigen, die sich religiös nannten, erklärten es für wichtig, Verantwortung für andere zu übernehmen; unter den Nichtreligiösen waren es nur 26 Prozent.

Wissenschaftlicher Fortschritt schwächt nicht das Bedürfnis nach Religion, er fördert es, weil klar wird, wie notwendig es ist, der Maßlosigkeit entgegenzuwirken. Der Fall des Physikers J. Robert Oppenheimer war nur einer von vielen, die bewiesen, wie Ehrgeiz sich verselbständigen und die Kategorien von Gut und Böse vergessen lassen kann. Die Entwicklung der Atombombe war für Oppenheimer nicht mehr eine moralisch verwerfliche Tat, nur noch ein Akt der Selbstverwirklichung. Dass den Menschen die Gefahren durch Genmanipulation, Klonen oder Eingriffe ins Gehirn bewusst werden, ist sicher mit ein Grund für die Zahlen der genannten Allensbach-Erhebung.

Meine Religiosität besteht in einer demütigen Bewunderung des unendlich überlegenen Geistes, der sich in dem wenigen offenbart, was wir mit unserer schwachen, hinfälligen Vernunft von der Wirklichkeit zu erkennen vermögen.«
Albert Einstein

Einer der heutigen Philosophen, der Österreicher Peter Strasser, hat dazu beigetragen, dass ein Gewährsmann wiederentdeckt wurde, der uns mit seinem Scharfsinn bei der klugen Entscheidung hilft: Blaise Pascal, Theologe und Physiker, Moralist und Mathematiker, gewandter Weltmann und Erfinder einer Rechenmaschine. Er war ein Mann, der mit derselben Intensität betete wie er anonyme Flugschriften verfasste und wirtschaftliche Unternehmungen durchführte. Auf der Suche nach der Instanz, die über das Wesentliche in unserem Dasein entscheidet, entwickelte er den Begriff einer *raison du coeur*, einer Vernunft des Herzens. Die vermeintlichen Gegensätze von Verstand und Gefühl zusammenzubinden entspricht durchaus dem Wesen dieses außergewöhnlichen Mannes. Er selbst lebte zwischen den Extremen eines handfesten Pragmatismus, mit dem er die wohl erste Aktiengesellschaft Europas als Liebesdienst für die Armen gründete, und mystischer Gotteserfahrung, die er mit einunddreißig machte, in einer Novembernacht des Jahres 1654. Maßgebliche Quelle war für Pascal die Bibel – und die Überzeugung des Herzens.

Was meint das Herz?

Der Begriff des Herzens, wie er im Alten Testament eine große Rolle spielt, inspirierte Pascal, gerade weil er von der Genesis bis zum Propheten Maleachi immer wieder anders gedeutet wird. Das Herz des Menschen ist einerseits Zentrum der Neigungen, Wünsche, Absichten und des Begehrens, und ob dieses Herz gut ist oder böse, hängt davon ab, ob es offen oder verschlossen gegenüber Gott ist. Andererseits wird das Herz im Alten Testament oft als Organ der Erkenntnis verstanden, das weise oder dumm sein kann.

Auch im Neuen Testament wird das Herz thematisiert: einerseits als der Ort, in dem der Mensch alles sammelt, versammelt, was ihm lieb und wert ist, andererseits als die Instanz, der die innere gewissenhafte Zustimmung zum Glauben obliegt.

Neben der Bibel regten Pascal die Schriften des Kirchenvaters Augustinus an, in der Version des Jansenismus, benannt nach dem niederländischen Theologen Cornelius Jansen, worin das Herz vor allem religiös interpretiert wird: Es ist bei Jansen Ort des Glaubens, der *fides*. Im Gegensatz zur *ratio*, der Vernunft, gilt die *fides* als empfänglich für göttliche Gnade. Nur der Glaube befähige den Menschen, sich opfernd dieser Gnade hinzugeben. Im Jansenismus heißt es, das Herz könne und müsse sich erneuern, weil in ihm die Ursünde mächtig sei; unter Ursünde versteht Jansen die Gott verdrängende Selbstliebe. Dagegen gebe es nur ein Gegenmittel: die Tugenden des Herzens. Das sind Demut, aufopfernde Liebe und Reinheit – *humilitas, caritas* und *puritas*. Selbsterkenntnis gewinne, wer damit seine Selbstliebe überwinde. Wahrheitskenntnis gewinne, wer bereit ist, umzukehren und selbstlos lieben könne.

Der Jansenismus fordert, dass die *ratio*, die Vernunft, sich der *fides*, dem Glauben, unterwerfen müsse. Pascal hingegen sieht das Verhältnis zwischen Glauben und Wissen keineswegs als Konkurrenz an. Er ist kein dogmatischer Irrationalist, für den der Glaube unvernünftig und die Vernunft ungläubig wäre. Theologe und Logiker zugleich, stellt er sachlich fest, was miteinander kompatibel ist und was nicht.

Glaube ohne Vernunft ist Aberglaube, Schwärmertum oder Gefühlsduselei.
Glaube wider die Vernunft ist Absurdität.
Vernunft ohne Glaube ist selbstwidersprüchlich.
Vernunft wider Glaube ist Hochmut ohne Achtung vor den Geheimnissen, die die Vernunft übersteigen.

Blaise Pascal

Ähnlich klar unterscheidet er menschliche Wahrheiten, die erst gewusst werden müssen, bevor sie geliebt werden können, und göttliche Wahrheiten, die erst geliebt werden müssen, um gewusst zu werden.

Die Vernunft ist in Pascals Augen durchaus notwendig, weil jeder Mensch durch sie einsehen könne, was er ist – »ein entthronter König«, wie es bei ihm heißt. Doch das Denken ist nicht imstande, sich von falschen Vorstellungen, auch Wertvorstellungen zu befreien, es kann sich auch nicht den Leidenschaften und Begierden entziehen, die uns täuschen, blenden und verwirren. Dazu eben braucht es das Herz. Das Herz aber ist imstande, eine Beziehung zu Gott herzustellen, es sucht nach einer Begegnung. Es kann die Richtung seiner Liebe auswählen, und diese Wahl meint nichts anderes als die kluge Entscheidung, die *discretio*.

Pascal macht deutlich, dass es an uns liegt, die wesentliche Entscheidung zu treffen, und die heißt, auf das Herz zu hören: »*Denn das Herz hat Gründe, die die Vernunft nicht kennt.*«

Weder Herakles noch einer von uns normalen Sterblichen hat es gemütlich, wenn er zur rechten Erkenntnis gelangen will. *Sustine et abstine* heißt Pascals wahrlich unbequeme Glücksformel, die er von Epiktet bezog: halte durch und enthalte dich, stehe durch, was dir aufgeladen wird, und entsage verwirrender Begierden. Befinde niemals, du seist zu schade für etwas. Anders gesagt: Die kluge Entscheidung braucht Askese, Demut und Gehorsam. Und wir Menschen brauchen die Kunst der klugen Entscheidung, um Schritte in die richtige Richtung gehen zu können.

Eine weltferne Idee, die kaum anzuwenden ist? Keineswegs.

Was es bringt, die Entscheidungsfähigkeit zu trainieren

»Was ist notwendig zur Entscheidungsfindung?«, lautete die Frage, der die Psychologen Irving Janis und Leon Mann nachgingen.

Das Modell, das sie entwickelten, stellten sie 1977 in ihrem Buch *Decision Making* vor, das längst zum Klassiker avanciert ist. Es zeigt, welch komplexer Prozess uns vor den Risiken des sogenannten Gruppendenkens zu bewahren versucht; nur funktioniert es leider oft nicht. Damit wird das altbekannte Phänomen bezeichnet, dass Komitees und Ausschüsse oft besonders fragwürdige Entscheidungen treffen. Grund dafür ist eine Art der Gruppendynamik, die den Einzelnen dazu veranlasst, seine persönliche Überzeugung der Mehrheitsmeinung anzupassen. Das Ergebnis sind faule Kompromisse, oft auch drastische Fehlentscheidungen. Wenn Menschen sich nicht mehr darüber im Klaren sind, was gut und was böse ist, verlieren sie die Orientierung, die Fähigkeit zum Urteilen und zur Entscheidung. Und die Scheu vor Entscheidungen kann verhängnisvoll sein. Diktaturen haben vielleicht auch deswegen ein solches Beharrungsvermögen, weil viele Menschen hoffen, ihnen würden durch Abwarten Entscheidungen abgenommen. Leider ist jedoch unsere Alltagslogik äußerst fehleranfällig. Zahlreiche Experimente haben zudem belegt, dass langes Nachdenken umso weniger hilft, je komplizierter eine Entscheidung ist.

Im Februar 2006 veröffentlichten Ap Dijksterhuis und seine Kollegen von der Universität Amsterdam eine Studie *On Making the Right Choice: The Liberation-without-Attention-Effect.* Sie kommen darin zu dem Schluss, dass schwierige Entscheidungen unser bewusstes Denkvermögen überfordern, unser unbewusstes aber nicht, weil die intuitiven Ressourcen größer sind als die kognitiven. Was paradox klingt, ist aus Sicht der Hirnforscher durchaus plausibel, denn wir verarbeiten unbewusst sehr viel mehr Informationen als bewusst. Mit anderen Worten: Sie sollten gründlich darüber nachdenken, was für neue Socken Sie sich kaufen; wenn Sie sich aber entscheiden, welchem der beiden Menschen, für die Sie sich entflammt haben, Sie den Vorzug geben, welchen Sie vielleicht heiraten, überlassen Sie das lieber dem Bauch. Wer seinen Lebensgefährten mit einer klugen Checkliste auswählt, hat die besten Aussichten, den falschen zu erwischen.

Jeder Mensch, der über die Kunst der klugen Entscheidung verfügt, ist auch in heiklen Lagen imstande, das Wesentliche vom Unwesentlichen, das Sinnvolle vom Sinnlosen, das Weiterführende vom In-die-Sackgasse-Führenden zu unterscheiden, weil er richtig dosiert, wie viel Vernunft und wie viel Gefühl, wie viel Kopf und wie viel Bauch wann und wo angebracht sind. Wer über *discretio* verfügt, hat das richtige Maß, auch was die Zeit angeht, die er sich für die Entscheidungsfindung gönnt. Die kluge Entscheidung macht gelassen, weil sie erkennt, was Jean Paul in seinen »Dämmerungen für Deutschland« präzise formulierte: »Das Gute braucht zum Entstehen Zeit – das Böse braucht sie zum Vergehen.«

Alle diese klösterlichen Werte, von der grundlegenden Demut bis zur entscheidenden *discretio,* können sich als sinnvoll in unserem Alltag erweisen, gerade in Situationen am Scheideweg, denen wir täglich ausgesetzt werden. Und denen wir nur standhalten, wenn wir über jene *raison du coeur* verfügen, die uns das Richtige sagt.

Kein Zufall also, dass bei fast jedem, der Antoine de Saint-Exupérys *Der kleine Prinz* gelesen hat, vor allem ein Satz hängenblieb: »Man sieht nur mit dem Herzen gut.«

Praktische Übungen zur Entscheidungsfähigkeit

- Streitereien in einer Beziehung verhärten sich dann, wenn keiner zum richtigen Zeitpunkt die Entscheidung trifft, einfach aufzuhören. In der Liebe geht es nicht darum, dass Sie recht haben, nur darum, dass Sie lieben und geliebt werden. Üben Sie den Mut zur Nachsicht.

- Es ist manchmal besser, eine unvollkommene Entscheidung zu treffen – im vollen Bewusstsein ihrer Unvollkommenheit –, als gar keine. Denn wer immer aufschiebt, eine der Entscheidungen zu treffen, die endgültig sind, wird sich eines Tages sagen müssen: zu spät. Ob es darum geht, die alte Mutter oder den alten Vater, trotz aller Zwiste und Kämpfe, nochmals zu besuchen oder einen geliebten alten Lehrer, der alleine und vergessen dahinvegetiert: Entscheiden Sie sich dafür, wenn die *raison du coeur* es Ihnen rät. In einer amerikanischen Studie über die stärksten Reuegefühle im Leben bedauerten 63 Prozent der Befragten eine unterlassene Handlung und nur 37 Prozent eine vollzogene, zum Beispiel die falsche Berufswahl.

- Hirnforscher empfehlen, sich bei Entscheidungen dann Zeit zu lassen, wenn wir diese Zeit optimal nützen können: durch Schlafen. »Den Seinen gibt's der Herr im Schlafe« ist eine durchaus kluge Formulierung, denn Schlaf fördert nachweisbar die Einsichtsfähigkeit. Der Hippocampus hat zwar die neuen Informationen zunächst gespeichert, doch während des Tiefschlafs werden sie von der Großhirnrinde teilweise neu geordnet und arrangiert.

- Wer sich falsch entschieden hat, quält sich damit oft lange herum. Das hat durchaus einen Sinn, denn so sind wir imstande, aus der Fehlentscheidung zu lernen. In der Reue verbinden sich emotionale Elemente wie Traurigkeit, Scham oder Wut mit kognitiven, also der Erkenntnis, nicht richtig gehandelt zu haben. Beide zusammen lassen Erfahrungswerte entstehen.

- Jede Entscheidung für eine bestimmte Möglichkeit löscht eine oder mehrere andere aus. Das kann Angst machen und traurig stimmen, spricht aber nicht gegen die Entscheidung.

Suchen ist wichtiger als Finden
Ein Vorschlag, kein Nachwort

Das Misstrauen gegenüber Institutionen ist in den letzten Jahrzehnten gewachsen. Ob berechtigt oder nicht – die Kirchen bekommen es zu spüren. Doch mit dem zumindest inneren Abschied von deren überkommenen Traditionen geben wir auch Strukturen auf: die Struktur eines Wertesystems, einer Gliederung des Tages und des Jahres, einer inneren Entwicklung, die Struktur von wiederkehrenden und damit tröstlichen Ritualen. In meiner Praxis stelle ich bei Patienten unterschiedlichster Herkunft und beruflicher Ausrichtung, bei männlichen wie weiblichen, jungen wie älteren fest, dass es dieser Mangel einer sinnfälligen Ordnung ist, der ihnen Schwierigkeiten bereitet. Daher ist der Markt mit Angeboten für Sinnsucher groß und er wächst. Doch die Zahl der Unzufriedenen, die sich dort, oft zu einem hohen Preis, bedient haben, sich aber nicht verstanden oder gar erfüllt fühlen, wächst ebenso schnell.

Ich habe mir aus den Essays von Montaigne einmal den Satz herausgeschrieben: »Wer klug wäre, würde den wahren Wert jeder Sache daran messen, wie weit sie für sein Leben nützlich und verwertbar ist.« Mit diesem Nutzen ist kein rechnerischer Profit gemeint, vielmehr einer, der sich im Alltag erweist, in der eigenen Reife, in der Glücksfähigkeit.

Ein Patient kommt nur dann jede Woche zweimal für eine Stunde in die Praxis, wenn er feststellt, dass ihm die Therapie in diesem Sinne nützt, sonst bleibt er weg. Und auch dieses Buch will vor allem nützlich sein, indem es Ihnen einen Werkzeugkasten aushändigt, aus dem Sie sich immer und überall bedienen können.

Nur umzugehen lernen müssen Sie selbst mit diesen bewährten, aber anspruchsvollen Werkzeugen namens Demut und Askese, Maßhalten und Bedürfnislosigkeit, Stille und Schweigen, Wachsamkeit und Gehorsam, Ritual und Gebet. Vielleicht fragen Sie sich am Ende, weshalb ich mich eines solchen, auf den ersten Blick streng wirkenden Ordnungsprinzips bediente. Hätte ich das, was ich gesagt habe, nicht auch ohne diese klösterlichen Termini vermitteln können und vor allem ohne einen religiösen Hintergrund?

Es gibt wohl wenig Zweifel daran, dass an unserer großen Verunsicherung weniger die Zukunftsängste schuld sind, die den Weltfrieden oder die Folgen der Umweltschädigung betreffen, als jene Erschütterungen, denen wir durch aktuelle wissenschaftliche Erkenntnisse ausgesetzt werden. Nicht alle, aber doch die Mehrzahl der Evolutionsbiologen und Neurowissenschaftler legt uns nahe, Gott als ein Auslaufmodell zu betrachten: Es sei ein Zeichen mangelnder Einsichtsfähigkeit, weiter an ein Leben nach dem Tod zu glauben, denn das könne es nach dem aktuellen Stand der Hirnforschung nicht geben. Neu ist es nicht, dass Naturalisten darauf bestehen, alles sei Natur und innerweltlich, eine Transzendenz jenseits der erfahrbaren Welt könne es also gar nicht geben; doch nie zuvor haben sie mit solcher Deutlichkeit der Religion den Kampf angesagt. Vielleicht wächst deswegen die Gefahr, dass dieser kompromisslos vertretenen Haltung mit einem Transzendenzkult geantwortet wird, der ebenso fragwürdig ist.

Ein Buch wie *Der Gotteswahn* von Richard Dawkins trägt dazu bei, die Diskussion zu verschärfen und die Fronten zu verhärten, gerade weil die rein wissenschaftliche Kompetenz des Verfassers nicht angezweifelt wird und seine Argumente recht forsch präsentiert werden. Der namhafte Evolutionsbiologe bemüht sich, die Nichtexistenz Gottes zu beweisen, was ebenso wenig gelingen kann wie der Beweis seiner Existenz.

Aber auch diejenigen, für die der Gottesglaube ein reiner Wahn im psychiatrischen Sinn ist, geben zu, dass er eine Funktion hat, die dem Überleben dient und uns Kraft in aussichtslosen Lagen gibt. Aber er sei nicht mehr als ein »Unfall der Evolution«, durch den wir jede Ordnung als Ausdruck eines Willens, einer Absicht, also eines Schöpfungsplans nebst Schöpfer wittern. An Gott zu glauben ist aus evolutionsbiologischer Sicht eine Fehlleistung des Hirns, die sich nur hält, weil es hilft.

Doch in jeder Art Religiosität, ja allein schon in dem Bedürfnis danach, bereits etwas Wahnhaftes zu sehen, ist erschreckend dumm: Selbst wenn die Gene die Ursache dafür wären, dass der Mensch an Gott glaubt, beweist das noch lange nicht, dass dieser Glaube ein Wahn sein muss.

Nur in seinem Suchen findet der Geist des Menschen das Geheimnis, welches er sucht.«
Friedrich Schlegel

Dass ich so dreist bin, dieses Buch hier geschrieben zu haben und mir einzubilden, ich könne Ihnen weiterhelfen, hat vermutlich seinen wesentlichen Beweggrund darin, dass ich mir mit dem, was hier steht, selbst geholfen habe. Streng katholisch erzogen, wurde ich zunehmend kirchenkritisch und entdeckte früh den Zen-Buddhismus für mich; auch meine Ausbildung zum Psychoanalytiker, die Beschäftigung mit Freud und Jung hat meine Distanz zur Institution Kirche vergrößert. Ich selbst befand mich in einem Dilemma, das Ihrem ähneln dürfte: glauben wollen, aber nicht an das glauben können, was einem mundfertig angeboten wird, leicht konsumierbar, ohne Kauen und Verdauen. Es ist Vorsicht angebracht in einem Supermarkt, der überbordet von Antworten auf die Sinnfrage. Dieses Buch versucht also gar nicht erst,

Ihnen eine fertige Antwort zu verabreichen. Es möchte Sie nur ausstatten mit Methoden, Ihrem Alltag Sinn zu geben, ohne den Beistand von Heilsversprechern und Zeitgeistlichen.

Ziel des Glaubens muss ja nicht sein, die Wahrheit über die letzten Fragen zu erfahren. Im Gegenteil: Für mich besteht der Sinn von Religiosität nicht im Finden, sondern im Suchen, im Unterwegssein, nicht im Ankommen, im Fragen, nicht im Wissen.

Literaturhinweise

Antes, Peter / Uhde, Bernhard: *Aufbruch zur Ruhe. Texte und Gedanken über Meditation in Hinduismus, Buddhismus und Islam.* Mainz 1974

Baudouin, Charles: *Suggestion und Autosuggestion. Psychologisch-Pädagogische Untersuchung auf Grund der Erfolge der Neuen Schule von Nancy.* Dresden 1922

Bernhard von Clairvaux: *[Auswahl]. Hrsg., übersetzt und eingeleitet von Bernhardin Schellenberger.* Olten 1983

Buddha, Gautama: *Die vier edlen Wahrheiten. Texte des ursprünglichen Buddhismus. Hrsg. und übersetzt von Klaus Mylius.* München 1992

Csikszentmihalyi, Mihaly: *Flow im Beruf. Das Geheimnis des Glücks am Arbeitsplatz.* Stuttgart 2004

Dietrich, Veit-Jakobus: *Franz von Assisi.* Reinbek 1995

Drewermann, Eugen: *Strukturen des Bösen. Band I: Die jahwistische Urgeschichte in exegetischer Sicht.* Paderborn u. a. 1988

Dürckheim, Karlfried Graf: *Zen und wir.* Frankfurt am Main 1974

Dürckheim, Karlfried Graf: *Der Ruf nach dem Meister. Der Meister in uns.* Bern, München, Wien 1975

Eckhart [Meister Eckhart]: *Deutsche Predigten und Traktate. Hrsg. und übersetzt von Josef Quint.* Zürich 1979

Eliade, Mircea: *Kosmos und Geschichte. Der Mythos der ewigen Wiederkehr.* Frankfurt am Main 1984

Eliade, Mircea: *Yoga. Unsterblichkeit und Freiheit.* Frankfurt am Main 1977

Fermor, Patrick Leigh: *Reise in die Stille. Zu Gast in Klöstern.* München und Wien 2000

Feuerstein, Georg: *Der Yoga im Lichte der Bewusstseinsgeschichte der indischen Kultur.* Schaffhausen 1981

Flasch, Kurt: *Meister Eckhart. Die Geburt der »Deutschen Mystik« aus dem Geist der arabischen Philosophie.* München 2006

Frankl, Viktor E.: *Ärztliche Seelsorge. Grundlagen der Logotherapie und Existenzanalyse.* München 1975

Franziskus von Assisi: *Die Schriften des Heiligen Franziskus von Assisi. Übersetzt, eingeleitet und erläutert von Lothar Hardick und Engelbert Graz.* Werl / Westfalen 1982

Fromm, Erich: *Haben oder Sein. Die seelischen Grundlagen einer neuen Gesellschaft.* Stuttgart 1976

Fromm, Erich / Suzuki, Daisetz Teitaro / Martino, Richard de: *Zen-Buddhismus und Psychoanalyse.* Frankfurt am Main 1972

Geyer, Christian (Hrsg.): *Hirnforschung und Willensfreiheit. Zur Deutung der neuesten Experimente.* Frankfurt am Main 2004

Giebel, Marion: *Das Geheimnis der Mysterien. Antike Kulte in Griechenland, Rom und Ägypten.* München 1993

Gleba, Gudrun: *Klosterleben im Mittelalter.* Darmstadt 2004

Greschat, Katharina / Tilly, Michael: *Die Benediktusregel.* Wiesbaden 2006

Heiler, Friedrich: *Das Gebet. Eine Religionsgeschichtliche und Religionspsychologische Untersuchung.* München 1921

Kabat-Zinn, Jon: *Gesund durch Meditation. Das große Buch der Selbstheilung.* Bern, München, Wien 1998

Könneker, Carsten (Hrsg.): *Wer erklärt den Menschen? Hirnforscher, Psychologen und Philosophen im Dialog.* Frankfurt am Main 2006

Kues, Nikolaus von: *Vom Sehen Gottes. Ein Buch mystischer Betrachtungen. Übersetzt von Dietlind und Wilhelm Dupré mit einem Nachwort von Alois M. Haas.* Zürich und München 1987

Levine, Robert: *Eine Landkarte der Zeit. Wie Kulturen mit Zeit umgehen.* München und Zürich 2001

Libet, Benjamin: *Mind Time. Wie das Gehirn Bewusstsein produziert.* Frankfurt am Main 2005

Lysebeth, André van: *Tantra für Menschen von heute.* München 1990

McGinn, Colin: *Mindsight. Image, Dream, Meaning.* Cambridge / Mass. und London 2004

Mutter Teresa: *Komm, sei mein Licht. Hrsg. von Brian Kolodiejchuk MC.* München 2007

Nefiodow, Leo A.: *Der sechste Kondratieff. Wege zur Produktivität und Vollbe-schäftigung im Zeitalter der Information.* Sankt Augustin 1996

Pascal, Blaise: *Gedanken. Über die Religion und andere Themen.* Ditzingen 2004

Pascal, Blaise: *Größe und Elend des Menschen.* Frankfurt am Main 2000

Scharf, Kurt (Hrsg.): *Die schönsten Gedichte aus dem klassischen Persien. Ha-fis, Rumi, Omar, Chajjam. Übersetzt von Cyrus Abatabay.* München 2004

Scharf, Siegfried: *Die Praxis der Herzensmeditation.* Freiburg im Breisgau 1976

Schellenberger; Bernhardin (Hrsg.): *Ein Lied, das nur die Liebe lehrt. Texte der frühen Zisterzienser.* Freiburg im Breisgau 1981

Schimmel, Annemarie: *Wie universal ist Mystik? Die Seelenreise in den gro-ßen Religionen der Welt.* Freiburg, Basel, Wien 1996

Schimmel, Annemarie: *Mystische Dimensionen des Islam. Die Geschichte des Sufismus.* Frankfurt am Main 1995

Schmid, Georg: *Die Mystik der Weltreligionen. Eine Einführung.* Stuttgart 1991

Schmid, Georg: *Wo das Schweigen beginnt. Wege indischer und christlicher Meditation.* Gütersloh 1984

Schmidt, Kurt: *Leer ist die Welt. Buddhistische Studien.* Konstanz 1953

Schnurre, Wolfdietrich: *Als Vaters Bart noch rot war. Ein Roman in Geschich-ten.* Hamburg und Zürich 1988

Scholem, Gershom: *Die jüdische Mystik in ihren Hauptströmungen.* Frank-furt am Main1967

Scholem, Gershom: *Zur Kabbala und ihrer Symbolik.* Frankfurt am Main 1981

Scholem, Gershom: *Von der mystischen Gestalt der Gottheit. Studien zu Grundbegriffen der Kabbala.* Frankfurt am Main 1977

Schwaiger, Georg/Heim, Manfred: *Orden und Klöster. Das christliche Mönch-tum in der Geschichte.* München 2002

Schwaiger, Georg (Hrsg.): *Mönchtum, Orden, Klöster. Von den Anfängen bis zur Gegenwart.* München 2003

Seuse, Heinrich: *Deutsche mystische Schriften. Übersetzt und hrsg. von Georg Hofmann, mit einer Einführung von Emmanuel Jungclaussen.* Düsseldorf 1986

Singer, Wolf: *Der Beobachter im Gehirn.* Frankfurt am Main 2000

Stolz, Fritz: *Grundzüge der Religionswissenschaft.* Göttingen 1988

Strasser, Peter: *Theorie der Erlösung. Eine Einführung in die Religionsphiloso-phie.* München 2006

Strasser, Peter: *Der Weg nach draußen. Skeptisches, metaphysisches und religi-öses Denken.* Frankfurt am Main 2000

Teresa von Avila: *»Ich bin ein Weib und obendrein kein gutes«. Ein Portrait der Heiligen in ihren Texten, ausgewählt, übersetzt und eingeleitet von Erika Lorenz.* Freiburg im Breisgau 1982

Weis, Kurt (Hrsg.): *Was ist Zeit? Zeit und Verantwortung in Wissenschaft, Technik und Religion.* München 1995

Quellennachweis

Der Abdruck des Auszugs aus dem Gedicht »Meyer IX. im Schnee« von Erich Kästner erfolgte mit freundlicher Genehmigung des Atrium Verlags Zürich und Thomas Kästner.

Seite 125: Erich Kästner, *Gedichte. Gesammelte Schriften Bd. 1.* Zürich, Berlin und Köln 1959.

Es ist uns nicht in jedem Fall gelungen, den Rechteinhaber ausfindig zu machen. Etwaige Rechteinhaber werden gebeten, sich mit dem Verlag in Verbindung zu setzen: Campus Verlag GmbH, Kurfürstenstraße 49, 60486 Frankfurt am Main.

Register

Wilhelm-Schmid Bode

Vier Stresstypen und vier Wege zur Gelassenheit

Viele Entspannungstechniken helfen nicht langfristig – Stress ist Typsache, und jeder Mensch reagiert anders darauf. So individuell wie die Ursachen und Symptome sind, muss auch die Hilfe sein. Der Psychologe und Stressexperte Dr. Wilhelm Schmid-Bode zeigt, wie leicht es ist, gemäß der chinesischen Elementelehre den eigenen Stresstyp herauszufinden. Egal ob Leber-, Herz-, Magen- oder Lungentyp: Jeder findet in diesem Buch wirksame Strategien und ganzheitliche Diagnose- und Selbsthilfekonzepte aus der TCM. Mit vielen praktischen Tipps, Übungen und Ernährungsempfehlungen.

Knaur
MensSana